한국외국어대학교 EU연구소
신사회계약인문사회총서 01

노란 조끼 운동

불만의 시대와 새로운 사회계약

이 역서는 2022년 대한민국 교육부와 한국연구재단의 지원을 받아
수행된 연구임 (NRF-2022S1A5C2A02091292)

THE GILETS JAUNES AND

한국외국어대학교 EU연구소
신사회계약인문사회총서 01

노란 조끼 운동

불만의 시대와 새로운 사회계약

샤를 드벨렌 지음 | 김일곤, 박상준, 이영주, 이하얀 옮김

THE NEW SOCIAL CONTRACT

"68혁명 이래 가장 중요한 시민 운동"

2018년 프랑스를 뒤흔든 폭발적인 대중 시위
300만 시민은 노란 조끼를 입고 무엇을 고발했는가

HU:iNE

한국외국어대학교 EU연구소 신사회계약인문사회총서 ——— 발간에 부쳐

시대는 변화하고 그 변화로 다시 새로운 시대가 만들어진다. 그렇게 만들어진 새로운 시대도 언젠가는 다시 변화한다. 시대의 변화라는 마땅한 이치는 우리에게 역사라는 선물을 주었고, 사람들은 역사를 통해서 교훈을 얻는다. 유럽 사회는 대항해시대와 절대왕정, 중상주의와 산업혁명, 그리고 제국주의와 자본주의라는 시대로 변화를 거듭하며 자유와 평등이라는 생각을 구현하였고, 경제적 번영을 누리며 근대사의 주인공이 되었다. 그러나 그 시대를 살았던 헤아릴 수 없을 많은 이들은 잔혹함과 억울함을 받아들일 수밖에 없었다. 유럽이 현대사로 진입하는 과정에서 두 번의 세계 대전은 근대사회의 그러한 잔혹함을 수면 위로 끌어올렸다.

100년 정도의 시간이 흐르면서, 이제 유럽 사회는 '정의로운 전환(Just Transition)'이라는 새로운 시대적 용어와 만나고 있다. 급격한 기후 변화의 위기와 이에 대응하는 환경규제, 그 과정에서 산업 구조의 변화가 예정되어 있다. 이 개념은 1970년대 노동운동에서 사용되었지만, 시대의 변화에 따라 기후와 환경이라는 새로운 분야에서도 활용되었다. 이제 정의로운 전환이라는 의미는 공정, 평등, 민주, 다양성 등 이전보다 넓은 사회적 가치들을 포함하였고, 취약계층에 대한 사회적 포용과 지속가능한 경제로 전환한다는 의미로 확장되었다.

사실 소박한 사람들은 작은 것에 웃으며 옳지 못한 것에 찡그리게 되는데, 현대 유럽 사회에서 그 소박한 사람들이 무겁고 거대한 정치적 용어를 사용하지 않고도 무엇이 옳은지 판단하여 실천할 수 있는 마음과 용기를 가지게 되었다. 그러한 용기를 가진 사람들은 전에도 있었지만, 지금은 더 많아졌고 더 많은 사람이 그러한 용기에 박수를 건넨다. 현대 유럽 사회는 근대사의 어두운 면에 놓였던 이들이 목소리를 낼 수 있는 시대로 변화한 것이다. 지금 우리가 만나는 이 책은 바로 그러한 현대 유럽의 소박한 이들이 옳지 못하다고 느끼는 것에 대한 작은 찡그림과 실천들이 모여 큰 힘을 낸다는 이야기를 전한다. 진정한 의미의 정의로운 전환을 실천하는 셈이다.

앞으로 한국 사회가 경험하게 될 시대의 변화가 그 시대의 사람들에게 진정한 '정의로운 전환'이 되어야 하므로, 유럽의 소박한 사람들이 사회를 정의롭게 전환하려는 소박한 실천이 한국 사회에도 의미가 있다. 이 책을 번역한 분들이 전하고자 하는 의도 역시 바로 그러한 것이다. 우리는 이 책을 통해서 유럽 사회의 소박한 사람들이 소박하게 정의로움을 실천하는 모습을 보며, 그들이 바꾸는 새로운 시대도 기대할 수 있다. 한국연구재단의 지원으로 이 책을 번역하신 한국외국어대학교 EU연구소의 인문사회연구사업단 구성원들께서도 그들의 소박한 진심을 담아서 독자분들에게 그러한 마음을 전하고자 한다. 고생하신 모든 한국외국어대학교 EU연구소 연구자들의 소박함이 만들어낸 이 번역의 성과물 역시 한국 사회의 소박한 변화의 일부가 될 것이다.

한국외국어대학교 EU연구소 소장 겸 국제학부 교수

김봉철

옮긴이 서문

안전보다 위기가 일상화된 시대다. 성장은 이미 임계점에 도달해 빈부 격차와 사회적 양극화로 그것을 증명하고 있다. 또한 성장을 위해 남획된 자연생태는 지난 코로나 대유행이 증언하듯이 기후 및 환경재앙까지 경고하고 있다.

이러한 위기 원인을 두고 다수가 자본주의에 주목한다. 그것이 무한 생산과 무한 소비의 신념을 조장하면서 성장을 대가로 생태파괴를 주도해왔다는 것이다. 그런 비난에서 신자유주의 역시 자유롭지 않아 보인다. 개인에게 각자도생이라는 이기주의 철학을 권장하면서 환경파괴와 경제적 불평등에 일조해왔고, 급기야 소외된 자들의 분노가 글로벌 곳곳에서 포퓰리즘 세력의 득세라는 정치적 위기로까지 이어지게 한 주범으로 비난받기 때문이다.

하지만 위기의 근본 원인으로 최근 들어 기존 사회계약에 이목이 더욱 쏠린다. 자본주의나 신자유주의 모두가 사실상 근대사회의 유산인 기존 사회계약에 힘입고 있는 탓이다. 근대사회계약은 계약의 주체로서 인간이 중심이 된 그들끼리의 약속이었고, 자연은 오로지 객체나 대상으로 취급되는 이분법적 세계관을 그 바탕에 깔고 있다. 게다가 인간을 자신의 이익 추구를 정당화하는 이기적 개인인 동시에 경제활동의 주체로 상정하기에 시민사회 내부에 불평등이 등장하게 될 개연성도 갖고 있다. 그래서인지 실제로 지금 시대 수많은 사람이 기존 사회계약이 제공하는 삶에 좌절하고 있고, 사회시스템이 자신들을 위해 작동하지 않는다고 생각한다. 그럴수록 낡은 사회구조를 변화시킬 '새로운 사회계약'에 대한 요구가 힘을 얻고 있다.

사회계약은 일반적으로 사회를 구성하는 방식과 그것을 결정하는 제도와 규범 및 법규를 의미한다. 이를 통해 공동체는 자연 상태에서 오는 불안과 위기를 방지하면서 인간을 위한 안전과 보호, 그리고 상호신뢰의 제공을 자신의 존재 이유로 삼아왔다. 따라서 새로운 사회계약에 대한 요구는 기존의 사회 구성 원리가 인간에게 그와 같은 의무를 더 이상 제공할 수 없다는 방증인 동시에 위기로부터 인간에 대한 보호와 공동체의 신뢰 재건을 위해 새로운 사회모델을 구축하라는 시대적 엄명에 다름이 없다.

그렇다면 새로운 사회계약은 어떤 모습이어야 할까? 샤를 드벨렌(Charles Devellennes)의 『노란 조끼 운동: 불만의 시대와 새로운 사회계약(원제, The Gilets Jaunes and the New Social Contract)』은 바로 그런 고민을 담고 있다. 그는 홉스, 스피노자, 루소부터 롤스, 노직, 디드로에 이르기까지 과거 정치이론가들과의 대화를 바탕으로 2018년 프랑스 사회를 뒤흔든 노란 조끼 운동이 제기한 도전에 대해 성찰한다. 이를 통해 그는 전 세계의 현대 사회를 위해 사회계약의 개념을 다시 생각해 볼 것을 권유한다.

그 하나로 그는 홉스와 관련해 특히 폭력과 국가 이론을 살펴본다. 그러면서 오늘날 국가는 협박, 감시, 조작을 통해 목적을 달성하려는 도덕적 폭력에 의존하여 순응을 유도하고 있다는 것을 다양한 폭력 유형과 그 사례를 이용해 설명한다.

스피노자와 관련해서는 자유의 문제를 다루면서 점점 비대화하고 있는 관료주의 국가에 있어 자유가 국가의 목표가 되어야 한다고 주장한다. 그리고 이러한 국가에서 민주적으로 달성할 수 있는 것이 무엇인지에 대해 의문을 제기한다.

루소의 경우에는 참여적인 정체(polity)의 중요성에 주목하면서 완전히 민주화된 국가가 없이는 어떤 자유도 완성될 수 없다고 저자는 주장한다. 물론 여기에는 경제 또한 공적 지배의 대상이 되어야 한다는 것도 포함된다.

롤스와 노직에 있어서는 경제적 정의의 관점에서 마크롱주의(Macronism)로 대표되는 현재의 프랑스 사회는 과거 대처리즘 및 레이거니즘과 마찬가지로 자유주의(liberalism)와 자유지상주의(libertarianism)의 타협과 합의를 지배적 내용으로 한다고 저자는 파악한다. 그러한 합의 또는 혼합 속에서 부의 소량의 재분배로 커다란 불평등이 정당화되고 최상위층을 위한 자유방임적 경제모델이 추구되고 있다고 저자는 비판한다. 따라서 경제적 문제에 비중을 부여하고 정의와 연대의 필요성을 다루는 새로운 사회계약이 절실하다고 주장한다.

디드로와 관련해서 저자는 그를 변화의 변증법자로 삼아 새로운 사회계약은 자유, 민주주의, 경제적 정의에 대한 고려가 필요하다고 여긴다. 그에 따르면 미래의 새로운 사회계약은 한때 계몽주의가 내세웠던 경제적 독립의 실현이, 그리고 정당을 거치지 않고 사회적 및 경제적 정의를 직접 요구하는 새로운 형태의 정치가 핵심이 되어야 한다.

무엇보다 이러한 새로운 사회계약을 위한 대안으로 저자는 다음을 제시한다. 강압의 강도를 높이는 경찰의 군사화와 불평등을 해소하는 제도적 차원에서의 헌법 개정, 그리고 경제적 정의의 실현과 모두를 위한 부의 창출을 위해 금융 기관만이 아닌 시민참여까지 포함한 화폐 발행의 새로운 방식이 그에 해당한다.

결론적으로 저자는 노란 조끼 운동에 대한 분석을 통해 국가와 개인 사이에 새로운 관계를 제안하고 사회적 병폐를 치유하기 위한 진정한 과정에 나설 것을 촉구한다. 이를 위해 저자는 현대 대의제 정치에서 민주주의의 성격을 재고해야 하고, 사회계약에 대한 개념적 재정립이 필요하다고 요구한다. 그런 점에서 프랑스의 노란 조끼 운동은 그 자체로 프랑스를 넘어 전 세계 다른 사회를 향해 현재의 정치적 혼란을 어떻게 바라보아야 하고 미래 정치 질서가 어떻게 구성되어야 할 것인지에 대한 울림을 제공한다고 그 중요성을 강조한다.

새로운 사회계약에 대한 요구가 한국에서도 그 어느 때보다 높다. 따라서 한국에서 새로운 사회계약에 대한 발전된 논의를 위해 저자의 주요 아이디어는 기여하는 바가 적지 않을 것이다. 그러한 점에서 본 역서는 한국 독자들이 저자의 아이디어와 그 가치를 발견하는 소중한 기회가 되리라 믿어 의심치 않는다.

그러한 기회를 제공하고자 우리 옮긴이들은 원저자의 의도를 최대한 살리고자 했다. 이는 원전이 지닌 완결성을 훼손하지 않으면서 원저자가 독자들에게 전달하고픈 메시지와 의미를 독자들에게 온전히 전달하기 위함이었다. 이를 위해 직역에 충실하면서 의역은 최대한 피하고자 했다. 그렇지만 그러한 의도에도 불구하고 있게 된 오역이나 의미의 왜곡은 오로지 옮긴이들의 책임이다. 그에 따른 비난 역시 마땅히 옮긴이들이 짊어져야 할 대가일 것이다. 그저 독자 여러분의 너그러운 아량만 바랄 뿐이다.

본 역서가 세상 빛을 보는 데 있어 다수의 응원과 지원이 있었다. 우선 본 역서는 2022년 한국연구재단의 『인문사회연구소지원사업』의 일환으로 계획되었음을 알리고 싶다. '한국연구재단'의 지원이 없었다면 역서의 계획도 출간도 사실상 불가능했을 것이다. 또한 본 역서의 출간을 흔쾌히 허락해준 한국외국어대학교 '지식출판콘텐츠원'에도 깊은 고마움을 전한다. 어려운 출판(특히 번역서) 시장 환경을 무릅쓰고 출간은 물론이고 옮긴이들의 더딘 역서 작업을 기다려주심에 대해 그저 감사할 따름이다.

특히나 본 역서의 출간을 기다려주시고 응원해주신 여러 선생님께도 지면을 통해서나마 감사를 드리지 않을 수 없다. 한국외국어대학교 EU연구소 소장님이신 김봉철 교수님, 인문사회연구사업단 단장님이신 한국외국어대학교 김면회 교수님, 같은 사업단에서 항상 힘이 되어주시는 조선대학교 공진성 교수님, 한국외국어대학교 강유덕 교수님, 계명대학교 랄프 하베르츠(Ralf Havertz) 교수님 등이 그분들이다. 그리고 그 외 다수 선생님께서도 본 역서에 관심과 애정을 보내주셨는데, 지면 관계상 일일이 존함을 표기하지 못함을 양해 바라며 다른 기회로 인사와 감사함을 표하고자 한다.

옮긴이 일동

한국어판 저자 서문

프랑스에서 노란 조끼 운동이 시작된 지 5년이 지났으나, 이 책에서 다룬 문제들이 해결되기는커녕 그 중요성은 오히려 커지고 있다. 이 책은 프랑스에서 발생한 현상에 주로 초점을 맞추고 있기는 하지만, 이 운동을 촉발한 문제와 이슈는 여전히 시급할 뿐만이 아니라 여기에 참여한 사람들이 제시한 요구는 지금까지도 전 세계적인 의제라는 점에서 보편적인 차원의 문제라고 할 수 있다. 2019년 개봉한 봉준호 감독의 영화 '기생충'에는 노란 조끼가 제기한 주요 이슈의 한국적 맥락이 등장한다. 서울에 거주하고 있는 김기택 가족이 봉착한 주거 위기는 프랑스의 어떠한 가정에서도 직면한 문제일 수 있다. 프랑스에서도 많은 노동자를 주변부로 내몰고 노상에서 시위를 벌이게 만든 저렴한 주택 부족이 노란 조끼 위기의 본질이었다. 글로벌 불평등의 심화를 보여주는 김기택 가족과 박 사장(박동익) 가족 사이의 계급 관계도 노란 조끼의 주요 관심사였다. 프랑스에서 벌어진 운동에 대한 폭력적인 탄압과 영화 기생충의 폭력적인 결말을 보면, 가족을 위해 더 나은 삶을 살려는 사람과 착취적인 경제시스템에서 이익을 얻는 사람 중 사실상 누가 기생충인지에 대한 의문이 남게 된다. 정치적 측면에서 볼 때, 2020년 매주 해 오던 노란 조끼 시위가 중단되고 나서 프랑스 민주주의의 위기는 훨씬 더 악화하였고, 이에 따라 정치 제도 개혁에 대한 요구가 정치 의제의 전면에 등장하게 되었다. 대한민국에서도 민주적 제도 강화 역시 오늘날의 핵심 이슈이다. 시민들은 서로 소통하는 제도를 점점 더 원하고 있고, 이를 정치 제도가 수용할 수 있을 것인가가 21세기의 중요한 과제 중 하나이다. 즉 시민들은 자신을 대신하여 결정하는 사람에게 투표함과 동시에 시민들 스스로가 그와 같은 결정에 직접적으로 참여하기를 원한다. 노란 조끼 시위에 참여했던 사람들은 2020년에도 사라지지 않고 여전히 시위에 참여하고 있으며, 일부는 국회의원으로 선출되었다. 수십 년 만에 처음으로 프랑스의 고위 선출직에서 노동자 계급의 대표성이 높아졌다. 눈에 잘 띄게 하려고 입은 밝은 노란색 조끼 덕분에 이전에는 눈에 잘 보이지 않던 고위직에서 노동자들이 주목받게 되었다. 새로운 사회계약이 실현되려면 아직 멀었지만, 그 방향으로의 첫걸음은 내딛게 된 것이다.

감사의 말

눈앞에서 계속 전개되고 있는 일에 관해 책을 쓴다는 것은 하나의 도전이며, 기성 언론매체, 소셜 미디어 및 대면을 통해 자신들의 현장 경험을 공유한 분들이 있었기에 이 책의 출판은 가능했다. 나는 이 책을 집필하는 동안 여러 차례 프랑스를 방문했지만, 노란 조끼 운동에 대해 내가 수집한 정보는 다른 사람들이 공유한 온라인 계정을 통해 얻은 내용이다. 그래서 나는 그들 주변에서 벌어지고 있던 일을 잘 이해할 수 있었다. 이들에게는 이러한 점에 있어 무한한 빚을 지고 있다. 지난 한 해 동안, 이 프로젝트에 도움을 준 모든 분께 감사를 드린다. 특히 필립 컨리프(Philip Cunliffe)와 데이비드 맥렐란(David Mclellan)은 이 책 나머지 부분의 틀을 잡는 데 유익한 조언을 일찌감치 해주었고, 애초 두 분이 제시한 의견 덕분에 나는 진지한 사고를 하게 되었다. 로버트 윌슨(Robert Wilson), 벤 터너(Ben Turner), 베노이트 딜렛(Benoît Dillet), 알렉상드로 크리스토얀폴로스(Alexandre Christoyannopoulos), 루카스 반 마일더스(Lucas Van Milders), 헨리 및 휴고 데스롱샹(Henry and Hugo Deslongchamps), 이브 및 파비엔느 드베넬르(Yves and Fabienne Devellennes), 타데우스 마르키비츠(Tadeuzs Markiewicz) 그리고 아나

마리아 로보스(Ana Maria Lobos)는 나의 연구 초안에 대해 조언과 깊이 있는 토론을 해주었으며, 나는 이들로부터 많은 도움을 받았다. 브리스톨 대학 출판사(Bristol University Press)의 훌륭한 스텝들은 집필 과정에서 인내심을 가지고 도와주었으며, 특히 원고의 향상에 많은 제안을 해준 스티븐 웬햄(Stephen Wenham)에 감사를 표한다. 건설적 비판을 통해 이 책의 주장이 일관성을 가질 수 있게 도움을 준 익명의 세 분 논평자로 인해 나는 나의 주장을 발전시킬 수 있었다. 마지막으로 가장 중요한 점은 내 아내인 야나 베지르가노바(Yana Bezirganova)의 책에 대한 끊임없는 지원으로 집필하는 동안 많은 장애물을 극복할 수 있었다. 그녀의 도움이 없었다면 이 책의 완성은 불가능했을 것이다.

차례

옮긴이 서문 9

한국어판 저자 서문 15

감사의 말 17

서론 — 21

1. 사회계약을 위한 결정적 시기 53

2. 폭력 91

3. 자유 117

4. 민주주의 147

5. 경제적 정의 175

6. 사회계약의 갱신 211

결론 — 247

부록 2018년 11월 28일 온라인에 게시된 노란 조끼의 42가지 요구사항 279

참고문헌 283

찾아보기 297

서론

시위 중에 착용한 노란색 조끼로 상징화된 프랑스 시위단체 노란 조끼(gilets jaunes)는 사회 운동의 새로운 형태를 형성했다. 비록 비평가들이 이를 자크리의 난(프랑스 혁명 이전의 농민 봉기), 프랑스 혁명, 1871년 파리 꼬뮨, 1936년의 노동자 운동 혹은 1947년부터 1948년까지의 노동자 운동, 1968년 운동(évènements) 등 역사적으로 유사한 사례와 비교한다고 하더라도, 노란 조끼 운동과 그 결과에 전적으로 일치하는 사례는 존재하지 않는다. 이처럼 노란 조끼 운동은 이전 시기의 격변이 반복된 것이 아닌 하나의 독특한 운동이다. 노란 조끼는 국가 기능의 전복을 추구하지도 않으며, 반세기가 지나 학생들에 의해 주도된 68혁명과도 다르며, 노동조합과 노동자 대표를 통해 조직된 노동 운동도 아니고, 공산주의적 유토피아를 건설하려는 시도도 없다는 측면에서 혁명이 아니다. 오히려 노란 조끼 운동은 탈정치적이며, 과거의 조직화되고 적극적인 목표가 있는 운동과도 구분된다. 노란 조끼 운동은 기성 정당과의 연계도 없으며, 자신들의 운동에 정치인들이 동참하고 협력하려는 시도도 거부한다. 노란 조끼 운동에 참여한 사람들이 주장하는 '탈정치적인 것(apolitical)'의 의미는 노란 조끼 운동에 무임 승차하려는 정치인들에 대한 반응이지 노란 조끼 운동의 본질적 관심 및 요구와 같은 열망의 표현과는 무관하다. 나는 노란 조끼 운동이 탈정치적이라기보다는 탈정파적이라는 점을 보여줄 것이다. 이는 비록 노란 조끼 운동이 어떠한 정당과도 연계되어 있지 않고, 좌우 정치적 스펙트럼에 정확히 부합하지 않지만, 다양한 정치적 요구를 포함하기 때문이다. 대중 운동이 핵심인 노란 조끼 운동은 (해외 지역을 포함해 프랑스 사회의 모든 계층을 일정 수준에서 포괄한) 프랑스의 혁명적인 과거에 대해 긍지를 가지고, 권위주의적 정치권력에 대한 저항을 자랑스러워하며, 인권 선언에 자부심을 느끼는 나라인 프랑스의 정치 질서 근간에 대한 도전이다. 탈냉전 이후 국가들이 지향하고자 한 모습이자, 역사의 종언을 말한 프란시스 후쿠야마(Francis Fukuyama, 1992)가 한때 주장했던 자유주의적 합의는 시위대와 경찰의 폭력적인 장면들로 인해 엉망이 되었다. 이제 단순한 조정만으로 정치 조직이 개혁될 것이라는 주장은 그 누구도 받아들이지 않는다. 미래 분쟁은 문명 충돌이라는 헌팅턴(Huntington)의 주장에 대해서도 노란 조끼 운동은 이의를 제기한다. 왜냐하면 노란 조끼 운동은 육각형[1] 외부와 어떠한 연계도 없는 프랑스적 현상이기 때문이다. 그러나 노란 조끼 운동은 우리가 정치를 생각하는 일반적인 방식에 훨씬 더 광범위하게 영향을 미치고 있다. 노란 조끼 운동은 역사는 지속되고 있고 사회적 투쟁도 여전하다는 것과 함

1 육각형은 프랑스를 지칭하는 데 널리 사용되는 용어이다. 이는 프랑스의 지도상 모양이 기하학적 도형인 육각형과 비슷하기 때문이다.

께, 이것이 21세기 새로운 운동 형태가 될 것이라는 점을 보여준다. 이와 같은 운동을 분석함으로써, 우리는 프랑스적 맥락을 넘어서 운동의 함의를 성찰할 수 있을 것이다. 프랑스에서 노란 조끼가 등장할 수 있었던 조건들은 기타 지역에서도 같다. 그러므로 노란 조끼 운동을 어떻게 받아들일지 고민하는 것은 정치적 정당성의 재구성과 21세기 정치의 부활에 대한 논의에 유익할 것이다. .

2018년 11월 18일 프랑스의 회전교차로 점거로 시작된 노란 조끼는 그동안 다양하게 해석되었다. 처음에는 프랑스 정치의 기득권인 우파가 열광적으로 지지한 데 반해 좌파에서는 경계를 보였다. 그러나 노란 조끼 운동의 요구와 반항적인 행동에 대한 대중의 의견은 양극단으로 나뉘었다. 폭력적 양상을 보이지 않던 첫 3주 동안 노란 조끼 운동은 프랑스 정치 스펙트럼의 좌우 모두에게서 광범위한 지지를 받았다. 하지만 4번째 주말에는 프랑스 역사상 최초의 회전교차로 위에 지어진 개선문(Arc de Triomphe) 근처의 상징적 상점가인 샹젤리제 거리(Champs Élysées)에서 폭력 사태가 발생했다. 2018년 12월 1일 바로 이날부터 신문의 머리기사와 뉴스 매체의 보도는 거의 전적으로 시위의 폭력성에 초점을 맞추었고, 시위대와 경찰 사이의 모든 충돌을 사회 질서에 대한 위협이자 더 광범위한 정치, 문화, 문명 붕괴의 시작으로 다루었다. 대중매체는 몇 달 동안 이러한 편집 방식을 고수했지만, 대안적 미디어는 이와는 반대편에 초점을 맞추었다. 트위터와 독립 매체는 국가 폭력의 이미지를 계속해서 보도했고, 사건의 본질은 경찰의 지나친 무력 사용이라는 점을 분명히 했다. 시위대 폭력이 사건의 일부이기는 하지만, 나는 작금의 프랑스 사회에서 노란 조끼 시위대의 역할에 대해 언급해야 할 것은 폭력 사용만은 아니라고 생각한다. 프랑스 정치 지형에 대한 그들의 공헌은 그 폭력과는 전혀 별개로 다루어져야 한다. 노란 조끼 시위대는 프랑스 사회계약, 즉 통치자와 인민 사이에 맺어진 암묵적 계약에 대한 근본적인 도전을 제기했다. 암묵적으로 통용되던 분쟁 관리 규정들, 즉 노동조합의 활동과 경찰과의 상호작용을 정의하는 일반적 규칙들은 시위대에 의해 완전히 무시되었고, 이에 따라 경찰과 시위대 간의 긴장은 계속 증가했다. 노란 조끼 운동의 참가자 수는 시간이 갈수록 감소했지만, 가진 자와 그렇지 못한 자, 세계화의 승자와 사회적 하락의 위험에 처한 자들 사이의 잠재적인 긴장은 계속되고 있다. 지금부터 프랑스 언론과 학계에 의해 주로 제기된 노란 조끼 운동의 다양한 원인과 분석을 살펴보고, 이 운동의 본질과 중요성에 대한 나의 개인적인 이해를 논의하고자 한다.

노란 조끼의 기원

2018년 11월 프랑스에서 일어난 시위에서 많은 지지자가 눈에 잘 띄는 노란색 조끼를 착용해 알려진 노란 조끼 운동에는 다양한 원인이 존재한다. 가장 직접적인 계기는 에마뉘엘 마크롱 정부가 도입한 유류세였으며, 이에 따라 프랑스 사회에서 가장 가난한 계층이 특히 어려움을 겪게 되었다. 프랑스 사회에서의 하위 계층은 보통 시내 또는 베드타운 형태의 저렴한 사회적 주택이 있는 악명 높은 방리유(banlieues)에 거주하지만, 노란 조끼 운동 참여자들은 대체로 이보다는 높은 계층이다. 지리학자 크리스토프 길뤼(Christophe Guilluy, 2016)가 '도시 근교 프랑스'라고 부르는 도시 외곽 지역에 거주하는, 노동계급의 한 계층인 이들은 유류세 인상으로 가장 큰 타격을 받았다. 방리유보다 더 멀리 떨어진 준원격 지역 혹은 대도시 교외에서 살고 있는 사람들은 대중교통을 이용하기 쉽지 않기 때문에 자신의 차를 이용하는 경우가 많다. 그들은 자가용으로 통근하고, 자녀를 학교에 데려가고, 쇼핑을 해야 하는 지리적 위치 때문에 자동차 없는 삶은 불가능하다. 소폭의 연료 가격 인상조차도 생계를 유지하기 위해 식료품이나 의류와 같은 다른 필수 지출을 줄여야 할 필요성을 의미하는 경우가 많다. 임대료, 주택담보대출 상환금, 보험료 또는 자녀 대학 등록금 등 다른 고정비용을 고려할 때, 연료 가격의 상승은 단순히 가족 휴가가 소박해지는 정도의 작은 인상으로 치부할 수 없다. 10년간의 긴축과 공공서비스의 지속적인 감소, 지역적 불평등으로 인한 서비스 이용의 불균형, 그리고 취업 기회 부족은 결국 대다수에게 한계를 넘어선 고통이 되었다. 납세 반대 운동은 매사 거슬리는 국가에게 단순히 시위로 맞선다는 것 이상의 의미가 있다. 많은 사람에게 시위는 정당한 이익과 욕구를 가진 인간으로 인정받고 싶다는 절박한 호소였으며, 몇몇 참가자에게는 경제적 요구이기도 했다. 회전교차로는 사람들의 생활 터전과 경제활동 중심지를 잇는 일상적인 경로이기 때문에 그들은 이곳을 시위 장소로 선택했다. 시위대 대부분은 20대 중반부터 40대까지로 중산층이나 숙련노동 계층 가족 출신이다. 이들 중 다수는 부모 세대 대비 계급 하향, 즉 피에르 베르메렌(Pierre Vermeren)의 표현(2019)으로는 소위 '사회적 하락(déclassement)'을 겪었다.

이들의 사회적 하락에는 중요한 경제적 이유가 있다. 베르메렌에 따르면, 이는 1970년대 이후 프랑스 국가의 대규모 적자, 2008년 경제 위기, 무역 불균형 및 불로소득 자본주의(rentier capitalism)[2]의 성장 탓이다. 프랑스의 구매력 평가 지수(purchasing power parity)로 보정된 국내총생산(GDP)은 2008년에는 1인당 4만 5,200달러에서 10년 후인 2017년에는 3만 8,400달러로 감소했다. 경제 상황은 빈곤 지역과 도시 중심지에서 멀리 떨어져 있는 지역의 주민들에게 불평등하게 영향을 미침으로써 악화했다. 이 지역에는 저렴하고 신뢰할 만한 대중교통이 없고, 그래서 일상생활에 필요한 예산이 부족한 상황을 감내하기 힘들기 때문이다(Vermeren, 2019: 115). 북동부에서 남서부에 걸쳐 프랑스를 가로지르는 공허의 대각선(diagonale du vide)[3] 지역은 공공서비스가 거의 제공되지 않아 어려움을 겪는 소외 지역으로 알려져 왔다. 프랑스의 도시 및 대도시로 몰려든 사람들과는 달리, 역사적 지역인 로렌(Lorraine), 마시프 중부지방(Massif Central) 또는 제르(Gers)에 남겨진 사람들은 경제 쇠퇴와 인구 유출로 큰 어려움을 겪고 있다. 하지만 경

---

2 [역주] 불로소득 자본주의는 생산 활동을 통한 수익 창출이 아니라 자산에만 의존하여 부를 창출한다는 개념이다. 여기에는 토지, 주식, 채권 등의 자산으로부터 얻는 수입 등이 포함된다. 불로소득 자본주의는 일반적으로 경제적인 기여 없이 부를 축적할 수 있는 부동산 투기나 금융시장에서의 투기를 강조하는 것으로 이 과정에서 부의 불평등은 높아지고, 경제 정의와 지속가능성이 위태로워질 수 있다.

3 [역주] '공허의 대각선'은 프랑스의 나머지 지역 대비 인구 밀도가 상대적으로 낮은 '뫼즈(Meuse)'에서 '랑드(Landes)'에 이르기까지 대각선으로 뻗은 구역을 지칭한다. 이 지역의 인구 감소는 19세기 프랑스의 도시화 과정에서 시작되었다. 그리고 이 과정에서 시민들에게 반드시 필요한 사회시설이 급격히 감소하여 삶의 불편이 가중되었다.

제적 곤경은 지금 이렇게 비어 있는 프랑스를 넘어서 다른 지역으로 퍼져 나가 공허의 대각선 지역 이외에서도 목도된다. 베르메렌은 세금 증가 형태의 추가적 부담으로 프랑스 대다수 노동자의 생활 수준은 하락했고 노란 조끼 시위의 중심에는 이것이 있다고 설명한다. 자신들의 부모 세대와 비교했을 때, 이들 프랑스 노동자의 경제적 행복은 계속해서 하락했고 정부의 공공서비스 및 복지 제공도 함께 후퇴했다. 부모와 비교해 덜 풍요로운 삶, 마이너스 성장 또는 제로 성장으로 이어진 끝없는 경제적 위기에 의한 빈곤 및 여러 부정적 경제 지표들은 최하위 급여 소득자인 그들을 움직이게 했다. 그러나 경제적으로 절박한 사람들만 행동한 것은 아니었다. 심지어 최하위층으로 밀려나지 않은 사람들도 회전교차로에서 벌어진 노란 조끼에 참여하곤 했다. 성장을 위해 중요하고 새로운 경제적 기회가 풍부하게 제공되었던 파리(Paris), 보르도(Bordeaux) 또는 리옹(Lyon)과 같이 글로벌화된 도시 외곽에 살고 있는 사람에게 감세가 꼭 필요하지는 않지만, 그들도 역시 경기 침체의 피해를 실감했다. 레이몽 아롱(Raymond Aron)의 용어에 따르면, 이러한 감정은 '진보의 환멸(disillusionment of progress)'로 표현되는데, 이는 근대의 약속이 일반 서민에게 전달되지 않는다는 것을 의미한다(Chauvel, 2019: 86). 우리는 한때 하늘을 나는 자동차와 경제활동 및 성장에 필요한 일상적인 업무를 수행하는 로봇, 밝은 대도시 및 우주 탐사로 가득 찬 미래를 꿈꿨지만, 이제는 점점 증가하는 가난과 불평등의 세상만을 상상할 수 있다. 심지어 우리의 창작물도 이러한 경향을 반영한다. 인기 TV 시리즈인 익스펜스(The Expanse)에서는 인류의 미래는 지구인, 화성인 및 벨터인(belters)으로 나뉜다. 이들 모두는 다중 행성 종족이 된 세상에서 서로를 착취한다. 제임스 코레이(James Corey)라는 필명(Corey, 2011)을 사용한 다니엘 에이브러햄(Daniel Abraham)과 타이 프랭크(Ty Franck)의 공상 과학 시리즈를 보면, 심지어 지구에서도 인구 대다수가 생존에 충분하지 않은 기본 소득 형태로 살고 있지만, 엘리트들은 자신들을 위해 행성 벨트의 풍부한 광물로부터 이익을 확대하고 있다. 우리가 상상한 미래는 우리의 현재 상황을 반영한다. 즉 불평등 때문이든, 사회 갈등 때문이든, 우리 미래에 대한 인식 부족 때문이든, 시스템의 주변부에 사는 사람들에게는 인류의 번영을 상상하거나 자기 계발을 할 기회가 부족하다. 디스토피아적 공상 과학 속의 벨터인들처럼 노란 조끼는 가장 좋은 몫을 가장 잘사는 사람들에게 떼어주는 사회의 불평등을 자각하고 분노와 정치적 폭력으로 저항한다. 2018년 프랑스의 신설 유류세는 사회 혜택을 받지 못하는 사회 구성원들에 대한 근본적인 공격으로 인식되었다. 이는 노동하는 빈곤층에 불공평하게 세금을 부여하고, 동시에 가장 부유한 계층에는 세금을 감면하기 때문이다.

경제 위기는 재정정책, 2018년 정부의 신규 유류세 도입 결정, 그리고 서비스 및 교통 대체 수단에 대한 공공 지출 결정과 직접적으로 연관되어 있다. 토마 피케티(Thomas Piketty)가 지적한 것처럼, 노란 조끼 시위의 핵심은 세금에 대한 광범위한 저항이 아니라 정의로운 재정에 관한 문제였다. 특히 에마뉘엘 마크롱이 집권하자마자 폐기한 연대 부유세(impôt de solidarité sur la fortune: ISF)는 새로운 중도 정당의 우선순위가 어디에 있는지 보여주었다. 1990년 미테랑 대통령 집권기에 처음 도입한 이 세금은 자산 상위 1~2% 정도에 해당하는 사람들에게만 부과되었다. 사회주의 성향의 대통령이 도입한 진보적인 연대 부유세는 대부분 부동산이라는 자산의 가치에 따라 0.5%에서 1.5% 사이의 세금을 부과했다. 연대 부유세를 납부하는 모든 납세자 중 1/3은 파리 권역에 거주하며, 나머지는 대부분 다른 주요 도시나 프랑스의 부유한 지중해 연안 지역인 코트다쥐르(Côte d'Azur)에 거주하고 있다. 보수 정부에서 체계적으로 인하되었다가 2013년 프랑수아 올랑드(François Hollande) 정부에서 다시 인상된 이 부유세 제도는 2017년 폐지될 당시 프랑스 국고에 연간 40억 유로를 조달하던 프랑스 누진 세제의 상징이었다. 에마뉘엘 마크롱은 세금 납부자의 대다수가 프랑스를 떠날 기미가 없었는데도 탈세를 이유로 이 결정을 내렸다. 가장 큰 타격을 입은 해는 2013년으로, 당시 세금을 납부한 31만 2,406명의 부유층 중 713명이 프랑스를 떠났다(Pluyette, 2016). 이는 국제적 이동이 가장 자유로운 계층 중에서도 고작 0.2%만이 해외로 이주했음을 보여준다. 다시 말해, 수백 명이 모두 세금 때문에 떠났다는 것은 신빙성이 없으며, 조세 회피의 위협은 프랑스 재무 상황의 만성적 특징이 아니라 부차적인 현상이다. 이와는 대조적으로 연대 부유세는 굉장히 성공한 세금이자, 1990년 이후 세입이 4배 이상 증가하면서 GDP 성장률 100%를 초과한 세금이었다. 사실 피케티(2019a)는 세금을 회피하기 위해 자신의 부를 숨기는 사람들에 대한 세금은 쉽게 강화될 수 있었을 것이라 주장한다. 행정적 노력만으로도 국가는 연간 60억 유로를 확보할 수 있었을 것이라 추산하기도 하였다. 이는 2018

년에 연대 부유세를 대체한 부동산세(Impôt de la Fortune Immobilière)인 IFI를 통해 10억 유로를 모으는 것보다 훨씬 많은 금액이다. 이는 마크롱 대통령 임기 전체에 걸쳐 300억 유로의 잠재적 수익 손실로, 프랑스 사회에서 가장 부유한 사람들에게 이익이 될 수 있는 금액이다. 유류세로 인해 창출될 것으로 예상되는 80억 유로의 추가 수입은 사회 정의의 문제와 맞물려 있다. 왜냐하면 가장 부유한 프랑스 부동산 소유주 가운데 상위 백분위 계층에게 세금 혜택을 준 직후 유류세가 도입되었기 때문이다. 게다가 유류세는 기후변화에 대항하기 위해 정당화되었는데, 전문가는 하나같이 이러한 시도는 정부 홍보에 불과하다고 조롱했다. 왜냐하면 조세 수입의 단지 10%만 녹색 프로젝트 자금지원에 투자되었기 때문이다(Piketty, 2019a: 80-3).

재정 문제 너머에는 일반적으로 프랑스 국가의 퇴각이 있다. 심지어 성장 시기에도 예산을 균형 있게 조절하지 못한 연이은 정부의 무능으로 인한 구조적 취약성 때문에, 프랑스 국가는 대출 시장이 더 높은 이자율을 부과하기도 전에 대출 시장이 용인할 수 있는 한계에 봉착했다. 무디스(Moody's), 스탠더드 앤드 푸어(Standard and Poor), 피치(Fitch) 모두 프랑스 채권을 독일, 미국, 핀란드, 맨섬(the Isle of Man)(예를 들어)에 이어 세 번째로 낮은 등급인 AA 또는 Aa2로 평가하고 있는데, 이는 점점 계획한 것보다 많이 빌리는 것에 대해 시장이 호의적이지 않다는 것을 보여준다. 1970년대 중반 프랑스가 GDP 대비 부채 비율이 약 60%였던 것과 달리 현재는 100% 이상의 부채 비율을 가지고 있고 2020년에 더 높아질 전망인데, 이로 인해 국제 투자자들은 프랑스를 부정적으로 전망하고 있다. 프랑스의 연금 적자 위기와 더불어 경제 위기 때마다 복지국가 비용이 함께 언급되는데, 무엇보다 가장 놀라운 점은 감세로 인해 가장 돈을 많이 버는 사람들에게는 혜택이 제공되고, 생필품을 감당할 여유가 없는 사람들에게는 세금 부담이 가중된다는 점이다. 데이비드 그레이버(David Graeber, 2019)와 토마 피케티(2019a)가 공통적으로 지적한 바에 따르면, 부채에 대한 이러한 태도는 경제 체제에서 당연한 결과가 아니며, 상황을 해결하기 위해 다양한 정책적 대안이 개발될 수 있다. 1983년 프랑수아 미테랑 정부가 자유주의적 정책 전환을 한 이후 집권한 세 정당 모두 정치적 의지가 없었다는 것이 경제적 불안정성의 근본 원인이다. 경제 상황은 엄중하지만, 희망이 없는 것은 아니다. 역사적으로, 균형 예산을 통한 분할 상환, 경제성장, 화폐 가치 하락, 부도, 세금 증가 또는 일회성 세금 징수를 포함한 다양한 방법으로 높은 수준의 부채 문제가 처리되었다. 결론에서 볼 수 있듯이, 경제적 정의의 상상력은 이러한 조치에만 국한되지 않으며, 세대 간 정의는 부채와 상환에 대해 새로운 생각을 요구할 수 있다. 노란 조끼 그들 스스로가 변혁의 요구에 대한 절박함을 제대로 인지하였기 때문에 그 효과에 대한 제언과 제안을 제공했다.

코로나19의 대유행 동안, 노란 조끼를 입은 시민들의 일부 요구사항은 정곡을 찔렀다. 바이러스가 확산하자, 프랑스 정부는 2020년 3월 17일부터 2020년 5월까지, 책을 쓰고 있는 현시점에도 여전히 유효한 국민 격리 조치를 엄격하게 시행하기로 했다. 봉쇄 조치로 인해 70번 연달아 개최된 토요일 시위를 끝으로, 노란 조끼가 매주 벌였던 시위는 사실상 마침표를 찍었다. 팬데믹 대응으로 도입된 경제적 혼란을 완화하기 위해, 프랑스 정부는 일련의 경제 조치를 발표했다. 여기에는 일할 수 없는 사람들의 임금 보호, 기업에 대한 금융 지원, 세금과 사회적 부담금의 연기, 국가 보증 저금리 대출 등이 포함된다. 이는 실업 보험과 가족 수당 등의 기존 조치에 추가된 것이다. 이러한 조치의 정확한 비용은 아직 정해지지 않았지만, 일부 전문가들이 추산한 바에 따르면 국가지출이 GDP의 약 15%의 정도 증가할 것이며, 국가 채무는 1930년대만큼은 아니지만 가장 높은 수준이다(Vignaud, 2020). 이러한 사실이 보여주는 것은 국가는 경제적 삶에 대한 개입을 강화할 능력을 갖추고 있다는 것이다. 이는 1년 반 동안 쉬지 않고 시위를 벌인 노란 조끼의 요구사항 가운데 하나였다. 그러나 이러한 조치가 마크롱 대통령 주변의 자유주의-자유지상주의적 이념의 틀을 깨뜨릴 수 있는지는 장담할 수 없다. 이는 5장에서 논의될 것이다. 만약 의사결정 이면에 있는 민주적 구조를 다시 생각해보지 않는다면, 경제생활에 대한 국가 개입 증대의 결과는 2018년부터 2020년까지 노란 조끼 운동에 참여한 사람들이 만족할 만한 결과로 이어지지 않을 것이다. 만약 민주적 구조에 대해 생각해본다면, 이번 팬데믹은 불평등이 깊게 뿌리박혀 있다는 것을 볼 수 있을 것이다. 시위에 참여한 사람 중 대다수가 격리 기간에 필수 노동자로 분류되어 경제의 중추가 계속 작동할 수 있었기 때문이다. 반면, 그 이외의 사람들은 집에 머물렀다. 그래서 필수 노동자들이 질병에 가장 노출되었다(Fourquet and Morin, 2020).

누가 노란 조끼인가?

노란 조끼의 사회학적 측면에 대한 논의 역시 광범위하게 진행됐다. 각계각층으로 구성된 시위 참가자들을 비교해 보면, 대다수 노란 조끼 시위 참가자들의 출신을 이해하는 데 도움이 되는 몇 가지 공통점이 있다. 종종 '가난한 백인(white poor)'으로 묘사되는 이들은 다양한 비백인 이민자 가족 출신으로 파리 도심이나 방리유에 거주하고 있는 가난한 노동 계층과는 대비된다. 이들은 프랑스의 '백인 쓰레기(white trash)'나 영국의 '챠브(chav)'와 같은 존재이다. 패배한 세대로 묘사되는 이들은 위에서 언급한 경제 위기와 재정 변화로 가장 많은 것을 잃은 사람들이다. 하지만 그들이 프랑스 사회에서 가장 가난한 계층은 아니다. 여전히 세입자 신분이 대부분이지만, 많은 이들이 자가 주택과 자가용을 소유하고 있고 이 두 자산에 대한 부채도 있다. 부동산담보대출과 신용에 의존하고 차량 비용을 상환하기 위해 매달 비용을 지불하기 때문에 이들은 종종 매우 낮은 가처분 소득을 올리며 저축은 거의 없다. 특히 10년 이상의 긴축정책 이후 그러하다. 그들은 개인의 선택이 아니라 주택가격 상승으로 인해 도시를 떠나야만 했고, 프랑스의 도시 근교에 있는 방갈로만이 자신들이 감당할 수 있는 유일한 거처였다. 피에르 로장발롱(Pierre Rosanvallon, 2019: 174)은 그들이 복지 혜택을 받거나 실직 상태라는 배제된 사회에서 온 사람들이 아니고 작은 사람들의 사회(une société des petits)에서 왔다고 설명한다. 그들은 대부분 노동자 계급이나 중하층 출신으로, 때로는 몇 명의 종업원을 고용해 직접 경영을 하는 소규모 사업가들로 수공업자 혹은 상점주로 분류된다. 로장발롱은 500만 명의 프랑스인들이 이러한 범주에 속한다고 추정하며, 이것은 이자벨 코탕(Isabelle Coutant, 2019: 147)이 '소중간계급(petits-moyens)'으로 표현한 계층이다. 소중간계급은 '(소규모 생활) 수단'과 '소중간 (계급)'으로 번역되며, 이는 이중적인 사회학적 범주를 나타낸다. 이것은 그들의 (생활 수준의) 평균과 경제적 현실을 형성하는 작은 수단 모두를 언급하고 있으므로 아마도 소규모 생활 수단을 가진 계급으로 가장 잘 번역될 수 있다. 그들은 자신들의 인생에 아이의 질병, 차 사고, 부모 부양 등과 같은 어떠한 문제가 생기면 제한된 수단만으로 견뎌야 하는 사람들이며, 그들의 소규모 경제적 수단은 생활비 변화에 특히 취약하다. 또한 그들의 사회 계층이 바닥은 아니지만 가장 낮은 사회 계층의 상위에 있거나 중산층의 하위에 있다. 이 계층에 포함된 사람들의 혼종성(hybridity)은 우리의 사회적 범주를 다시 생각해 볼 것을 요구한다. 소규모 생활 수단을 가진 계급은 노란 조끼 운동 참가자들의 대부분을 가장 잘 설명하는 사회학적 범주이다.

저축이 없는 집주인들은 간혹 불과 한두 달 만에 집이 은행에 압류당하거나 자신의 차가 경매에서 매각되거나 상황이 어려워지면 자선 단체와 푸드 뱅크에 의존하기도 한다. 이들은 경제 호황기에는 승진과 자가용을 이용할 수 있는 기회를 누리지만, 경제활동이 축소되는 시기에는 종종 정부의 서비스 예산 삭감과 임금 정체를 동반한 인플레이션 증가에 가장 먼저 타격을 받는 계층이 된다. 하지만 올리비아 에르츠샤이(Olivier Ertzscheid, 2019: 137)가 보여주는 것처럼, 이들은 극우와는 거리를 두며 전형적으로 정당에는 무관심하다. 노란 조끼에서 운영하는 페이스북을 살펴보면, 인종

차별적 표현과 극우적 어휘가 거의 없으며, 생태 문제에 대해 종종 심각한 우려를 보여주고 있음을 에르츠샤이는 발견했다. 좌에도 우(또는 중도)에도 속하지 않는 이들은 단지 월말의 청구서 지불을 걱정할 뿐이다. 많은 사람에게 있어, 온라인을 통해 참여하든 직접 참여하든 노란 조끼 운동에 참여하는 것은 자신들의 정치 생활에 첫걸음이었다. 경제적 정의, 조세 공정성 및 감당할 수 있는 생활에 대한 그들의 요구는 프랑스 사회에 깊은 반향을 가져왔다. 왜냐하면 적어도 초기에는 프랑스 다수 대중이 그들의 요구에 공감하고 있었음이 분명하기 때문이다.

정치적 측면에서 그들은 어떠한 단일 정당과도 연계되어 있지 않다. 비록 그들이 극단에 있는 저항 정당에 더 끌리기는 하지만, 실제로 언론에서 종종 주장하는 것처럼, 노란 조끼와 극우 혹은 극좌와의 연계성은 그다지 명확하지 않다. 그들은 원래 보수의 영역인 반세금(anti-tax) 운동으로 시작되었을 수도 있지만, 노란 조끼 운동은 경제적 정의와 직접적인 정치 참여 요구로 재빨리 옮겨갔다. 이들 운동의 선두에는 강력한 여성이나 남성 지도자가 없고, 마린 르펜(Marine Le Pen)이 이끄는 '국민연합(Rassemblement National)', '약진하는 프랑스(Debout la France)'의 지도자인 니콜라 듀퐁 아냥(Nicolas Dupont-Aignant), 공화당의 로랑 와우키에(Laurent Wauquiez), 그리고 '굴복하지 않는 프랑스(La France Insoumise)'의 장뤼크 멜랑숑(Jean-Luc Mélenchon)[4]의 시도를 거부하며 정당 노선 및 연합과 거리를 두고 있다

4 [역주] 우리말로 '굴복하지 않는 프랑스'를 뜻하는 '라 프랑스 앵수미즈(La France Insoumise)'는 좌파 정치인 장뤼크 멜랑숑(Jean-Luc Mélenchon)이 2016년 2월에 설립한 프랑스 정당이다. 이 정당은 반자유주의, 환경

(Bristow, 2019). 하지만 일부 시위대의 주장과는 달리 더 많은 민주주의에 대한 그들의 요구와 대의제의 거부는 분명히 정치적인 것이다. '정치하기(do politics)'를 거부하면서, 그들은 모든 시대에서 가장 기본적인 정치 활동 중 하나에 참여했다. 즉 사회계약과 우리 모두를 하나로 묶는 것을 다시 생각하게 하고 있다. 많은 비평가 사이에는 노란 조끼가 프랑스 사회계약의 붕괴에 대한 반응이라는 광범위한 합의가 존재한다. 새뮤얼 하야트(Samuel Hayat, 2019a: 24)와 데이비드 길보드(David Guilbaud, 2019: 121)에 따르면, 프랑스 사회와 사회 지도층 사이의 암묵적인 계약을 깨뜨린 것은 마크롱이며, 로장발롱(Rosanvallon, 2019: 180)은 노란 조끼 시위가 묻고 있는 것은 '통치할 권리'라고 한다. 도미니크 루소(Dominique Rousseau, 2019: 71)와 올리비에 크리스탕(Olivier Christin, 2019)은 각각 정당성과 현대 정치의 핵심 원리인 계약 자체의 위험성을 주장한다. 물론 노란 조끼와 사회계약과의 연결에 대한 세부적 내용에 대해서는 논쟁이 진행 중이지만, 적어도 프랑스에서는 이러한 비유는 문제시되지 않는다. 이 책에서 제안하고자 하는 것은 이러한 평론가들보다 한 단계 더 나아가자는 것이다. 물론 사회계약의 붕괴를 평가하고, 대의제의 위기가 프랑스 사회에서 지속적이며 앞으로도 그럴 것이라는 점에서 그들의 의견은 옳다. 그러나 노란 조끼 운동 자체가 사회계약을 새롭게 재고할 기회가 되었다는 점을 나는 주장하고자 한다. 그들의 행동, 제안, 심지어는 폭력 사용을 통해, 노란 조끼는 기존의 사회계약 전통에 대

주의, 페미니스트, 국제주의로 자신을 정의하며 급진 좌파 정치세력으로 자리매김하고 있다.

한 도전을 제기하고, 전통의 새로운 시작을 제안했다. 이 책은 이러한 주제를 이론적으로나 정치적으로 확장하여, 오늘날과 미래에 나타날 수 있는 새로운 사회계약의 밑그림을 제시하고자 한다.

좌도 우도 아닌

1789년 구체제(Ancien Regime)를 전복시킨 프랑스 혁명 이래 프랑스가 직면한 가장 만성화된 정치적 대표의 위기는 내가 태어난 1983년 이래로 계속됐다. 제5공화국에서 최초의 사회주의적 성향의 대통령인 프랑수아 미테랑은 자신의 정당 내 자유주의자들의 충고를 따라 긴축 조치를 받아들이고, 재임 처음 두 해 동안 전통적인 사회주의 정책과는 거리를 두었다. 프랑스 정치에 있어 중요했던 1983년은 정치 스펙트럼의 좌우 어디에 있든 자유주의적 합의가 정립되는 계기가 되는 해였다. 즉 정부는 경제생활에서 간섭을 최소화하고 복지국가를 포기하거나 적어도 복지의 범위를 제한해야 한다는 것이다. 역사의 종언을 주장한 후쿠야마(1992)와 마찬가지로, 미테랑 대통령의 우편향은 정당 간 차이가 정체성의 차이가 아닌 정도의 차이로 바뀌게 되는 보다 광범위한 사회적 현상의 신호였다. 1981년부터 2017년까지 프랑스는 좌우 간의 교대, 그리고 대통령이 한 편에 있고 총리와 정부가 반대편에 있는 동거 정부(cohabitation government)를 포함한 형태로 나타나면서, 좌우 정치의 구분은 점점 어려운 작업이 되었다. 이러한 프랑스 정치의 중도화가 가져온 가장 즉각적인 결과는 유권자들의 정치적 행동주의 및 참여도가 점차 낮아지고, 진보와 보수의 교체에 대해 더욱더 무관심한 분위기가 자리 잡았다는 것이다. 대표의 위기는 선거에서의 낮은 투표율과, 특히 국민전선(Front National)의 이전 리더인 장 마리(Jean-Marie)와 이어진 그녀의 딸 마린 르펜을 지도자로 한 이른바 포퓰리스트 정당들의 부상으로 명확해졌다. 좌와 우가 정치경제의 주요 기조에 합의하는 것처럼 여겨졌을 때, 극우만이 대안을 제시하는 것으로 보였으며, 그 결과 2017년 5월 7일 선거에서 프랑스 유권자의 34%(1,000만 명 이상)가 마린 르펜에게 투표했다. 그날의 승리로 프랑스 대통령에 선출된 에마뉘엘 마크롱은 좌우 모두와 관련 없는 강령을 제시하며 출마했다. 그는 은행가 시절의 경험과 사회당 정부 장관으로서의 경험을 결합해 전통적인 정치 스펙트럼에서 좌우 모두와 함께 할 수 있다는 것을 보여주었다.

토마 피케티(2019b: ch 14)는 현재 상황이 프랑스 혁명 이래 시작된 좌/우 갈등이 아마도 끝에 다다른 것으로 추측한다. 이와 같은 전통적인 이분법 대신에, 그는 새로운 정치 지형을 '4/4 경주 (four quarters race)' 또는 '3/3 경주 (three thirds)'로 읽을 것을 제안한다. 피케티는 2017년 프랑스 대선 첫 라운드에서 4명의 후보가 매우 비슷한 득표를 기록했으며, 두 마리 경마를 위한 정치 체제의 명확한 인센티브에도 불구하고, 이러한 상황이 벌어졌다고 설명한다. 전통적인 대표성의 네 마리 말은 두 개의 축을 따라 분리된다. 첫 번째로는 국제주의적 또는 민족주의적 성향에 따라 다르며, 두 번째로는 평등 또는 불평등에 대한 자신들의 입장에 따라 대립한다. 이 네 가지 경향성은 (조합하면) 국제주의자-평등주의자(멜랑숑 주도), 국제주의자-불평등주의자(마크롱 주도), 이민 배척주의자-평등주의자(르펜 주도) 및 이민 배척주의자-불평등주의자(프랑수아 피용 주도)로 구분된다. 이를 사회주의, 자유주의, 민족주의, 보수주의 네 가지 이념으로 요약할 수 있다. 피케티는 나아가 공존하는 자유주의와 보수주의가 불평등을 받아들이는 점에서 공통점을 찾을 수 있을 것으로 추측하며, 보수주의자들 중 더 평등주의적인 사람들은 민족주의적 편향으로 이동할 가능성이 있다고 말한다. 따라서 좌우 갈등이었던 것이 사회주의, 자유주의, 민족주의 삼파전 또는 보수주의자까지 합쳐 사파전으로 바뀔 수 있다. 피케티 스스로가 추측하는 것처럼 '4인 경주에 제5주자'라 불리는 집단은 2017년 선거에서 주로 참여하지 않았거나 이념적 이유보다는 항의로 투표한 사람들이다. 이 집단에 속하는 것 중 하나가 노란 조끼이다. 사회주의자도 아니고 자유주의자도 아니며, 민족주의자도 보수주의자도 아닌 이들은 새로운 정치 스펙트럼에서 제외된 존재이다. 비록 피케티가 노란 조끼를 이념적 스펙트럼에서 '민족주의자'에 위치한다고 명시하지만, 그들이 민족주의적 레토릭으로 쉽게 구분될 것 같지는 않다. 노란 조끼는 평등을 옹호하는 사람들이 자신의 정책을 재고하고 노란 조끼를 입은 노동 빈곤층의 투쟁을 재조명할 수 있는 기회를 제공한다. 새로운 대표제 모델이 등장하는 지금, 세계화와 과거의 자유주의적 합의로부터 모든 것을 잃었던 사람들을 그 안에 포함한다는 것은 2018년부터 2020년까지의 투쟁에서 중요한 도전에 해당한다.

피케티는 자신의 분류법이 다소 거칠고 비판적인 시각에 노출될 가능성이 있다고 인정한다. 특히 국가주의적 담론과 평등성에 대한 진정성은 매우 불확실하다. 국민연합이 베지에(Béziers), 프레쥐스(Fréjus), 보케르

(Beaucaire) 또는 에낭 보몽(Hénin-Beaumont)과 같은 지역의 시장 선거에 승리해 정권을 잡은 곳에서, 그들은 지역의 사회 복지 서비스 폐쇄와 지자체의 자산 매각으로 이어진 엄격한 긴축정책을 적용해 지역의 불평등을 확대시켰다(Delaporte, 2019; Causit, 2020). 비록 마린 르펜 스스로가 프랑스 노동계급 옹호자로 자리매김하려 시도했고 일정 정도 성공을 거두기는 했지만, 노란 조끼는 민족주의 이념에 대한 보다 평등주의적 비판의 여지가 상당하다는 것을 보여준다. 부자를 위한 감세에 반대하고, 국민투표를 통한 직접적 정치 참여와 노동 빈곤층의 구매력 상승을 요구함으로써, 노란 조끼는 지금까지 위의 입장을 대부분 지지한 사회주의자와 민족주의자 양자에 도전하는 태도를 보인다.

새로운 이념적 스펙트럼의 '4인 경주에 제5주자'로서, 노란 조끼는 미래 프랑스의 정치적 위기의 헌법적 그리고 제도적 해결책에 근본적인 도전을 제기한다. 2018~2020년에 프랑스의 회전교차로를 점거한 소규모 기업가, 주변부 노동자 및 불안정한 직원들은 프랑스에서 깊이 있는 변화를 겪고 있는 정치 작동 방식을 보다 더 직접적으로 통제하고자 했다. 정치 스펙트럼의 다른 4/4는 모두 정치적 대표의 원칙과 정당으로 조직되었기 때문에 보다 전통적인 측면에서 작동하면서 사회계약의 조건 그 자체에는 의문을 제기하지 않는다. 반면 노란 조끼는 일반적인 합의에 도전한다. 다시 말해, 정치적 대표의 재조정은 사회계약 그 자체에 대한 도전을 제기하지 않지만, 노란 조끼 운동은 그와 같은 도전을 제기한다. 그들의 요구에 응답하려면 관습적인 방식을 벗어날 필요가 있으며, 정치적 투쟁에 대한 전통적인 방식으로는 더 이상 충분하지 않다. 노란 조끼 운동의 도전은 특정한 정책적 안건을 겨냥한 것이 아니며, 심지어 전통적 방식처럼 공고한 이념도 없고, 피케티가 언급하는 새로운 방식도 아니라는 것이다. 그들의 도전은 정치 과정에 보다 광범위하게 시민들이 참여하여 직접적인 역할을 하자는 것이다. 이들의 도전은 기성 정치권에 대한 직접적인 압박이다. 이러한 점 때문에 자크리의 난, 1789년 혁명, 1870~1871년 꼬뮌, 1968년 5월 사건에 대한 역사적 비유가 노란 조끼 운동을 이해하려는 사람들에게 강력한 호소력을 가졌다. 이러한 점을 차례로 살펴보면, 비록 역사적 비유가 프랑스의 맥락에서 노란 조끼를 이해하는 데 도움이 되긴 하지만, 그 어떤 사례도 이 운동을 전체적으로 설명하지 못한다는 것을 알게 된다.

프랑스 사회 운동의 역사에서 노란 조끼

프랑스 역사에는 네 번의 역사적 봉기가 노란 조끼의 위기에 대한 비유로 사용됐다. 이들은 구체제 프랑스의 자크리의 난, 프랑스 혁명, 1870년의 꼬뮌으로 시작하여 1936년과 1948~1949년의 파업 등의 노동 운동들 그리고 마지막으로 1968년 5월 사건(68혁명)이다. 현재와 과거를 비교하는 것은 현재의 처지를 이해하는 데 절대적으로 유용하지만, 이러한 역사적 사건 간에는 너무 많은 차이점이 존재한다. 그래서 노란 조끼 운동은 그 자체의 용어로 이해되어야 한다. 이 책 전반을 통해서 노란 조끼 운동과 비교할 만한 중요한 역사적 사건들로 되돌아가고자 한다. 과거와 유사한 점이 있다면 현재 상황을 명확히 이해하는 데 도움이 된다. 그러나 과거와 현재 운동 사이의 중요한 차이점을 이해하게 되면 우리는 오늘날 노란 조끼의 의의를 더 잘 알 수 있을 것이다. 프랑스 역사에서 네 번의 역사적 투쟁과 노란 조끼의 주요 차이점을 파악함으로써, 노란 조끼 운동의 이론화와 프랑스와 전 세계에 미치는 함의를 이해하는 데 이바지하고자 한다.

14세기에 발발했던 농민 반란 운동인 자크리의 난은, 중세 후반기와 근대 초기 시대의 국가에 대한 일련의 반란과 연관이 있는 이름으로 일정 정도 노란 조끼 운동과 닮은 점이 있다. 자크리의 난은 프랑스 국가의 출현과 성장 및 정착 기간에 발발하였는데, 우리가 오늘날 알고 있는 것처럼, 주로 근대 국가의 원형이 되는 초창기 세금제에 반대한 반란이었다. 봉건적 토대에서 벗어나면서, 프랑스 정부는 지방 귀족들이 왕을 위해 세금을 징수하는 것에 의존하기보다는 점차 인민에게 직접 세금을 부과할 권한을 확보하게 되었다. 누아리엘(Noiriel)의 분석에 따르면, 왕실 세금의 출현은 프랑스 인민이 국가로 귀속되는 개인들로 구성된 공동체를 조직하는 계기였다(Noiriel, 2018: 40). 자크리의 난은 새로운 행정 및 정치체제에 대한 저항의 한 형태였지만, 프랑스 인민들은 프랑스 혁명 때까지 여전히 봉건적 질서에 속박되어 있었다. 백년 전쟁 기간 중 소금에 세금(gabelle)이 부과되면서, 1378년부터 1382년까지 왕국 전역, 즉 플랑드르(Flanders), 일 드 프랑스(Île-de-France), 노르망디(Normandy), 오베르뉴(Auvergne) 및 랑그도크 지역(Languedoc)에서 일련의 대중 반란이 일어났다. 파리에서는 국왕이 플랑드르에서 반란을 진압하느라 자리를 비운 사이 수천 명의 무장 폭도들이 세금 징수원과 부유한 시민, 유대인을 살해하는 마요이탱(Maillotins)의 반란[5]이 일어났다. 수백 명이 폭동으로 죽고, 군대가 도시를 재차 통제하게 되면서 반란 지도자들은 처형되었다. 농민 반란은 국제적 갈등이 증가하고 새로운 조세 제도가 도입되면서 18세기 초까지 간헐적으로 발생했다. 루이 14세 재위 기간에는 새로운 세금 제도에 반란이 셀 수 없을 만큼 많이 발생했지만, 이들은 왕의 친위대에 의해 잔혹하다 할 정도의 방식으로 쉽사리 진압되었다. 모든 자크리는 지역적 조직의 특색을 지니고 있다. 여전히 구체제적 상황의 인간적 유대관계에 기반을 둔 자크리들의 규모는 작았지만 영향력은 컸다. 자크리의 난에 참여한 이들과는 달리, 노란 조끼는 페이스북 및 다른 소셜 미디어 플랫폼의 이용 등 정보통신기술의 발전을 활용한 전국적 운동이다. 그들은 시작부터 전국적 운동이었으며, 특정 지역, 부서 또는 개별 회전교차로 주변에서 결성된 특정 그룹은 지역을 넘어 전국적인 행동을 조직하는 데 성공했다. 그들은 특히 대도시와 수도를 연결함으로써 이러한 지역을 넘어서는 행동을 조직했다. 따라서 노란 조끼가 다른 운동과 구별되는 첫 번째 특징은 전국적인 운동이라는 점이다. 그들은 지역적 운동은 아니지만 그렇다고 전적으로 도시적 운동도 아니다(오히려 지방에서 시작된 자크리의 난과 일부 비슷한 측면이 있다). 이 운동은 교통 및 통신 방식에

---

5 [역주] 마요이탱 반란은 반조세적 성격의 반란으로 1382년에 발생했다. 마요이탱은 프랑스어로 '망토를 입은 자들'이라는 뜻으로, 반란의 주체가 노동자와 하위 계층이 참가한 민중 반란으로 알려져 있다. 당시의 반란은 신종 세금에 반대하는 과정에서 발생해 다수 민중의 호응을 끌어냈다. 그러나 프랑스 정부의 강경 진압으로 인해 마요이탱의 반란은 결국 실패하게 된다.

의존하는 도시적이며 전국적인 운동으로, 중세 농민 폭동과는 근본적으로 다른 특성이 있다.

프랑스 역사상 국가적인 사건으로 가장 유명한 것은 물론 프랑스 혁명이다. 노란 조끼 운동에 대한 평론가들은 이 운동의 혁명적 가능성과 그 성공 가능성을 프랑스 혁명과 비교해 연구해 왔다. 소피 완니크(Sophie Wahnich, 2019: 29-43)는 두 역사적 사건의 유사성을 중심으로 혁명가, 특히 마르세예즈(Marseillaise)와 비교했다. 노란 조끼 운동이 성공하려면, 과거와 근본적으로 다른 새로운 형태의 체제를 시작해야 한다고 일부는 주장한다. 하지만 이 역시 혁명을 목적론적인 방식으로만 해석한 것이다. 2018~2020년의 사건보다 더 격렬하고 폭력적이지만, 프랑스 혁명은 군주제를 즉각 폐지하지는 않았으며, 군주제가 불가능할 때까지 과거의 구조와 공존하기 위해 노력을 했다. 보다 중요한 사실은, 프랑스 혁명은 권력을 획득해 국가 기관을 접수하려고 했다. 이것은 문자 그대로 혁명이다. 노란 조끼는 이러한 측면에서 혁명을 시도했다는 증거는 없다. 물론 이 책의 뒷부분에서 논의하겠지만 그들의 요구와 행동에서 비롯된 권력 쟁취의 요소도 있다. 그러나 국가를 통제하려는 시도는 없었다. 프랑스 혁명과 달리, 테니스 코트의 선언도 없었고, 베르사유 집회를 열며 대안적인 권력 중심을 설정하지도 않았고, 국가 권력을 전복하려는 시도도 없었다. 시위 중 계속해서 제기되어 온 대통령 사퇴를 요구하는 구호인 '마크롱 데미션(Macron démission)'도 그를 대신해 누가 국가 원수가 되어야 할지에 대한 계획으로는 이어지지는 않았다. 이 운동을 혁명적인 것으로 명명하려는 모든 시도는 기껏해야 수사적일 뿐이다. 노란 조끼는 사회 운동이지 혁명 위원회가 아니다. 물론, 이 운동은 여전히 다른 것으로 진화할 수 있다 — 우리는 결론에서 그 미래에 다시 언급할 것이다 — 하지만 과거의 혁명적 잠재력과 유사한 것으로 변화할 징후는 없다.

파리 꼬뮨과 1936년, 1948~1949년 대규모 파업 등 노동자 운동은 현재의 노란 조끼 운동과 유사한 노동계급 운동으로 시작했다. 1870년 프러시아군이 프랑스 제국군을 물리치자, 파리 시민들은 자신들의 지도자에 대한 반란을 일으켜 파리에서 꼬뮨을 선언했다. 72일에 불과했던 이 짧은 반란은 파리에서 직접 민주주의의 형태를 만들었다. 파리 꼬뮨에서 확인한 권리에는 반란의 권리, 공무원 및 판사의 선출, 대표자 소환 권리, 최저임금, 여성 권리와 평등한 임금이 포함되었다(Noiriel, 2018: 369-70). 나폴레옹 3세를 축출하고 프러시아에 항복한 프랑스의 새 정부는 파리 시민을 진압하기 위해 재빨리 군대를 동원해 무력으로 파리를 재접수했다. 5,700명에서 7,400명 사이의 파리 꼬뮨 참가자(Communards)가 전투 중 사망하였으며, 4만 3,000명이 체포되었으며, 100여 명이 사형을 선고받았고, 3,800명은 뉴칼레도니아로 추방되었다. 프랑스 역사에서 피로 점철된 이 사건은 노란 조끼의 직접 민주주의에 대한 희망을 공유한다. 그러나 비교는 여기까지다. 노동자들의 운동은 도시적이고 조직화되어 있었으며, 프랑스 전역에 흩어져 있기보다는 적어도 지역적으로 권력을 잡았다. 두 사건은 파리 거리에서 폭력을 동반했으나, 2018~2020년 충돌의 소동과 1871년 봄의 대학살 장면을 비교하기는 어렵다. 마찬가지로 1936년과 1948~1949년의 대규모 파업 중 노동자들은 당국과 노동조건에 대해 협상하기 위해 스스로를 조직화했다. 1936년 5월부터 6월까지 세 개의 프랑스 좌파 정당 연합이 당선된 이후 고용주에게 요구사항을 말하기 위해 일련의 파업이 일어났다. 새롭게 선출된 정부는 거리에서 일어난 대중 운동의 기회를 이용하여 마띠뇽(Matignon) 협정을 비준했다. 이 협정은 유급 휴가, 40시간 근무제, 노동자 임금의 12% 인상을 도입했다. 아마도 프랑스 파업 중에서 가장 성공적인 것 중 하나로서, 노동자의 권리를 확립하고 최소수혜자들에 중요한 양보를 보장한 것이다. 마찬가지로 전쟁 이후, 거국 연립 정부는 공산당이 1947년에 자신들의 장관직들을 사임하면서 붕괴되었다. 정부 역할에서 부담이 없어진 프랑스 공산당(PCF)은 일련의 파업을 조직했다. 총 3백만 명의 파업자가 참여하였으며, 많은 소규모 충돌이 시위대와 경찰 사이에서 발생했다. 빌러뤽트(Villerupt)에서 광부와 금속공장 노동자들은 새롭게 창설된 공화국 경비대(CRS)와 싸웠으며, 적어도 6명이 목숨을 잃었고 많은 경찰관들이 부상을 입었다. 파업 이후 정부는 경비대를 재조직하며 공산당원들을 차단하기로 결론을 내렸다. 예비역이 동원되었으며, 보강을 위해 탱크도 동원되었다. 반대자들은 파업을 공산당의 쿠데타로 묘사했고, 사회주의적 성향의 장관을 포함하고 있는 연립 정부는 파업을 잔인하게 진압했다. 억압의 심각성은 나중에 보게 될 노란 조끼가 직면한 상황과 유사하다. 그러나 비슷한 점은 거기까지다. 이러한 노동자 운동과는 다르게, 노란 조끼는 노조가 아니다. 이들은 종종 서비스 업계에서 일하는 독립 노동자이거나 가족 구성원을 돌보는 자영업자이다. 누아리엘(2019: 46-47)은 이들을 간결하게 설명하는데, 노란 조끼는 피고용인과는 다른 독립된 직업인이고, 사회주의적이라기보다는 자본주의적이고, 임금 협상 대신 세금 폐지를, 그리고 인터내셔널가 대신 마르세예즈를 선택했다고 설명한다. 인터내셔널가는 1871년 파리 공교육국을 지원하기 위해 만들어진 혁명적인 찬양으로 전 세계적인 노동자 운동의 상징이다. 이러한 이유로 이 운동은 전통적인 산업 관계의 범위를 벗어나 비노조화된 저항으로 분류된다.

1968년 학생들이 파리 대학교를 점거하고 거리로 나왔을 때, 노동조합은 그들과 함께하지 못했다. 5월과 6월에 일어난 '사건'은 프랑스 사회를 영구적으로 바꾸었다. 간단히 '사건(les évènements)'으로 언급된 1968년 5월과 6월의 이 시위는 프랑스 사회를 영원히 변화시켰다. 에티엔 발리바르(Étienne Balibar, 2019: 211)는 1968년과 2018~2020년의 위기 모두를 아래에서부터 올라오는 집단적 목소리를 대변하여 사회관계를 뒤흔들고자 하는 목적의 대중 운동으로 동일시한다. 1968년 봄, 가난한 학습 환경에서 살아가는 학생들이 밀집되어있는 낭테르(Nanterre)의 새로운 대학교에서 시위가 시작되어 불길처럼 전파되었다. 학생들과 경찰 간에 일상적인 충돌이 일어나고, 툴루즈(Toulouse), 리옹(Lyon), 스트라스부르(Strasbourg) 등 다른 도시의 학생들도 이 운동에 참여했다. 바리케이드가 세워지고, 시위대는 돌을 던져서 연막탄에 대응했다. 차량이 방화되고 상점 유리창이 깨지며, 수백 명이 싸움으로 인해 상처를 입었다. 하지만 이러한 폭력은 이전 사회 운동과 비교하면 상대적으로 온건한 수준이었다. 그러나 미디어는 언제나와 같이 시위에 부정적이었고, 라디오 해설자들은 하루 24시간 현장에 있으며, 매일 벌어지는 충돌의 이야기는 실시간으로 프랑스 가정에 보도되었다. 특히 공산당의 통제하에 있던 노동총연맹(CGT)을 중심으로 한 노동조합들은 참여하기를 꺼렸다. 하지만 68운동의 기반은 노조보다 앞서나갔으며, 조합 지도자들의 희망과는 달리 노동 조합원들은 거리로 나와 총파업을 시작했다(Noiriel, 2018: 654-63). 그 뒤 전국적으로 확대되었다. 1968년과 달리, 노란 조끼 운동은 프랑스 노동자들의 지지를 받지 못했다. 21세기 노동조합은 1960년대의 노동조합의 협상력에 비하면 미약하다. 하지만 1968년의 노동조합과는 달리, 노란 조끼 시위는 노동조합 운동 바깥에서 시작되었다. 그때 거리로 나선 부르주아 학생들과는 달리, 2018년 11월에 발생한 시위는 (비록 산업 프롤레타리아의 운동은 아니지만) 노동계급 운동이다. 초기 시위 주간에 프랑스인들이 대체로 이 시위를 지지한다는 조사 결과에도 불구하고, 프랑스 사회의 다른 부분들로부터 큰 도움을 받지 못한 '노란 조끼' 시위는 고립된 운동이다. 이후 멸종 반란(Extinction Rebellion)[6]과 노동조합 등 다른 운동들과 힘을 합치려는 시도가 있었지만, 1968년의 연대보다는 미약했다.

따라서 노란 조끼 운동은 프랑스 과거와 바로 비교할 만한 어떠한 유사한 사례도 없는 특이한 운동으로 이해될 수 있다. 물론 일부 과거 운동

---

6 [역주] 멸종 반란은 기후 위기로 인간을 포함한 생물종이 멸종하는 것에 저항하는 국제적 운동단체로 2019년 영국에서 시작해 전 세계로 확산되었다. 멸종 반란은 기후 체계의 임계점, 생물다양성, 그리고 사회적이고 생태적인 붕괴를 피하는 정부 행동을 촉구하기 위해 비폭력 시민 불복종의 명시적 목표를 가지고 있다.

들과 공통점을 가지고 있다. 하지만 이 운동은 과거와의 차이점으로 인해 의미가 있다. 이 운동은 규모에서 보듯이 전국적인 운동이며, 프랑스 사회의 모든 부문에 영향을 미친 대중적 운동이고, 참여자들이 주로 프랑스 사회의 중하위층 계급 출신의 노동자 계급 운동이며, 국가기능을 장악하려 하지 않은 비혁명적 운동이며, 사업주 및 노동조합을 중심으로 한 사회적 싸움을 우회한 비조합 운동이자, 프랑스 사회의 다른 사회적 군중들의 강력한 연대를 얻지 못했음에도 상대적으로 프랑스 대중들 사이에서 인기를 끈 고립된 운동이다. 이 운동이 일관되게 한 일은 프랑스 사회 내 기존의 사회관계 및 권력 구조에 대해 도전한 것이었다. 그 자체로 이는 적어도 1958년 프랑스 제5공화국의 창설 이후부터 자리를 잡은 기존 사회계약에 대한 도전이다. 이 도전이 새로운 헌법적 타협으로 이어질지는 여전히 두고 봐야겠지만, 자유, 민주주의 및 경제적 정의와 관련된 문제는 진지한 지적 성찰이 필요하다.

새로운 사회계약을 향해

이 책에서 제안하고자 하는 바는 우리가 이 노란 조끼 운동을 사회계약의 개념에 대한 도전으로 읽어야 한다는 것이다. 이 운동은 프랑스 대통령의 사임이나 시민이 발의하는 국민투표와 같은 구체적인 요청보다는 부유한 사람과 가난한 사람, 도시 거주자와 교외나 농업 노동자, 정치적으로 적극적이거나 무관심하거나 낙담한 유권자들을 모두 연대하는 것에 대한 깊이 있는 성찰을 요구한다. 사회계약의 유서 깊은 전통에 대한 도전으로 노란 조끼를 독해함으로써, 나는 그들이 철학적인 관점에서 우리에게 많은 것을 제공한다는 것을 보여줄 것이다. 나는 현대 국가의 시민인 대중이라면 이해할 수 있고 또 관련되어 있는 일련의 이론적 개념을 통해 사회계약에 대한 이러한 도전을 다루기로 선택했다. 정치적 폭력, 자유, 민주주의, 경제적 정의 등의 문제는 정치적 권력의 정당성에 대한 도전의 핵심이 될 것이다. 나의 목표는 사회계약의 위기가 정치에서 시민의 역할에 대한 논의를 부활시키고, 21세기를 위한 새로운 민주주의 비전을 옹호할 수 있는 놀라운 기회임을 보여주는 데 있다. 나는 이 과정에 사회계약의 갱신이 필요하다고 주장하고, 이를 실현하는 데 우리가 취해야 할 조치에 대한 밑그림을 제시할 것이다. 정치에 대해 생각하는 것은 변화를 가져올 수 있는 기쁨으로 가득 찬 길이다. 비록 노란 조끼 운동이 일어날 것을 예측한 사람은 적었지만, 이제라도 이 운동의 근본적인 원인을 분석해 봄으로써 무엇이 정치적인 것을 구성하는지에 대한 우리의 실천과 사고의 바탕을 성찰할 수 있을 것이다.

책의 구성

책의 구조에 대해 논의할 필요가 있다. 1장에서는 노란 조끼의 맥락에서 사회계약 이론을 제안할 것이다. 이 이론은 그 이후 나머지 장에서 자세히 다룰 것이다. 2장에서 5장까지는 각각 하나의 사상가를 중심으로 구성되며, 각 장마다 하나의 개념을 다룬다. 2장에서는 폭력과 홉스의 국가 이론에 대해 다루고, 3장에서는 자유와 스피노자의 자유주의 국가에 대한 주장, 4장에서는 루소의 참여 정체와 민주주의, 그리고 5장에서는 롤스의 차등의 원칙과 경제적 정의에 대해 다룬다. 6장에서는 디드로의 변화의 변증법을 통해 새로운 사회계약에 대한 반성을 제공하며, 그러한 전통의 미래에 대해 생각하는 방법을 제공한다. 마지막으로 결론에서는 버크의 사회계약 이론과 아름다움과 숭고함에 대한 성찰을 활용하여 추함이 (개념적으로) 정치 생활에 스며든 방식을 보여주고, 노란 조끼와 브렉시트(Brexit), 트럼프(Trump) 투표 간의 연결성을 보여주며, 폴란드와 칠레와의 간단한 비교를 제공한다.

1. 사회계약을 위한 결정적 시기

2018년 11월 17일, 프랑스에서 프랑스어로는 gilet jaunes로 표현되는 노란 조끼를 입은 군중들이 대규모 시위를 시작했다. 전후 프랑스에서 가장 대규모의 사회 운동이자 1968년의 사건보다 규모나 강도를 압도하는 이 시위는 유류세 인상, '녹색' 탄소세, 그리고 국도의 속도 제한을 시속 90km(시속 56마일)에서 80km(50마일)로 감속하는 것에 대한 항의로부터 시작된 것이다. 기성 정당의 외부에서, 그리고 노동조합과도 무관한 성격의 풀뿌리 운동은 정재계의 기득권을 놀라게 했다. 반대자들로부터 순식간에 포퓰리즘적이고 즉흥적이자 폭력적이라고 매도된, 노란 조끼 운동은 미국의 도널드 트럼프(Donal Trump) 선출, 영국의 브렉시트 투표, 그리고 이탈리아의 5성 운동(Five Star Movement)의 집권과 관련이 있다. 엘리트주의가 아닌 포퓰리즘이고, 구체적인 정치 프로그램을 제안하는 것이 아닌 반동적이며, 프랑스 국가의 탄압에 대한 대응이 폭력적이라는 일부의 비판은 정확하지만, 이 운동은 이러한 즉각적인 반응이 시사하는 것보다 훨씬 더 많은 지적 도전의 잠재력을 가지고 있음을 보여줄 것이다. 여기서 제안하고자 하는 이론은 다음과 같다. 노란 조끼 운동은 그 자체로 프랑스의 기존 사회계약, 더 나아가 전 세계의 다른 사회계약에 대한 근본적인 도전으로 가장 잘 이해된다. 그 역사는 프랑스에서 발생한 몇 달간의 정치적 혼란이나 더 넓은 세계에서 지난 몇 년간의 정치적 격변에 국한된 것이 아니라 우리 정치 질서의 미래에 대한 도전이다. 이러한 위기 상황에서 사회계약에 대한 재고가 필요하며, 현재의 정치적 혼란을 철학적 관점에서 바라보는 것은 부분적으로 운동 덕분에 생겨나고 있는 변화의 기회를 밝히는 데 도움이 될 것이다.

노란 조끼 운동의 초창기

미래에 대한 예측력과 교활함을 지닌 에마뉘엘 마크롱은 노란 조끼의 위기를 정치적 변화의 기회로 인식했다. 몇 주간의 국내 소요 상황이 지난 후, 2018년 12월 31일 그는 신년 연설에서 프랑스 전역에서 시작될 거대 토론인 '국가 대토론회(grand débat national)'의 개최를 통해 사회계약에 대한 조건을 재검토할 것을 발표했다. 몇 주 뒤에 발표된 '프랑스 인민에게 보내는 편지'에서 마크롱은 이를 상세히 설명하면서 이 구상을 사회계약 전통으로 명명했다. 마크롱은 두 달간의 토론에서의 제안이 자신의 권력 행사에 직접적인 영향을 미칠 것이라고 확신했다.

"여러분들의 제안에 의해 만들어진 새로운 국가의 계약은 행정부와 입법부의 행동 양식과 유럽 및 국제적 수준에서 프랑스의 입장도 포함될 것입니다. 저는 토론이 끝난 후 몇 달 안에 여러분께 직접 보고드리겠습니다"(Macron, 2019).

약속은 명확했고, 어조는 진지했으며, 정치 대표성의 교착 상태로부터 탈출을 원하는 사람들에게 있어서 희망은 커졌다. 약 200만 명의 사람들이 참여한 이 계약 이론의 연습은 디지털 시대로 인해 가능해진 고대 아테네의 아고라(agora) 민주주의를 재현하려는 시도로 볼 수 있다. 실제로 마크롱이 참여한 토론은 시민 전체가 아닌 지역에서 선출된 시장 및 공무원과의 접촉으로 제한되어 있었기 때문에 그리스인들의 직접 민주주의보다는 로마 원로원과 그 정치적 권모술수를 더 연상케 했다. 이 책의 목표는 마크롱이 실행하고자 한 새로운 계약의 효과를 평가하는 것-이 자체는 그렇게 많지도 않고 부정적인 평가가 될 것이다-이 아니라, 이 기회를 통해 이 계약을 이해하는 데 도움이 되는 이론들과 그 계약의 의의를 검토해보는 것이다. 우리는 마크롱의 토론 뒤에 숨겨진 아이디어가 훌륭하고 기발했지만, 실제로는 기대에 훨씬 못 미쳤다는 것을 알게 될 것이다. 홉스(Hobbes), 스피노자(Spinoza), 루소(Rousseau), 롤스(Rawls), 디드로(Diderot) 및 버크(Burke)와 같은 사회계약 이론가들과 함께, 우리는 이 운동이 정치적 노력을 기울일 가치가 있으며, 복잡한 정치적 결사에서 삶에 가치 있는 기여를 할 수 있다는 것을 알게 될 것이다.

노란 조끼 자체는 국가 권력에 대한 저항의 상징으로 부상했다. 모든 운전자에게 법적으로 필수인 가시성이 높은 조끼는 긴급상황 시 사용을 위해 프랑스에서 운행되는 모든 차량의 운전자 좌석 근처에 보관되어야 한다. 노란 조끼 시위는 유류세 인상에 불만을 품은 통근자들의 봉기로 시작되었기 때문에, 자체적 교통수단을 이용해 출근하거나 식료품을 구매하고 자녀를 학교로 데려다주는 모든 사람에게는 명백한 상징이 되었다. 모든 교통수단에 대한 국가 개입 강화의 상징과 그 사용은 일상의 노동자와 프랑스 사회 주변부에 있는 사람들의 요구를 반영하는 상징물로 변했다. 또한 노란 조끼는 이 운동이 노동자 계급의 뿌리와 관련이 있음을 강력하게 상기시켰다. 이는 종종 야외에서 일하는 사람들이 매일 '가시성이 높은(high vis)' 비슷한 조끼를 입고 있는 것을 의미하기 때문이다. 노란 조끼는 도시 지역의 봉기가 아니라 시골 지역이나 교외 지역에서 더 공정한 세금과 더 높은 구매력을 원하는 호소에서 시작되었다. 이러한 호소는 좁은 지역을 넘어서서 대단한 주목을 받게 되었다. 한 여론조사(Clavel, 2018)에 의하면, 노란 조끼 운동이 처음 벌어졌을 당시 프랑스 국민 83%의 인기를 얻었다고 한다. 이 점은 시위한 지 한 달이 지난 시점에도 이 운동이 정당하다는 것을 의미한다. 이와는 대조적으로 같은 기간 동안 에마뉘엘 마크롱 프랑스 대통령의 지지도는 기록적으로 하락하여 20% 이하로 떨어졌다. 대다수 프랑스 인민이 자신들과 마찬가지로 구매력 증대를 호소하는 시위자들의 요구에 동조하리라는 것은 전혀 놀랍지 않았다. 지난 10여 년간의 좌파 및 우파 정부의 긴축정책 이후에도 마크롱을 중심으로 한 중도 정당은 대부분 시민에게 약속을 지키지 못했다. 그들에게 있어 프랑스라는 국가는 그 역할을 제대로 하지 못하여 자신들의 경제 상황은 계속해서 악화하였고 사회 서비스도 줄어들었기 때문이다.

매주 토요일 시골 프랑스의 회전교차로나 도심지 및 대도시 지역의 거리를 점거한 시위대는 대단한 결의와 인내심을 보여주었다. 비록 참가자 수는 매주 큰 폭으로 변했지만, 가장 보수적으로 추산해도 첫 토요일에는 28만 2,000명, 6개월 후의 '26막(Act 26)'에는 1만 8,600명으로 집계되었다. 2019년 11월 노란 조끼 운동 1주년을 맞아 내무부는 2만 8,000명이 참가한 것으로 보고했는데, 이는 같은 해 3월 이후 가장 많은 수준으로 이는 노란 조끼 운동이 감소했을지언정 소멸하지는 않았음을 보여준다. COVID-19 팬데믹과 싸우기 위한 프랑스의 전국적 봉쇄 준비로 인해 몇백 명만 참여한 2020년 3월 14일은 마지막 시위가 되었는데, 이는 70주 연달아 개최된 주말 시위의 종료를 의미했다. 시위자들 스스로는 참가자의 수가 훨씬 많다고 주장하는데, 특히 첫 번째 시위에서 백만 명 이상의 참가자가 있었다는 것을 강조한다. 어쨌든, 노란 조끼 운동 기간 동안 참여는 확산하여 그 수는 매우 증가했고, 이는 프랑스에서 가장 최근 대규모 시위라 할 수 있는 게이 결혼을 반대하기 위해 조직된 2012~2013년 모두를 위한 시위(La Manif pour tous)[1]의 참여 인원을 능가한다. 보다 중요한 점은 노란 조끼 그 자체가 파리에만 집중되지 않았다는 점이다. 프랑스라는 중앙 집

1 [역주] 모두를 위한 시위는 2013년 4월 23일 프랑스 국회가 찬성 331표, 반대 225표로 채택한 동성 간 결혼의 합법화, 즉 '모두를 위한 결혼(le mariage pour tous)'으로 불리는 법에 반대하는 시위이다. 이 법 제정 이전의 프랑스에서는 동성 간 파트너십 등록만 가능하고 결혼은 이성 간에만 허용되는 상황이었다.

중화된 국가에서 노란 조끼 운동은 유류세 상승을 억제하려는 시도이자 파리의 엘리트에 대한 항의로 등장했다. 중앙집권적 엘리트에 대한 분노는 신설된 전국적인 속도 제한의 반대로 나타난다. 국도 및 부서(departmental) 도로를 운전할 필요가 없는 파리 시민들은 특정 상황과 관계없이 제한 속도를 일괄적으로 낮추는 정책을 요구하는 것으로 받아들인다. 따라서 시위 대상 중 하나가 프랑스 도로의 과속 카메라이다. 2019년 프랑스를 방문할 당시, 나는 고속도로를 지날 때 모든 카메라가 파손되어 작동되지 않는 것을 보고 놀랐다. 전국에 설치된 카메라의 3/4이 어떠한 형태로든 손상된 것으로 추정된다(Philippe, 2019). 파리 이외의 대도시인 툴루즈(Toulouse), 보르도(Bordeaux), 리옹(Lille), 마르세유(Marseille) 등에서도 시위가 발생했다. 더욱 놀라운 사실은 약 10만 명의 주민이 거주하는 소도시에서 상대적으로 적은 언론 보도에도 불구하고 이 운동이 폭넓은 지지를 얻었다는 것이다. 루앙(Rouen), 캉(Caen), 디종(Dijon), 베종송(Besançon), 툴롱(Toulon), 페르피냥(Perpignan) 및 다른 중간 규모의 도시들에서도 어느 한순간에 수천 명의 시위대가 거리를 메웠다. 심지어 파리 거리에서도 지역의 정체성과 특색의 자랑스러운 상징을 나타내는 지역 깃발이 휘날리는 것을 목도할 수 있었다. 이와 함께 많은 프랑스 국기 또한 국기 행렬(行列)을 장식했는데, 이는 더 넓은 세계에 맞서 프랑스의 특수성을 수호하기 위한 복귀를 상징하기도 했다. 많은 유럽연합기가 시위대에 의해 과장되게 철거되고 프랑스 국기로 대체되었으며, 적어도 한 번은 유럽연합기가 불태워지기도 했다. 일화이기는 하지만, 지역 정체성에 대한 자부심, 국기 되찾기, 그리고 초국가적 기관에 대한 적대감은 노란 조끼 운동의 특징이며, 4장에서 살펴볼 것이다.

노란 조끼의 가시성(visibility)은 현재의 병폐를 이해하는 데 더욱 중요하다. 롤스(1971)와 같은 자유주의 사회계약 이론이 정의의 맹목성과 특정 이해관계의 추상성을 강조한 반면, 대중 운동은 명백하게 눈에 보이고, 들리고, 만져질 수 있는 것이었다. 눈에 띄고 싶은 욕망을 노골적으로 드러내는 노란 조끼는 정치적 인식 제고의 한 형태이자 정치 계급을 대표해야 하는 사람들이 정치 계급을 대변하는 행위로 작용한다. 이전에 대도시 지역 지도층에게는 보이지 않았던 저소득층의 어려움과 투쟁이 정치적인 이슈로 떠오르게 된다. 그들을 무시하지 못하게 된 프랑스 정부는 유류세에 대한 제안은 물론이고, 월말마다 날로 더 고생하는 이들에게 영향을 미치는 지속적 긴축정책도 철회해야만 했다. 노란 조끼 시위는 거리에서 노래 부르고 구호를 외치고, 회전교차로, 쇼핑몰, 공항과 같은 공공/준공공 공간을 점거하며 도시 중심지와 그 인근 주변 지역의 조용한 삶을 방해하는 등 종종 소란을 피우기도 했다. 특히 마르세예즈는 마크롱의 퇴진 요구와 '아우! 아우! 아우!'라는 외침과 함께 운동의 결집 구호가 되었다. 이러한 외침은 박수를 치며 외치는 구호로, 블록버스터 영화 300에서 유래했으며 프랑스 프로축구팀 올림피크 리옹(Olympique Lyonnais)과 프랑스 국가대표팀 레블뢰(Les Bleus)의 축구계에서 대중화되었다(LCI, 2019). 노란 조끼 운동에서 대중문화의 중요한 기표인 이 구호는 토요일 오후 쇼핑객들이 소일거리를 위해 대로변을 조용히 돌아다니는 현대적인 시내 중심가의 정제된 요구와는 상충된다. 시끄럽고 파괴적인 운동과 일상의 평화로움 사이의 대조는 현대의 정치 질서에 대한 질의 행위(호명 행위)이다. 노란 조끼 운동은 임시 바리케이드를 세우고 도시의 기념비에 노란색 조끼를 덮는 등 프랑스 도시들에 큰 족적을 남겼는데, 여기에는 2019년 3월 2일 자유의 여신상 모형을 장식하는 거대한 조끼도 포함되었다(Euronews, 2019). 노란 조끼 운동의 선두에는 자신들을 보여주고 싶고 들려주고 싶으며, 느끼기를 원하는 욕구가 있다.

대부분의 미디어는 시위대의 폭력 행위를 집중적으로 보도했다. 개선문 인근에서 경찰과의 충돌, 그리고 은행, 신문 가판대 및 샹젤리제 거리(Champs-Élysées)에 위치한 고급 레스토랑인 레푸케(Le Fouquet's) 테라스 등의 일부 건물의 방화와 같은 이러한 모든 보도는 파리 거리에서의 극도의 불안정한 상황을 보여주었다. 노란 조끼 운동이 시작된 처음 6개월 동안 8,000건 이상의 체포가 있었으며, 많은 시위자가 신속한 재판과 처벌을 받았다. 전직 권투 챔피언인 크리스토프 데팅제(Christophe Dettinger)의 사례는 이러한 폭력적 상황을 잘 보여준다. 시위에 참여한 시위대의 일원으로, 그는 최루탄을 맞고 땅에 누운 여성이 경찰봉에 맞는 것을 목격했다. 불의하다고 생각한 그는 권투 경력을 발휘하여 자신의 앞에 있는 두 명의 헌병(gendarmes)을 공격하기 시작했다. 5주 뒤에 열린 청문회에서 그는 자신이 사건 영상에 나와 있는 것을 부끄러워하며, 불의를 바로잡기 위해 또 다른 불의를 저질렀다는 것을 인정했다. 그는 30개월의 징역형을 선고받았으나 이 중 18개월은 유예되었다. 이 사례를 제외하고, 가장 극적인 시위대의 폭력은 다소 정확하지는 않지만 '블랙 블록(black blocs)'[2]이라는 용어로 지칭되는 일종의 시위 사례이다. 블랙 블록은 노란 조끼를 입지 않으며, 정체성을 숨기고 검은 옷을 입은 시위단체를 가리키는 용어다. 블랙 블록은 최근 현상도 아니고 노란 조끼 운동과도 특별한 연관성이 없는 대규모 시위의 주변에서 종종 볼 수 있는 현상이다. 블랙 블록의 정치적 동기에 대해서는 합의된 바는 없지만, 주로 그들은 재물 파괴와 은행, 다국적 기업 등 권력과 부의 상징을 타격하는 행동을 하며 경찰을 공격하는 등 기득권에 반대하는 행동을 한다. 보다 넓게 본다면, 출처에 따라 노란 조끼 운동 과정에서 최대 15명의 사망자가 발생한 것으로 추산된다. 이 중 대다수는 노란 조끼 초기에 세운 장벽에 의한 교통사고의 결과였다. 여기에는 서로 충돌한 운전자와 차량을 뚫고 지나가는 운전자들에 의해 시위자가 치여 사망한 경우가 모두 포함된다. 2장에서 언급하겠지만, 노란 조끼 운동은 폭력적이기는 해도 다른 폭력적인 시위와 비교하면 상대적으로 덜한 편이다. 가장 극적인 토요일은 2018년 12월 1일로, 당시 파리에서 55대의 차량 방화가 보도되었다(Autotrader, 2018). 이에 비해 일반적인 연말연시 행사 때에는 전국적으로 약 천 대의 차량이 방화되며, 일일 평균으로는 100여 대의 차량이

---

2 [역주] 냉전 시절 서독에서 반핵, 무정부주의, 반자본주의, 공산주의 등의 여러 주장을 통해 평화주의 운동이 블랙 블록의 전신이었다. 하지만 이후 경찰이 1980년대 서독 전역에서 이들 근거지를 급습해 관련자를 무차별 체포하면서 과격 성향으로 바뀌었다. 특히 1986년에는 베를린에서 2만여 명의 블랙 블록 회원이 경찰의 진압에 맞서 쇼핑몰들을 부수며 대항했고, 당시 독일 언론은 이들이 신분을 노출하지 않고 적극적으로 저항하기 위해 복면을 썼다는 이유로 이들을 '블랙 블록'이라 명명했다. 이후 시위 중 깡패를 가리키는 데 널리 쓰였으며 정치와 언론 담론에서도 널리 쓰였다.

전국에서 방화되고 있다. 이러한 장면이 파리의 대로에서 발생할 때 텔레비전 카메라의 주목을 받으면 극적일 수는 있다. 하지만 이러한 현상이 특이한 것은 아니며 도시 폭동 상황을 광범위한 맥락에서 보거나 프랑스에서 사회적 시위의 역사적 맥락을 고려하더라도 규모가 특별하게 큰 것도 아니다.

노란 조끼 운동의 규모에 비해 상대적으로 고립된 시위대 측의 이러한 폭력 행위와 달리, 경찰의 진압은 체계적이고 조직적으로 이루어졌다. 경찰의 진압에서 쓰인 최루탄과 경찰봉 외에도, 정부의 시위 진압 무기는 점점 더 철저해지고 있다. 특히 세 가지 무기는 유엔 차원에서도 문제가 제기되었는데, 마크롱 대통령은 국제적 비난에 대응해 자신의 보안 부대의 과격한 방식을 변호해야만 했다. 문제가 되는 세 가지 무기 중 하나는 LBD 40이다. 이는 스위스 제조업체에서 전쟁 무기로 수출된 시위 진압용 볼런처(ball-launcher)로 프랑스 보안 부대는 이를 비살상용으로 간주한다. 시위 진압용 볼런처는 40mm 구경의 발사체를 목표물을 향해 최대 속도로 발사하여 잠재적 공격자가 보안군에 접근하는 것을 막는 데 효과적이다. 시위 진압용 볼런처는 비살상용으로 고안되었지만 2010년 프랑스에서는 최소 1명의 사망했으며 노란 조끼 시위 당시 영구적 부상을 다수 입혔다는 비난을 받기도 했다. 그 파괴력 때문에 보안군이 시위 진압용 볼런처를 머리에 조준하는 것이 금지되었다. 하지만 적어도 24명의 시위자들이 실명(失明)을 포함해 시위 진압용 볼런처 사용으로 인해 머리에 손상을 입었다. 다른 두 가지 무기인 수류탄 또한 보안 당국의 힘을 과도하게 보여준다는 이

유로 비판받았다. 약자로 GMD와 GLI-F4 알려진 이들 수류탄에는 제2차 세계 대전 당시 미군의 상징과도 같았던 '파인애플' 수류탄의 약 절반에 달하는 폭발물이 들어 있다. 군중 통제를 위해 고안되었지만, 대중에게 명백한 위험을 끼치는 이들 무기는 2018년 11월 이후로 끔찍한 부상자를 초래했는데, 이들 가운데 최소 다섯 명의 시위자는 폭발하는 과정에서 이 발사체를 직접 줍거나 너무 근접해 있었기 때문에 손을 잃었다. 마르세유에 거주하는 나이 든 여성인 지네브 르두안(Zineb Redouane)은 건물 4층의 커튼을 닫고 있었는데 이들 수류탄 중 하나가 명중했다. 이후 병원에서 사망한 그녀는 경찰력 사용의 최초이자 치명적 희생자가 되었다. 시위 참가자, 구경꾼 및 저널리스트의 부상을 추적한 독립 언론인 데이비드 뒤프렌(David Dufresne)은 2019년 6월 30일까지의 기간 동안 발생한 노란 조끼 시위 중 경찰의 폭력 행위를 860건 이상 집계했다. 그는 파리의 거리에서 일어난 부상이라기보다는 전쟁 지역에서 발생한 것처럼 보이는 부상을 상세히 기록하고 사진을 수집했다. 그러나 내무장관 크리스토프 카스타네(Christophe Castaner)와 대통령은 보안군의 과도한 무력 사용을 부정했다. 일부 시위에서 군중들의 분노 때문에 발생한 재산 피해를 대중들이 시위 참여자들의 폭력 때문으로 공격하자 의회 내 프랑스 정치인들은 보안군의 권한을 강화하고 국가 폭력의 법적 책임을 약화하기 위해 새로운 법률을 2019년 초에 통과시켰다. 공식적으로 대표하는 행정관 프레페(préfet)에게 전례 없는 예방 권한을 부여하는 내용이 포함된 것이었다. 시위의 결과로 이미 시민의 자유가 침해되었으며, 시위의 준범죄화와 경찰력 행사에 대한 면죄부가 인정되면서, 경찰의 무법 행위에 대한 조사가 거의 이루어지지 않았기 때문에 어떠한 제재도 이루어지지 않았다. 2019년 말 무렵, 단 두 명의 경찰관만이 5월 1일 파리 시위에서 시위 대상에 대한 경찰력 사용으로 인해 유죄 판결을 받았다. 해당 시위는 노동조합 주도로 개최되었고 노란 조끼의 일부만이 참가했다(Chevillard, 2020).

노란 조끼 운동에 대한 지지가 시작 이후 하락했다. 그러나 정치적 직위가 교체된다고 하더라도 시민들이 권력을 가지고 있는 주요 정당들로부터 어떠한 이익도 장담할 수 없을 때, 노란 조끼 운동은 시민들이 무엇을 할 수 있을까에 대한 중요한 질문을 던진다. 로장발롱(Rosanvallon)의 이론에 따르면, 1970년대 이후 대표성에 대한 위기로 인해 정치인들에 대한 신뢰가 특별하게 높지는 않았지만, 최근까지 대통령직만은 대중들의 분노 대상이 되지 않았다. 적어도 니콜라 사르코지(Nicolas Sarkozy) 대통령 재임 시기(2007~2012년)부터 최근까지 대통령들은 최저 지지율을 기록하였는데, 올랑드 대통령은 재임 기간 내내 2016년 12%의 지지율을 기록했다(Clavel, 2016). 이는 과거 드골주의자들의 정치적 정당성이 더 이상 프랑스인들에게 신성하지 않은 것으로 여겨지고 있다는 점을 잘 보여준다. 에마뉘엘 마크롱 대통령 자신도 그의 사퇴를 요구하는 시위대들에 의해 분노의 대상으로 지목되었고, 노란 조끼 운동의 참가자들뿐만 아니라 일반 대중들도 프랑스 정부의 다양한 문제점들에 대해 개인적으로 그를 비난한다. 정치적 위기는 깊고 오랜 기간 지속되어왔으며, 이런 중대한 시기에 정치적 계약을 재구성하는 것은 중요한 단계이다.

노란 조끼의 일관된 요구 중 하나는 국민 투표권의 확립이다. 시민 발의 국민투표(référendum d'initiative citoyenne, RIC)를 요구하는 것은 1789년 프랑스 인권 선언서 제6조에서 상징화된 법으로, 일반의지의 표현인 동시에 모든 시민은 직접 또는 대표를 통해 법의 형성에 이바지하는 권리를 가지고 있다는 프랑스 혁명의 주장을 더욱 진전시키는 제도로 여겨져 왔다. 이러한 요구는 노란 조끼 스스로가 변화에 대한 요구를 결집할 수 있다는 점과 프랑스 사회계약에서 그들이 인식한 문제점들에 대한 구체적 해결책을 제시할 수 있다는 것을 보여주었다. 4장에서 살펴볼 것이지만, 이러한 국민투표와 관련해 문제점은 있을지언정 변화를 시도하는 것이 무의미하다고 할 타당한 이론적 이유는 없다. 주지하다시피, 현재의 기득권은 이러한 시도에 대해 매우 회의적이며, 질문의 문구와 결정의 시행에 대한 우려를 가장 많이 언급했다. 특히 프랑스 언론은 이러한 요구에 대해 공개적인 적대감을 드러내며, 2017년 프랑스 대선 11명의 후보자 중 6명이 그들의 정치 프로그램에서 유사한 국민투표를 제안한 사실을 무시했다(Hayat 2019b). 그러한 정책 도구에 대한 프랑스 시위대의 요구가 정치의 대표성 위기를 해결하지 못할 수는 있지만, 현대 정치에서 명백히 누락된 발의권의 요소를 도입해야 함은 분명하다.

사회계약

계약의 개념, 즉 개인 간에 작성된 법적 문서와 유사한 합의는 근대의 대표적인 개념으로 근대 초에 탄생했다. 사회계약론의 황금 시대인 1650

년에서 1800년 사이에는 사회의 기원, 그 이전의 자연 상태, 그리고 정치권력의 타당성에 대한 다양한 작품들이 번성했다. 사회계약적 전통은 17세기 중반에 쓰여진 토마스 홉스의 철학과 종종 연결되는데, 당시는 영국이라는 국가가 공고화되는 시기였다. 이것은 홉스의 『리바이어던』이 출판된 1651년이 중세의 모습과 구별되는 근대 국가의 역사적 탄생이라는 편의적인 역사적 약칭이다. 1648년의 웨스트팔리아 조약은 주권의 개념을 혁신적인 방식으로 정립했다. 30년 전쟁을 끝낸 이 평화 조약들이 중세적 특성이 있기는 했지만, 이러한 조약들은 통치자가 자신의 영토에 대해 최종 관할권을 가지고 있고 중부 유럽의 소공국들에 대해 황제나 교황과 같은 다른 통치자들이 권한을 가지고 있다는 주장을 종식할 만큼 미래지향적 개념을 포함하고 있었다. 즉 조약서 제73조는 브리잭(Brisac), 즉 현대의 브라이자흐(Breisach)를 프랑스에 양도하면서 이 도시가 신성 로마 제국의 일부였을 때 얻은 특권을 보장한 것이 좋은 예이다.

토마스 홉스의 저서는 국가라는 근대적 정치체의 등장에 대한 철학적 정당화 역할을 했다. 사실상 국가는 이미 르네상스 시대부터 실제로 존재했으며, 당시 중세 왕국의 궁중 양식과 중세 군주에 대한 지역 영주들의 개인적 신의와 충성심이 서서히 전문 행정가, 항구적이고 광범위한 과세 제도 및 군주가 통제하는 상비군의 등장으로 옮겨가고 있었다. 백년 전쟁에서 프랑스의 최종 승리는 행정적 변화, 특히 지속적인 세금 징수 능력에 의해서 가능했으나, 다른 서구 유럽 국가들도 유사하게 발전했다. 전시의 필요성으로 시작된 것이 평시의 모델이 되어, 애초 비상시에만 정당화될 수 있었던 변화를 영구화시켰다. 어떤 경우에는 의회가 군주들의 권한을 제한하기도 했고, 나아가 정책 결정 권한을 복잡한 권력 장치로 제도화시켰다. 영국 내전을 종식한 의회의 군주에 대한 최종 승리는 영국 제도(British Isles)[3]라는 국가의 성장과 함께 이루어졌다. 이러한 모든 변화는 다음과 같은 국가 내의 특정 권력층 — 독일의 군주, 프랑스 국왕, 영국 의회 — 이 자신의 반대자들에 대해 무력을 전개할 수 있는 능력에 달려 있었다. 정치적 폭력은 국가가 등장할 때부터 항상 존재했다. 그리고 궁극적으로 폭력을 효율적으로 전개할 수 있는 국가의 능력 덕분에 국가가 무력 사용의 유일한 합법적 원천이라는 주장이 성공적으로 받아들여지게 되었다.

국가의 주권 개념은 오늘날 국제 질서의 기반이 되며, 사회계약 이론은 철학적으로 그것을 정당화하는 기초가 된다. 막스 베버(1919/2009)가 지적한 것처럼, 근대 국가가 자신들의 영토 내에서 정당한 힘의 사용에 대한 독점을 주장한다면, 이는 힘의 사용을 저항 없이 받아들이기 위한 일정한 정당화가 없는 경우 그 영토 주민들은 그 주장을 받아들이지 않을 것이다. 우리가 2장에서 보게 될 것처럼, 국가의 폭력 사용은 그 정당성이 핵심적인 문제이며, 사회계약은 대중들이 감내하는 데 있어 어떤 것을 허용할 수 있고, 무엇이 허용되지 않는지에 대한 일련의 타당한 답변을 제시한다. 최

3 [역주] 영국 제도는 유럽의 서쪽에 영국이 위치한 그레이트 브리튼(Great Britain) 섬과 아일랜드(Ireland) 섬을 비롯한 주위의 여러 작은 섬으로 이루어진 제도이다. 그레이트 브리튼은 잉글랜드(England), 스코틀랜드(Scotland), 웨일스(Wales)를 의미하며 아일랜드 섬은 북아일랜드(Northen Ireland)와 아일랜드(Ireland)로 나누어져 있다.

소한 국가 폭력 문제는 사회계약을 통해서만 복종을 정당화한다. 이론적으로 국가는 시민들을 대상으로 폭력 사용을 통해 독점적인 지배를 시행할 수 있지만 사실상 그렇게 된 적은 없다. 심지어 가장 인기 없는 정권이나, 또는 가장 잔인한 국가조차 자신들의 시민들과 외부 세계에 자신들의 지배를 정당화하는 방법을 제시했다. 심지어 특정한 정권, 지배자 또는 정당이 정당성을 의심받으면 받을수록, 그들은 사회계약을 정당화하는 행위에 더욱 많이 관여한다는 점은 사실일 것이다. 가장 잔인한 대숙청(purges) 기간 동안 시민에 대한 억압이 최고조에 달한 1936년 스탈린의 소련은 그럼에도 불구하고 전 세계에서 역대 가장 완성도 높고 진보적인 헌법을 공포했다. 당시 헌법 제정 회의에 진행된 과정은 아마도 최대 규모의 공개 토론이자 대중 참여 토론이며, 현재까지도 그 기록은 유지되고 있다. 헌법 초안을 작성하기에 앞서 4,200만 시민이 참석한 토론으로 인해 사회계약을 만들기 위한 스탈린주의자들의 시도는 200만 명이 참석한 2019년 프랑스의 행사를 초라하게 한다(Blondiaux, 2019).

심지어 그 행사가 수백만과는 무관하고 엘리트에 국한된 것이라고 해도 사회계약은 근대 국가의 형성에 여전히 중요한 역할을 한다. 18세기 후반에 작성된 미국독립선언문(American Declaration of Independence)과 인간과 시민의 권리에 대한 프랑스 선언(French Declaration of the Rights of Man and of the Citizen)은 두 개의 역사적 사례이다. 두 문서는 특히 로크(Locke)와 루소(Rousseau)의 철학에 빚을 지고 있는데, 여기에는 정치체의 목적 선언과 같은 것이 공식 계약에 포함되어야 함을 근본적으로 다루고 있기 때문이다.

1776년 미국독립선언문은 '모든 인간은 평등하게 창조되었으며, 생명, 자유 및 행복 추구권의 양도할 수 없는 권리를 가진다', '정부는 피치자의 동의로부터 정당한 권력을 얻는다' '절대 전제정치(Despotism)에 의해 인민이 예속될 때, 인민은 그러한 정부를 교체할 권리와 의무를 가진다'라고 명시한다. 로크의 사회계약을 실행에 옮긴다고 할 때 이보다 더 명확하게 공식화할 수는 없을 것이다. 1789년 인간과 시민의 권리에 대한 프랑스 선언 제3조는 사회계약의 중심적 주장을 다음과 같이 명시하고 있다. '주권은 인민에게 있으며, 어떠한 단체도, 개인도, 국민의 명시적인 허가 없이 권력을 행사할 수 없다'. 루소는 이에 대체로 동의했을 것이다. 비록 두 문서가 몇 명의 대표자들에 의해 작성되었지만, 계약의 조건을 보다 광범위한 국민이 받아들일 필요가 있음을 잘 보여준다. 정치질서의 정당성은 소수만이 아니라 모두의 이익을 위해 행동하고 있다는 것을 더 넓은 사회 조직에 확신시키는 능력에 달려 있다.

최근인 2004년 유럽헌법 설립조약은 사회계약의 공식 구조와 함께 정치체의 정당성을 확보하려는 시도였다고 볼 수 있다. 특히 2005년 프랑스가 헌법 비준을 위한 국민투표에서 '반대'를 표명한 후 곧이어 네덜란드가 '반대'를 표명한 것은 유럽헌법조약이 정치적 프로젝트로서 실패했음을 드러내는 것이다. 비록 규정 대부분이 리스본 조약(Treaty of Lisbon)으로 통합되긴 했지만, 헌법 조약 자체는 폐기되었다. 내가 여기서 위의 예시를 사용한 것은 정치적 입장에 의해 사회계약이 거부될 때 어떤 일이 일어나는지 보여주기 위함이다. 즉 정치적 기획의 정당성이 최소한 의심스러워지는 것이다. 사회계약은 현대 국가의 가장 중요한 기능인 무력 사용을 포함하여 일부 기능이 적절한 정당성 없이는 용납되지 않는다는 점에서 모든 현대 정체의 필수적 특징이다.

사회계약 전통에서 경제학

사회계약 이론은 근대 국가의 형식적인 헌법적 협의에만 국한되지 않는다. 그리고 경제적 협의는 사회계약 이론의 작은 부분에 불과하기는 하지만, 사회계약 전통에서 상당히 중요하다. 18세기부터 현재까지 형성되어 온 국민국가들은 사회계약의 기본원칙을 사용해 왔으나, 사회계약에 대한 철학적 논의는 곧 퇴조해 버렸다. 제러미 벤담(Jeremy Bentham)이 자연권을 '말도 안 되는 소리'라고 공격했을 때 더 넓은 사회계약의 전통을 염두에 둔 것은 의심할 여지가 없다(Bentham, 1795/2002). 이 단어가 연상시키는 우스꽝스러운 이미지는 보편주의의 언어를 사용하며 정책 옹호를 위해 강압을 사용했던 자유주의 정권(그리고 많은 비자유주의 정권)의 초석을 형성한 권리 확립 뒤에 있는 철학에 대한 저주스러운 공격이다. 19세기와 20세기 대부분의 시기 동안 철학자와 정치 이론가들은 비록 정치적 중요성이 점점 높아졌음에도 불구하고 사회계약 전통에 대해 진지하게 논의할 의사가 없었다. 하지만 반세기 전 존 롤스(John Rawls)가 『정의론(Theory of Justice)』을 출판하면서 철학적 프로젝트로서의 사회계약은 다시 살아나게 되었다.

1971년에 처음 출간한 『정의론』에서 롤스는 정치적 권리의 우선성을 지지했다. 선한 자유주의 철학자로서 그는 정치적 권리가 지닌 최고의 중요성을 방치할 수 없었다. 그러나 롤스는 정치적 권리에 종속된다고 하더라도 경제적 권리 역시 필수적이라고 주장했다. 롤스는 자신의 철학을 통해 '자유주의'라는 단어의 두 가지 의미를 설명한다. 한편으로 개인 권리 보호에 헌신적이고, 사적 재산, 개별 기업, 그리고 정치적 권리의 보호를 그 밖의 다른 무엇보다 우선시하는 점에서 롤스의 철학은 자유주의적이다. 그러나 다른 한편으로는 미국에서 정치적 의미로 그 용어가 다음과 같이 사용되는 점에서 자유주의적이다. 그는 사회의 최소수혜자에게 유리하게 부가 재분배되는 것을 지지한다. 이러한 점은 제2차 세계 대전 이후의 케인스주의적 합의를 많은 면에서 반영하고 있다. 즉 (그 합의는) 자유 시장적 자본주의가 접근할 수 있는 (종종 무료로 제공되는) 의료, 교육, 실업 보험 및 혜택 등을 포함한 다양한 사회권으로 보완되어야 한다. 스칸디나비아 국가들이 자본주의 경제의 한쪽 끝에 위치하고 미국이 그 반대편에 있듯이, 비록 합의의 정확한 성격은 나라마다 매우 다양하지만, 그런데도 경제적 문제를 국가의 정치적 정당성 논의에 포함하려는 시도는 있었다. 우리가 5장에서 볼 것처럼, 로버트 노직(Robert Nozick)과 같은 경제적 재분배의 정당성을 논박하는 사람들조차도 이를 위해서는 여러 난관을 넘어야 한다. 기본적인 합의는 시민들의 경제적 안전이 보장되어야 한다는 것이며, 이에 대한 입증 책임의 대부분은 이를 반대하는 사람들에게 있다.

크로포드 맥퍼슨(Crawford Macpherson)은 냉전 시대 사회계약이 직면한 어려움을 누구보다 잘 이해했다. 맥퍼슨의 『민주주의 이론(Democratic Theory)』은 동구 사회주의 진영이 제기한 경쟁적 위협에 직면한 서구 자본주의 생산 체제를 더욱 수용할 수 있는 형태로 만들기 위한 시도였다. 맥퍼슨은 자유주의 전통의 개인주의적 기초와 평등주의적 기초 간의 긴장 관계를 강조하면서, 모든 시민, 특히 살기 위해 노동을 판매해야 하는 사람들의 복지를 진지하게 고려하지 않으면 어떠한 민주주의도 사회주의 국가의 도전에서 살아남을 수 없다는 것을 보여준다. 롤스와 달리, 맥퍼슨은 노동 수단과 인간적인 온전한 삶을 위한 수단에 대한 접근권을 포함하기 위해 재산에 대한 개념을 재정의해야 해야 한다고 주장했다(Macpherson, 1973: 122-3). 프랑스와 다른 국가의 전통적인 노동조합 운동은 고용조건에 대한 접근과 협상을 위한 노동자의 권리에 초점을 맞추고 있지만, 다양한 직업과 사회적 지위에 의해 사회민주주의 범주 밖에 있는 노란 조끼는 인간적인 온전한 삶을 누리는 수단을 여전히 분명히 요구하고 있다. 사회계약은 단순히 고용 계약의 모방이 아니라, 정치적 결정에 참여할 기회와 제도, 규칙에 관한 것이다. 맥퍼슨이 1970년대에 본 것은 오늘날에 훨씬 더 유효하다. 그러나 자유민주주의 국가들을 이러한 이상에 더 가깝게 추동하는 경쟁력 있는 사회주의 국가가 더 이상 존재하지 않는다. 변화를 추동할 외부 자극이 없어졌기 때문에, 노란 조끼는 변혁을 요구하는 내적 요구를 제안하고 있다. 즉 이 계약은 노동과 자본 간의 약속 이상의 것이기도 하지만 인간적인 온전한 삶을 살아가기 위한 기본적인 조건에 대한 것이다.

만약 냉전이 자유 시장의 자유방임주의적 자본주의 모델에 명백한 도전이었다면, 1989년부터 1991년까지의 사건은 서구의 일부 사상가들이 '역사의 종언'과 자유주의적 자본주의의 승리를 알리는 것이다(Fukuyama,

1992). 비록 이러한 장면이 매우 논쟁적이긴 하지만, 탈냉전 정치의 세계관(Weltanschauung)을 강력히 연상시키는 것으로 작용한다. 베를린 장벽의 붕괴와 소련의 해체는 레이건과 대처의 정책, 그리고 특히 복지국가에 대한 합의의 해체를 옹호하기 위한 근거로 사용되었다. 비록 복지국가가 이러한 도전에도 불구하고 대체로 살아남았지만, 이전 국유 기업들의 광범위한 민영화와 사회 안전망 약화에 직면하면서 여전히 공격받고 있고 수세적인 상황에 놓여있다. 1980년대 미국과 영국의 과도한 신자유주의는 논외로 하더라도, 심지어 사회주의자들이 운영했던 국가들조차 신자유주의 체제의 영향을 받기 시작했다. 1986년 이후 당시 프랑스 총리였던 자크 시라크 및 좌우 정치 양당의 집권하에서, 프랑스 정부는 국유 자산인 은행, 보험회사, 저축은행, 전기, 가스 및 석유 회사, 건설업, 통신사 및 TV 채널, 자동차 제조업체, 항공사, 항공우주 산업 일부, 고속도로, 물류 회사 및 공항 등을 매각했다. 프랑스 정부는 여전히 일부 기업의 지분을 보유하고 있지만, 지난 30년간의 추세는 국유화가 쇠퇴하거나 거의 사라졌다.

프랑스 국가의 경제생활에 대한 관여의 배경에 있는 경제적 이야기는 제2차 세계대전 중에 레지스탕스 운동이 제안한 조치들로 거슬러 올라간다. 흔히 '프랑스 사회 모델'이라고 불리는 이 모델은 점령지였던 프랑스가 해방된 후 수립된 새로운 사회계약의 일부를 형성했으며, 전후 재건 후 30년간의 경제성장기인 '영광의 30년(trente glorieuses)' 기간 동안 성장했다. 프랑스 제4공화국은 이러한 원칙에 기초하여 설립되었으며, 제5공화국은 입법부의 약화를 대신해 행정부를 강화하여 균형을 조절하기는 했으나, 제

4공화국에서 추진된 사회 모델을 대부분 모방했다. 프랑스식 사회 모델의 중심 기둥은 당연하게도 사회보장(Sécurité sociale)이라는 제도인데, 이것은 19세기 초부터 전문 직종에 종사하는 다양한 노동자에게 제공되었던 보호 기능의 범위를 일반 대중으로 확대한 사회 안전망이다(Garner, 2016). 이는 1946년에 처음 임금 노동자를 대상으로 시작되었으며, 그 후 그들의 부양 가족과 실직자들을 대상으로 점진적으로 확대되어 마지막으로 1978년에 전 인구를 대상으로 하게 되었다. 이것은 질병, 출산, 노동 불가능, 죽음, 산재 및 질병, 노년 및 부양가족 등 많은 위험 요소를 적용 대상으로 하며, 별도의 기관인 프랑스 실업 보험 관리 기관(Unédic)이 관리하는 실업 위험에 대한 방지로 보완된다. 이 사회 모델은 매우 다양한 문제를 다루며, 프랑스 국가의 시민 간의 경제적 사회계약의 토대를 제공한다. 이 계약은 구성원의 이익을 협상하고 보장할 수 있는 사회관계의 중간 수준 집단인 중간 기관(corps intermédiaires)[4]의 능력을 기반으로 한다. 여기에는 고용주를 대표하는 단체뿐만 아니라 노동조합도 포함된다. 이는 노동자의 권리와 이익을 보장해야 할 기관이 약하거나 존재하지 않는 민간 부문의 중소기업과 같이 노동조합 가입률이 낮은 부문에서 점점 더 큰 문제가 되고 있다. 노란 조끼 자체는 노동조합에 대한 공감대가 특히나 낮은데, 그들 대부분이 노동의 경제적 조건에 대한 노동조합의 영향력이 미미한 업종에 종사하기 때문이

4 [역주] 중간 기관으로 번역되는 이 집단은 개인과 국가 사이의 중간 단계에 있는 독립적이고 자율적인 사회 집단으로, 집단적 목적을 달성하기 위해 자연적 혹은 의도적인 합의에 따라 형성된다. 여기에는 정당, 기업 및 노동조합, 영토의 행정 구역, 상공 회의소, 협회, 압력 단체 등이 포함된다.

다. 노동조합 가입률이 여전히 높은 공공 부문과 대기업을 제외하면 프랑스의 노동조합 가입률은 이웃 국가 및 유사한 사회 모델을 사용하는 국가에 비해 극히 낮다.

프랑스 사회 모델의 특이성을 강조하는 것은 잘못된 것이다. 사회 모델과 프랑스 경제의 어려움을 인과적으로 연결하는 것은 프랑스 경제의 자유화를 촉진하기 위해 사회 및 노동자의 권리를 없애려는 사람들의 계략임이 분명하다. 높은 실업률과 낮은 생산성을 프랑스 사회 모델의 존재 탓으로 돌리는 것은 주로 벨기에, 오스트리아, 네덜란드, 가장 중요하게는 독일과 같은 다른 유럽 국가들이 이 모델을 공유한다는 사실을 모호하게 만든다. 프랑스가 채택한 비스마르크 사회 모델은 다른 국가에서는 다른 경제적 결과를 가져올 수 있고 또한 가져왔으며, 그 모델이 제공하는 노동자와 시민의 권리 보장과 프랑스 사례의 경제적 고통을 구분해야 한다. 프랑스 사회 모델의 쇠퇴에 대한 담론은 프랑스 우파가 시라크 시대의 기존 사회계약을 수용하는 드골주의 모델에서 사르코지 시대의 개혁과 자유화 모델로 전환하면서 시작되었다(Lebaron et al, 2009). 새로운 억견(臆見, doxa)들은 프랑스 경제의 병폐에 대한 해결책을 독일에서 찾는 대신 해협을 건너 영국으로, 대서양을 건너 미국으로 가서 영감을 얻으려 했다. 우리가 5장에서 볼 것처럼, 대처 및 레이건식의 사회 모델은 마크롱의 개혁에 영감을 주었을 것이고 이는 프랑스 국가의 최고위층이 자유주의-자유지상주의적(liberal-libertarian) 이념을 받아들이게 했고 그 결과 노란 조끼 운동으로 이어졌을 것이다. 프랑스에서의 사회 모델에 대한 공격은 국가의 후퇴와 보다 일반적으로 결합되었다. 왜냐하면 비스마르크식 사회 모델이 고용주와 피고용인 간에 협력의 원활한 작동을 보장하기 위해 강한 국가를 요구하기 때문이다. 마크롱 집권하에, 프랑스 복권 운영사(Française de jeux), ENGIE, EDF, 프랑스 철도(SNCF)의 매각과 상징과도 같은 파리-샤를 드골 국제공항을 비롯한 여러 공항을 관리하는 ADP의 민영화 계획은 경제생활로부터 국가가 더욱 후퇴하고자 하는 바람의 분명한 신호이다. 비록 출판 시점에 전 세계적 코로나19 팬데믹과의 사투로 인해 일부 민영화 계획이 중지되는 조짐이 보이기는 했으나, 기존 추세가 완전히 역전될지는 미지수다.

이러한 내용은 프랑스만의 이야기가 아니라 선진국 전반에서 더욱 광범위하게 벌어지고 있다. 이러한 일반적인 추세의 예외적 국가로 노르웨이를 쉽게 살펴볼 수 있다. 1990년에 창설된 노르웨이의 국부펀드는 2020년 초에는 1조 달러 이상의 가치를 지니고 있다. 다른 많은 산유국과 마찬가지로, 이러한 형태의 투자는 세계 시장에서 이 귀중한 상품의 가격 변동에 대한 산유국의 의존도를 낮추는 데 목적이 있다. 이와 같은 방식은 천연자원이 풍부하지 않은 다른 나라의 모델에는 적용하기 어렵다. 공산당의 지도하에, 중국은 국내외적으로 2015년 기준 총자산 약 18조 달러로 추정되는 국가 자본주의 모델로 주로 전환했다(Tang, 2017). 노르웨이와 중국은 자신만의 특수성이 있으며, 세계 나머지 국가들을 위한 모델로 간주해서는 안 된다. 그러나 자유 시장 경제의 혜택이 국가 재정에 통합되고, 창출된 부의 일부가 공적 소유하에서 유지되는 것은 정치경제적 용어로 무언가 다른 것일 수 있음을 두 나라는 보여준다. 연금 재원을 위해, 세금 감면이나 이념적 이유로 공공 자산이 경매를 통해 매각되는 세계에서 두 나라 모두는 매우 예외적인 존재이다. 노란 조끼 시위가 벌어지고 있는 동안 마크롱 정부는 프랑스 국가가 여전히 지배 지분을 보유하고 있는 특히 논란의 여지가 있는 프랑스 공항 매각 계획을 통해 국가 자산을 매각하는 이러한 추세를 지속해 왔다.

선등자의 추락

에마뉘엘 마크롱 대통령은 개인적으로 시카고 학파가 주장하는 신자유주의적 자유방임 경제학의 이데올로그로 분류되어왔다. 노란 조끼는 종종 로스차일드 그룹의 은행가로서의 그의 경력을 비판하지만, 여기서 우리에게 더 흥미를 끄는 점은 그의 이념적 입장이다. 트리클-다운 경제학의 열혈한 신봉자인 그는 자신의 경제성장 모델을 위해 '선등자(premiers de cordée, lead climbers)'의 은유를 선택했다. 이 등산 용어는 선두 등반자가 떨어지면 지원과 보험을 제공하는 것은 아래 등반가의 몫이라는 점에서 마크롱의 비전을 설명하는 데 더욱 강력한 힘을 발휘한다. 선등자는 위험을 감수하고 이득을 챙기는 것처럼 보이지만, 추락 시에는 다른 사람들의 도움을 받는다(Bloch, 2018). 2008년 금융위기에 대한 각국 정부들의 대응을 연상케 하는 이러한 비유는, 실패와는 거리가 먼 거대 기업들을 구제하기 위해 공적 자금의 사용을 정당화하며, 동시에 시민의 경제생활에 대한 국가의 개입을 철회한다. 마크롱이 대통령으로서 처음 한 일은 자산 1,300만 유로를 초과하는 사람들에 대한 연대 부유세(l'impôt de solidarité sur la fortune)를 철회한 것이었다. 정부의 주장은 부유층이 다른 나라로 이주하여 세금을 회피할 수 있다는 것으로, 이는 제라드 드파르듀(Gérard Depardieu)가 세금을 회피하기 위해 벨기에 거주자가 된 다음 러시아 시민이 된 유명한 사례가 뒷받침한다. 마크롱은 법적 허점을 메우는 대신 이 세금을 완전히 폐지하고 훨씬 더 관대한 부동산세로 대체하기로 결정했으며, 이로 인한 프랑스 국고의 손실은 연간 32억 유로에 달할 것으로 추정된다(Garcin-Berson, 2018). 세제 변경의 정확한 비용보다 훨씬 더 중요한 것은 마크롱 대통령 임기 첫 입법 회기가 시작될 때 그것이 보낸 메시지였다. 즉 가장 부유한 사람들이 세금 감면 혜택을 가장 먼저 받고, 다른 사람들은 예산이 허용하는 경우에만 혜택을 받을 수 있다는 점이다. 저소득층 노동자를 위한 이러한 혜택은 초기 노란 조끼 시위가 한창일 때 이루어졌다. 마크롱은 시위 확대로 인해 어쩔 수 없이 양보하여 2019년 최저임금(SMIC)을 100유로로 인상하기로 발표했다. 그러나 2018년 전일제 고용 시 1,184.93유로를 기준으로 한 이번 인상에는 사전 계획된 인플레이션 조정액 21유로, 고용주 부담금 인하액 20유로, 나머지는 고용 보너스(prime d'activité) 재평가에 따른 인상분이 포함되었다. 따라서 인상된 급여 21%는 인플레이션을 따라잡기 위해 미리 계획된 것이며 구매력 상승과는 관련이 없고, 20%는 실제로 직원에게 재분배하기 위해 고용주에게 지급되며, 나머지 59%는 전일제 노동자에게만 지급되고 시간제 노동자는 받을 자격이 없다. 최저임금을 받는 일부 노동자들에게는 실질적인 개선이지만, 마크롱이 고용주에게 비용을 전가하는 것을 거부하고 공적 자금을 최저임금 노동자의 조건을 개선하는 데 사용하는 것은 가장 취약한 노동자, 특히 돌봄 책임이 있거나 시간제로 일하는 노동자에게 극적인 결과를 가져온다(Le Gall. 2018). 선동자라는 그의 비유처럼 기업들은 정책 비용으로부터 보호받고 있으며, 매우 필요한 최저임금 재평가에 대한 비용은 더 많은 납세자가 부담한다.

이러한 유형의 자유 시장 자본주의에 반대하는 재정적 정의에 대한 요구가 노란 조끼 주장의 중심에 있다. 불평등한 조세 제도에 만족하지 못한 거리 시위대는 자영업자, 소상공인, 통근자에게 영향을 미치는 유류세 인하와 공공서비스에 대한 투자 확대를 요구하는 플래카드를 휘두르며 ISF의 복원을 요구하고 있다. 그들의 반대자들은 이러한 요구가 모순적이라고 조롱하지만, 그 자체로 터무니없는 요구는 아니다. 공공서비스의 질을 높이고 최저 소득자의 세금 부담을 낮추자는 주장은 매우 특정한 이데올로기적 조건에서만 터무니없는 주장일 뿐이다. 이러한 조치에 반대하는 주장은 일반적으로 다음과 같은 근거에 의존한다. 요컨대, 더 높은 세금을 내지 않기 위해 다른 곳으로 이주할 수 있는 부유층에 의한 위에서 언급한 탈세, 높은 수준의 부를 가진 사람들만이 특히 일자리를 제공함으로써 다른 사람들을 위해 부를 창출한다고 주장하는 트리클-다운 경제학에 대한 확고한 믿음, 고소득자의 기업에 대한 세금을 다른 국가의 세율과 비교하면서 국제적 이동성을 가진 사람과 기업을 위해 세율의 하향 경쟁과 함께 경쟁우위를 제공하는 것이 그것이다. 사회계약은 지금까지 이와 같은 경제적 문제를 진지하게 다루지 못했으며, 루소의 사유 재산에 대한 비판이나 롤스의 차등의 원칙(이 중 어느 하나도 현대 후기 산업 경제에 대한 우려를 특별히 잘 해결하지 못한다)을 제외하면 경제학에 관한 질문은 (사회계약의) 전통과 분리되어왔다. 5장에서는 특히 국가를 전통의 중심에 다시 둠으로써 이러한 경제적 사회계약의 부재에 대한 대안을 모색할 것이다.

사회계약을 다시 생각하기

국가의 정당성에 대한 근대적인 개념은 계약의 용어로 표현된다. 17세기 이후 부르주아는 상업적 활동에서 얻는 경제적 이익을 가능한 안정적으로 얻기를 원했기 때문에, 자신들의 상업 활동을 보호하기 위한 필수적인 조건으로 정치적 안정성을 추구했다. 재산 소유자만이 투표할 수 있었기 때문에 심지어 가장 민주적인 국가조차도 기업이 주주에게 화답하는 형태로 운영되었다. 프랑스는 여기에 예외 중 하나로, 단명한 제2공화국을 수립한 자유주의 혁명기인 1848년 초에 남성 보편 참정권이 확립되었고, 이 참정권에 여성, 군인, 사제 및 알제리인들은 제외되었다. 대부분의 다른 민주주의 국가들은 20세기 초가 되어서야 무산 계급의 남성에게 투표권을 부여했지만, 여성은 아직이었다. 따라서 계약이라는 언어는 — 서로에게 서비스를 제공하기로 합의한 두 명의 개개인 — 두 행위자 간의 경제적 관계 또는 주주와 회사 간의 유대와 유사하다. 현대 국가의 정치 영역은 기업과 유사한 기반으로 운영되며, 일부에서는 공공 행정이 아예 기업 거버넌스의 복사판이라고 주장하기도 한다. 모든 새로운 사회계약 이론은 — 사적 계약과 공적 계약 — 계약의 이중적 성격을 진지하게 받아들이고 정치 영역과 경제 영역 간의 상호작용에 관한 규정을 만들어야 한다.

다른 정치 이론가들은 이미 사회계약을 비판적 도구로 사용하는 것의 중요성을 보여주었다. 케럴 페이트(Carole Pateman, 1988)에게 있어, 성적 계약은 사회계약 이론들 이면에 숨겨진 가부장적 가정으로 남아있다. 그녀의 주장에 따르면, 이 계약은 많은 사람이 주목하고 언급하는 기원의 이야기 그 이상을 다루고 있다. 이는 또한 사회 및 정치 제도를 개념화하고 이해하는 방법에 대한 틀을 제공한다. 이론가들은 계약의 형성에 있어 성의 역할을 숨기면서 남성이 권력과 정당성을 추구하기 위해 여성에게 행사해온 권력을 모호하게 만들곤 했다. 예를 들어, 성 문제를 가족과 사생활의 영역으로 격하시킴으로써 남성은 정치 참여를 훨씬 더 어렵게 만들었던 자녀 양육과 같은 특정 업무로부터 자유로워지고 정치 생활에 참여할 수 있게 되었다. 사회계약으로 인해 일부 사회제도는 주인과 노예의 관계, 특히 남편과 아내의 관계를 모방하는 결과를 낳았다. 이러한 지배의 형태는 사회계약에 의해 숨겨져 왔을지 모르지만, 페트만(Pateman)은 저서『성적 계약(The Sexual Contract)』에서 이를 명확히 폭로했다. 유사한 방식으로, 찰스 밀스(Charles Mills)는 인종 계약이 유럽 및 세계 역사에서 중요한 요소였으며, 현대 시대의 식민주의와 자본주의 발전과 함께 진행되었다는 것을 보여주었다. 백인 우월주의는 적어도 15세기 아메리카 대륙의 식민지화가 시작된 이후로 비백인에게 조건을 부과해 왔으며, 이후로도 계속 다양한 형태로 계속되었다. 밀스가 잘 보여주는 것은 '내가 자세히 설명했듯이 고전적 사회계약은 본질적으로 도덕적/정치적이라는 점'이다. 그러나 자연 상태를 떠나는 시점은 부분적으로 세계의 산업적 전유를 위한 안정적 환경을 확보하기 위한 것이라는 배경적 의미에서 경제적이기도 하다'(Mills, 1997: 31). 페트만과 밀스가 한 일은 사회계약이 살아 숨 쉬고 있다는 점, 그리고 사회 구성원 상당수를 무시하는 대가로 평등권과 정치 참여라는 거창한 이야기를 가능하게 만든, 숨겨지고 가려진 경제적 관계와 사회계약이 밀접하게 관련되었음을 각각 다른 방식으로 보여준 것이다. 노란 조끼는 이 지점에서 매우 유사한 점을 보여준다. 즉 가난한 지역과 비조합 노동자 계급 및 중산층 미만의 하위 계급 — 또는 소중간계급 — 이 우리가 알고 있는 사회계약에서 배제되었다는 것이다.

사회계약은 여기서 제시하려는 세 가지 중요한 특징을 가지고 있는데, 이전 논의가 독자들이 그 중요성을 개념화하는 데 도움이 될 것이다. 첫째, 사회계약은 현대적인 우리의 정치 생활에서는 필수적인 특징이다. 둘째, 이것은 달성이 불가능한 이상이다. 그리고 마지막으로, 이것은 과거의 것과 다른 어떠한 것으로 항상 형성되어 가는 개선을 요구하는 개념이다. 이러한 사회계약의 세 가지 특징 — 필수적, 불가능한, 그리고 형성되어 가는 — 은 몇 가지 설명이 필요하다.

사회계약에 대한 위의 논의는 대부분 이미 사회계약 자체가 필요하다고 가정했다. 그것은 역사적 의미에서 필요하다. 즉 국가 권력의 상승을 정당화하는 한 형태로 작용한다. 그리고 사회계약은 정치적으로 필요하다. 즉 어떤 국가도 어떤 형태의 계약 이론에 관여하지 않고서는 구조와 제도를 유지하기를 희망할 수 없다. 또한 민간 부문과 공공 부문 간의 연결을 강화하기 위해 경제적으로도 필요하다. 그리고 현대 정치의 거대한 규모로 인해 다른 많은 형태의 사회 조직에 관여할 수 없으므로 사회적으로 필요하다. 이러한 필연성은 우리가 처한 역사적 환경, 우리가 물려받았거나 만들어가고 있는 정치 제도, 오늘날의 경제 조정, 사회적 규범과 기대 등 그 자체로 우연적인 것은 아니다. 따라서 여기서 주장하는 바는 상황이 달라질 수 없다거나 항상 그래왔음을 말하고 있는 것은 아니다. 분명한 것은 역사적으로 다른 시기에는 상황이 달랐다. 근대 국가의 부상 이전 봉건제도는 전혀 다른 조직 방식이었다. 그때에는 사회계약이 필요하지 않았다. 그러나 지금 여기에는 위에서 제시한 이유로 사회계약이 여전히 필요하다.

국가가 쇠퇴하고 있고, 아마도 정확히 이런 이유로 사회계약의 시대가 지나갔다는 주장이 제기될 수 있다. 그러나 이는 여러 가지 이유로 의심스럽다. 첫째, 국가는 여전히 정치 조직의 가장 중요한 단위다. 국가보다 규모가 큰 다국적 기구와 국가보다 규모가 작은 비정부기구 등 다른 형태의 정치기관도 분명히 존재하지만, 이 두 가지 모두 운영에 있어 국가에 크게 의존하고 있다. 유엔이나 유럽연합을 논할 때 안보리 상임이사국 5개국이나 회원국 정상들이 참여하는 유럽이사회 활동을 언급하지 않고서 유엔이나 유럽연합을 논하기 어렵다. 또한 다국적 기업들이 국가를 대신할 가능성도 높지 않다. 기업은 국민국가와 동시에 성장해왔으며, 역사적으로 서로의 존재가 의존하고 있음을 우리는 5장에서 볼 것이다. 그러나 기업이 복지, 보건 의료 및 자사 직원들의 사설 보안과 같은 주요 기능을 국가로부터 대체한 세상을 상상할 수도 있다. 일부의 경우, 기업체에 의해 운영되는 세상에 관한 이러한 시나리오는 미국에서 고용주의 자비로운 변덕에 따라 보건 의료의 제공이 크게 좌우되는 등 오늘날에도 이미 관찰되고 있다. 하지만 기업이 국가를 대체할 것으로 생각하는 것은 공상 과학 소설에나 나올 법한 이야기다. 플레이어가 경쟁하는 기업 그룹에 합류하여 권력과 영향력을 얻기 위해 퀘스트를 수행하는 롤플레잉 게임 쉐도우런(Shadowrun)에서 현실과 대중화된 허구 사이에는 큰 간극이 존재한다. 가까운 미래에(최초 버전인 1989년 판에서는 기업 지배적인 디스토피아가 2050년까지 확립될 것으로 예측하고 있다), 이러한 시나리오가 구현되리라는 것은 불가능하다. 비록 기업이 이윤 극대화를 추구하고 복지 정책과 관련된 전체 인구 관리 비용을 떠안지 않으려 한다는 점이 사실이라도 그렇다. 복지국가가 완전히 붕괴할 때만 기업 지배적인 암울한 미래의 등장을 예측하는 것이 가능할 것이다. 심지어 쉐도우런에서도 대안적 세계의 기원을 설명하기 위해 마법에 의존해야 했다. 또한 기업의 부상으로 사회계약이 사라질 것이라는 점은 허구이다. 이미 고용 계약이 점점 더 사회계약처럼 되어가고 있으며, 기업 권력의 조금만 커져도 계약 이론의 필요성이 더욱 커질 가능성이 높다. 또한 그 누구도 진심으로 비영리 조직이 미래 세계 지배 모델을 제공할 수 있다고 주장하지는 않는다. 비록 그들이 시장 경제에서 서비스를 제공하고 자선의 필요성을 충족하는 데 매우 중요한 역할을 함에도 그러하다. 사회계약은 사라지지 않을 것이며, 앞으로 일어날 정치 조직의 변화는 사회계약의 소멸이 아니라 사회계약의 재구성으로 이어질 가능성이 높다.

여러 면에서 유럽연합이 헌법을 공식화하려는 시도와 유엔이 국가 간의 차이를 해결하기 위한 틀을 확립하려는 시도는 이미 사회계약을 국제적 영역으로 확장했다. 많은 학자들이 이 국제적 사회계약의 잠재력을 보여주기 위해 노력했으며, 이 점에서 사회계약이 필요하다는 나의 주장을 더욱 힘을 실어주었다(Rhodes and Mény, 1998; James, 2012; Weatherall, 2015). 국가들이 상호작용하고 이러한 관계를 제도화하는 데 노력하는 글로벌화된 세계에서도, 우리는 사회계약 없이는 살 수 없다. 국제적 규모의 사회계약에 대한 생각은 이 책의 범위를 벗어난다. 하지만 이에 대한 한계는 5장에서 간략히 탐구될 것이다. 폭력 사용이 여전히 국가의 주요 특징 중 하나인 세계에서, 국제기구에 의한 강제된 시도는 매우 문제가 많으며, 기껏해야 국가 이상의 수준에서 협력의 한계를 보여주는 것이다.

사회계약은 위에서 언급한 이유로 필요함에도 불가능하다. 그것은 계약이 아니라는 점에서, 두 개인 사이의 또는 심지어 개인 집단이나 기업체 사이에 성립된 법적 구속력이 있는 문서라는 점에서 불가능하다. 인구 통계학적 이유만으로도 그 사실에 대한 회의론자들을 설득하기에 충분할 것이다. 실재하는 가장 작은 소국을 예외로 한다면(유엔 가입국 중에서 가장 작은 국가인 투발루는 약 1만 명 정도의 인구를 가지고 있다) 실제 계약은 처음부터 서명하기에는 비현실적 문서이다. 계약은 적어도 이론적으로는 양측이 합의한다면 수정될 수 있는 협약이다. 모든 시민의 18세 생일 때마다 사회단체가 계약 조건을 재협상하는 것은 비현실적일 것이다. 심지어 인구 60만 명 정도인 룩셈부르크에서도 하루 평균 20명의 시민이 18세가 된다는 사실을 생각해보면 된다. 인구가 13억 명인 인도에서는 어떻게 될지 상상해볼 필요조차 없다.

전통적으로, 사회계약 이론가들은 이 문제를 피하면서 계약이 암묵적으로 이루어진다고 말해왔다. 하지만 이렇게 되더라도, 법적으로 계약 의무를 수행할 권리가 있는 사람이 계약을 거부하면 어떻게 될지에 대한 문제는 여전히 미결로 남는다. 심지어 묵시적 사회계약의 거부에는 적어도 이를 거부하는 사람의 떠나야 할 의무가 포함될 것이다. 내가 아는 한 이러한 경우는 어디에서도 발생하지 않으며, 이는 바람직하지 않다. 대규모 정체(심지어 룩셈부르크처럼 작은 규모에서도)에서 합의를 기대해서는 안 되며, 새로운 사회계약에 대한 논의의 일부는 계약에 대한 이의를 제기할 수 있는 규정에 대한 고려가 되어야 할 것이다. 사회계약의 체결이 불가능할 수도 있지만, 이의를 제기할 수 없다면 암묵적인 사회계약조차도 불가능하다. 나는 3장에서 이와 같은 기본적인 자유가 없으면 계약의 혜택이 정당화될 수 없다고 주장할 것이다.

사회계약론의 황금기인 1650~1800년대에 저술한 저자들이 종종 이야기하는 기원설은 오늘날에는 믿기 어렵다는 점에서 사회계약은 불가능하다. 우리가 2장에서 볼 것이지만, 홉스가 추측했던 것처럼, 인간들은 파편화된 개인으로 시작하여 이성의 힘을 통해 국가를 건국하기로 하지 않았다. 또한 4장에서 다시 다루게 될 루소의 주장에서 제시된 바와 같이, 그들은 같은 종의 다른 구성원을 거의 만나지 않는 고립된 개인도 아니다. 우리는 이제 사회계약을 오직 국가를 정당화하기 위해 조성된 초기 근대 시대의 현상으로 일반화할 수는 없다. 밀스는 사회계약의 인종적 요소가 역사적으로 항상 존재했음을 보여주면서 이를 명확하게 이야기한다. 유럽 국가들은 식민지 민족에 대한 통치를 정당화하기 위해 명백한 인종적 함의를 내포한 계약 이론을 정당화 수단으로 사용했으며, 이를 통해 착취를 정당화했다(Mills, 1997: 63). 국가 부상의 역사는 일부 지지자들이 우리가 믿기를 원한 것보다 훨씬 더 암울하다. 여성, 유색인종, 노동 빈곤층에 대한 예속은 항상 국가 탄생의 일부였으며, 이 책은 페트만과 밀스가 시작한 사회계약에 대한 비판적 탐구 노선을 따를 것이다.

사회계약의 형성

사회계약은 우리가 생각할 수 없다는 의미에서 불가능한 것이 아니라, 우리가 생각하고, 변경하고, (희망적으로) 개선할 수 없는 최종적이고 완성되고 다듬어진 양식의 계약이 없다는 의미에서 불가능하다는 것이다. 이는 계약이 존재해 있는 것이 아니라 언제나 형성되는 과정에 있기 때문이다. 한편으로 우리에게는 적어도 17세기 이래로 국가를 정치적 실체로 정당화해 온 사회계약 전통이 있다. 동시에 이러한 사회계약 전통은 우리에게 실제로 계약이 있고, 우리가 이 계약의 당사자이며, 그것이 정치에 대해 생각하는 가치 있는 방법이라는 것을 확신시키는 데 실패했다. 책에서 제안하고자 하는 바는 이전의 사회계약이 실패하거나 오래되었기 때문이 아니라, 우리가 항상 사회계약을 거듭 사고해야 할 필요가 있으므로 새로운 사회계약의 개요를 제시하는 데 있다. 희망하건대, 이 책이 우리의 현대적인 정치적 입장과 사회계약을 개선하기 위해 무엇을 할 수 있는지에 대해 가치 있는 것을 전하길 바란다. 이 책은 과거 사상가들로부터 물려받은 이론인 사회계약에 관한 책이므로 이러한 사상가 중 일부와 관련이 있다. 그러나 이 책은 현재에 관한 책이자 이 계약의 기초를 논의한 운동인 노란 조끼에 대한 책이다. 마지막으로 이 책은 현재 우리가 가지고 있는 계약의 대안을 살펴보고, 철학적 참여를 기반으로 사회적 관계를 재구성하기 위한 제안을 하는 것이므로 미래에 관한 책이다.

사회계약은 필수적이지만, 필연적인 것은 아니다. 우리는 계약이 그 목적을 이룰 수 있도록 끊임없이 새롭게 거듭 생각해야 한다. 우리는 계약을 완전히 없앨 수도 있다. 예를 들어, 봉건제도로 돌아가거나, 현재의 형태와는 다른 집단적 의사결정의 미래 방식을 적용할 수도 있다. 현재 정치 의사결정의 대안적 방식은 퇴행적이거나 공상과학적이다. 오늘날 프랑스에는 알리앙스 루아얄(Alliance Royale)이라는 군주파 정당이 있다. 이 정당은 2019년 유럽의회 선거에서 3,393표만 받았고 결코 잠재적 정치세력은 아니지만, 정치에서 카페티안(Capetian) 원칙으로 돌아가고자 하는 매우 약한 의지와 프랑스의 공화주의 질서에 대한 저항을 보여준다. 모든 의식이 신경망을 통해 연결된 스타 트렉(Star Trek) '보그(Borg)'의 조직 방식에서 가상의 예와 같이 완전한 참여민주주의의 이상도 역시 불가능하다. 그러나 이 모델에서도 여왕이 필요하다고 드라마 작가들은 가정하고 있다. 이것은 작가들의 상상력 한계를 보여주는 것이지 인간 의식의 미래에 대한 것은 아니다. 어쨌든 이는 오히려 미래를 위한 로드맵이 아닌 공상 과학에 대한 연습일 뿐이다. 계약 이전의 제도로 돌아갈 수 있는 명확한 경로가 없거나 대중이 지도자에게 정치적 정당성을 더 이상 묻지 않는 조직 방식이 없는 한,

사회계약은 21세기에도 여전히 정치 생활의 필수 요소로 남을 것이다.

2. 폭력

2018년 11월 17일, 70주 동안 매주 토요일에 진행된 시위의 '1막(Act I)'으로 알려지게 된 노란 조끼가 처음 회전교차로를 점거했을 때, 그들은 동료 시민들에게 폭력을 행사하고 있었다. 이날 사보이(Savoy)에서 한 운전자는 시위대가 그녀의 차를 멈추려고 하자 공황 상태에 빠져 길을 가로막은 사람들을 쳐 시위대 중 한 명에게 치명상을 입혔다. 거리 시위가 처음인 63세의 이 여성은 이 운동의 첫 번째 우발적 희생자였으며, 다가올 주말 동안 더 많은 희생자가 나올 것으로 전망되었다. 도로에 서서 도시를 행진하고 건물을 점거하여 일상적인 기능을 계속할 수 없도록 하는 바로 그 행위 자체가 폭력 행위이다. 사보이의 이 특정 회전교차로에서 물리력을 사용하여 장애물 중 하나를 부수는 것은 운전자가 군중을 뚫고 지나가는 것에 국한되었지만, 나는 시위대도 폭력을 행사했으며, 더 나아가 합법적이라고 주장한다.

폭력은 다양한 유형의 행동을 의미한다. 이 분석을 위해 나는 두 가지 주요 유형의 폭력을 구분했다. 즉 물리적 폭력(흔히 단순히 '폭력'이라고도 함)과

도덕적 폭력(종종 다음과 같은 의미로 한정된 '정신적', '구조적' 또는 '심리적' 폭력)이 그것이다. 나는 추후 물리적 폭력과 도덕적 폭력 사이의 차이에 대해 다시 언급할 것이지만, 먼저 그들이 공유하는 공통점을 말해 보겠다. 물리적 폭력과 도덕적 폭력 모두 강압적이며 저항을 유발한다. 둘 다 다른 사람의 행동을 바꾸려고 한다는 점에서 강압적이라고 할 수 있다. 통근자들의 출근을 막기 위해 회전교차로를 점거하거나(물리적 유형의 폭력), 죄책감을 이용해 사람들이 피켓 라인을 넘지 못하도록 막는(도덕적 유형의 폭력) 행위는 모두 강압적인 행동의 시도다. 하지만 폭력에는 주관적인 요소도 있다. 다른 사람들이 폭력으로 인식해야 한다는 것이다. 일반적으로 폭력은 폭력을 행사하는 사람들이 폭력으로 인식해야 한다. 위의 예를 통해 이를 설명해 보겠다. 만약 당신이 회전교차로에 혼자 서 있다면 의도했던 폭력적인 결과를 얻지 못했을 것이다. 운전자들은 당신 주위를 쉽게 돌아갈 수 있으며, 이 시나리오에서 다른 사람에게 폭력을 행사하는 것이 아니라 단지 자신을 위험에 빠뜨리는 것일 뿐이다. 지나가는 운전자들은 당신을 장애물이나 고려해야 하는 위험 요소로 간주할 뿐 폭력을 행사하는 사람으로 보지 않을 것이다. 인식은 중요하며, 여기서 인식은 폭력과 비폭력 사이에 본질적인 차이를 만들어낸다. 마찬가지로 다른 동료들의 지원이 거의 없거나 또는 전혀 없는 상태에서 피켓 라인에 서 있는 경우, 그리고 피켓 라인을 지나가야만 하는 것에도 죄책감이나 불안감, 심지어 짜증조차 느끼지 않는다면, 당신의 행동은 폭력 행위로도 인식되지 않을 것이며 심지어 도덕적 폭력으로 인식되지 않을 것이다. 따라서 폭력에는 강압과 저항이라는 두 가지 요소가 필요하다. 이 두 가지가 없다면, 폭력은 물리적 또는 도덕적 형태로든 존재할 수 없다. 심지어 내가 다시 다루게 될 상징적 폭력도 강압과 저항의 특징을 다른 폭력과 같이 이 요소들을 공유한다.

'폭력'이라는 용어는 그 자체로 사용될 때 물리적 측면이 있음을 의미한다. '폭력'이라는 용어의 비물리적인 사용을 위해서는, 일반적으로 대화하는 사람들이 어떤 유형의 폭력을 논의하고 있는지를 이해해야 한다. 노란 조끼가 '구조적 폭력' 때문에 시위를 시작했다고 말할 때, 우리는 이 폭력이 곤봉, LBD 볼런처 그리고 수류탄이 사용되지 않았다는 것으로 이해한다. — 적어도 처음에는 사용되지 않았다. 따라서 나는 '폭력'이라는 용어를 사용할 때 이 관행을 따를 것이다. 폭력은 물리적 폭력을 의미하며, 비물리적 폭력은 적절한 형용사를 사용하여 표현할 것이다.

이제 우리는 모든 폭력이 공통적으로 공유하는 것이 무엇인지 이해했으므로 물리적 폭력과 도덕적 폭력을 구분해 보자. 물리적 폭력은 목적을 달성하기 위해 물질적 수단을 사용한다는 점에서 물질적이다. 이러한 물질적 실체들은 다양하고 복잡하다. 탱크, 비행기, 군함 등 전쟁 무기부터 강압의 수단으로 우리 신체를 사용하는 것까지 다양하다. 물리력을 사용하지 않는 시위와 사회적 항의는 종종 비폭력으로 분류되지만, 나는 여기서 이러한 시위는 기껏해야 비강압적일 뿐이며, 사실상 물리적 강압에 의존하는 폭력의 형태를 사용한다고 주장한다. 단순히 시위대 무리가 신체를 사용해서 도로를 막는 것은 물질적 수단을 끝까지 동원하는 폭력 행위다. 1989년 천안문 광장(Tiananmen Square)의 탱크 앞에 섰던 익명의 중국 남성은 폭력을 행사했다. — 비록 그가 물리력을 사용하지는 않았지만 말이다. 그 후 중국 당국은 시위를 해산하기 위해 물리적 폭력을 사용했으며 그 결과 극적인 결과가 초래되었다. 하지만 그렇다고 해서 익명의 남성이 자신의 판단에 따라 행동을 취하고 스스로 폭력적인 행위를 행한 것을 면죄받을 수는 없다. 얼마나 많은 물리력이 사용되었는가에 따라 사용된 폭력의 규모에는 중요한 차이점이 있다. 하지만 내가 주장하는 것은, 강압을 목적으로 하고 저항을 유발한다면, 무력을 사용하지 않는 시위라 하더라도 폭력적이다. 이러한 의미에서 무엇이 비물리적 폭력으로 간주될지는 지켜봐야 한다. 나는 죄책감을 유발하는 행동의 형태로 도덕적 폭력을 예로 들었지만, 도로 위의 과속 단속 카메라를 비물리적 폭력의 한 형태로 생각할 수 있다. 과속 단속 카메라는 물리적으로 분명히 존재하지만, 물리적으로 존재하지 않을 때에도 운전자들의 행동을 변화시키는 것을 목표로 한다는 점에서 (그리고 종종 성공한다) 역시 도덕적인 힘을 가지고 있다. 이 장의 뒷부분에서 도덕적 폭력과 물리적 폭력 사이의 필수적인 가교로써 두려움의 개념으로 다시 돌아갈 것이다. 그러나 여기서는 과속 단속 카메라가 자국 영토에서 운전자의 속도를 규제하는 국가의 도덕적 권위를 구현한다고 말하는 것만으로도 충분하다. 과속 단속 카메라가 파괴와 기물파손의 형태로 노란 조끼의 물리적 폭력의 표적이 되어 왔다는 점은 전혀 놀랍지 않다.

도덕적 형태의 폭력에 대해 다시 언급하기 전에, 노란 조끼 시위대는 첫 번째 시위부터 물리적 폭력을 사용했고, 몇 주 동안 폭력의 규모를 확대해 왔다는 점을 강조하고 싶다. 회전교차로 차단, 개선문 파괴, 신문 가판대 불태우기, 샹젤리제 거리의 세련된 레스토랑 테라스에 불을 지르는 것에는 정도의 차이가 있지만, 여기서 문제의 핵심은 물리적 폭력이다. 이는 특정 영토 내에서 물리력 사용에 대한 독점을 국가가 가지고 있다는 권리에 중요한 도전을 제기한다. 국가가 이러한 독점권을 가질 수도 있지만, 심지어 베버에게도 그것은 항상 주장의 수준에 머물러 있을 뿐 반드시 현실이 되는 것은 아니다(Weber, 2009). 그러나 국가가 폭력 사용을 독점할 수는 없다. 평화적인 시위는 현대 민주주의 국가에서 널리 인정되는 권리이며, 이러한 시위는 강압적이고 저항을 불러일으키기 때문에 반드시 물리력을 사용하지 않더라도 폭력적일 수 있다. 국가에 대한 (베버의) 주장과 현대 민주주의 정치의 현실 사이의 긴장은 필수적이며 4장에서 더 자세히 살펴볼 것이다. 현재로서는 나는 시위를 폭력적이라고 부르는 것을 주저하지 않는다. 프랑스 정부와 대통령, 그리고 대다수의 프랑스 언론이 이 폭력을 지적하는 것은 옳다. 이들이 틀린 점은 이 폭력이 정당성의 근거가 없다고 가정하는 것인데, 무엇보다도 나는 물리적 폭력이 훨씬 더 만연하고, 체계적인 다른 유형의 도덕적 폭력에 대한 반응이라는 것을 보여줌으로써 증명할 것이다.

도덕적 폭력과 관료주의

도덕적 폭력은 물리적 폭력 못지않게 중요하다. 오늘날 관료주의 국가보다 더 효과적인 방식으로 비물리적 폭력을 행사하는 것은 없다. 오늘날 우리가 알고 있는 근대 국가 부상의 핵심은 바로 그 관료제라는 기계이다.

봉건 정치 질서의 비관료적 세계와 달리 말이다. 가상의 중세 판타지 세계인 왕좌의 게임(Game of Thrones)에서 가장 중요한 두 인물인 페티르 베일리쉬(Petyr Baelish)와 바리스(Varys)가 소멸해가는 봉건 질서에 대항하는 신흥 관료제의 힘을 상징하는 것은 당연한 일이다. 권력을 위한 진정한 투쟁은 관객을 사로잡는 다양한 귀족 가문 간의 투쟁이 아니라 관료제의 두 측면이 구현된 두 가지 권력 개념 간의 투쟁이다. 한편으로 베일리쉬는 개인적 권력을 추구한다. 그는 권력을 정상에 오를 때까지만 계속 오를 수 있는 사다리로 묘사한다. 반면에 바리스는 '왕국의 선(good of realm)'에 대한 집착 때문에 정권을 유지할 수 있을 만큼 강한 누구와도 한 편이 되고자 한다.[1] 두 사람 모두 무력보다는 물리적 폭력, 즉 협박, 감시, 조작을 통해 목적을 달성하려고 시도한다. 도덕적 폭력의 한 형태인 관료주의적 폭력은 근대 국민국가의 특징이며 주로 국민국가의 성공과 실패를 대부분 설명한다.

현실에서와 마찬가지로 허구에서도 관료제는 항상 정치 질서가 무엇이 될 수 있을지에 대한 유토피아적 비전이다. 데이비드 그레이버(David Graeber)는 현대 정치에서 도덕적 폭력의 중요성을 보여주는 그의 저서 '『규칙의 유토피아(Utopia of Rules)』[2]'에서 이 점을 지적한다. 관료제를 정의하는 것은, 합리성과 공평성에 대한 주장 이상으로 일상 활동에 만연해 있는 체계적인 폭력의 위협이다. 과속 단속 카메라가 행사하는 도덕적 폭력은 도

1 [역주] 왕좌의 게임 시즌 3 에피소드 6의 베일리쉬와 바리스의 대화에서 발췌한 것이다.

2 [역주] 한국 번역본 정식 명칭은 2016년 출판된『관료제 유토피아』이다.

로 안전 논쟁, 제한 속도 하향이 도로에서 예방할 수 있는 사망자 수에 대한 과학적 데이터 및 통계, 그리고 강압을 정당화하기 위한 수많은 전문가 분석에 숨겨져 있을 수 있다. 그러나 도덕적 폭력은 도덕적 질서를 따르지 않을 경우 물리적 폭력의 위협에 의해서도 뒷받침된다. 벌금, 연체료, 법원 명령 그리고 채무 미납에 대한 구금은 결국 완전히 자동화된 카메라 시스템의 기타 비물질적 폭력(immaterial violence)을 뒷받침하는 항상 존재하는 위협이다. 우리가 제한 속도를 준수할 때, 그것은 관료적 구조의 형태로 도덕적 폭력을 사용하는 국가 권력의 복잡한 장치이며 그럼에도 불구하고 준수하지 않을 경우 물리적 폭력의 실제적 위협이다.

제롬 로저스(Jerome Rogers)의 이야기는 어떻게 도덕적 폭력이 물리적 강압으로 바뀌는지를 예시한다. 2015년에 택배기사로 자영업을 시작한 이 청년은 교통법규 위반 과태료로 인해 금세 빚의 악순환에 빠졌다. 그는 이미 자전거, 휘발유, 보험에 대한 대출금을 갚아야 하는 상황이었기 때문에 일을 수행하기가 불가능했다. 로저스의 실수령은 너무 적어서 해당 주에 벌금을 내기에도 버거웠다. 지방 당국에서 부과한 벌금이 쌓이기 시작하자, 당국은 민간 집행기관에 채무 회수를 위탁했다. 수차례 협박 편지를 보낸 집행관은 마침내 로저스의 집을 방문하여 그 자리에서 1,910파운드를 지불하라고 요구했다. 로저스는 가족의 도움을 받아 빚의 절반만 갚을 수 있었고, 몇 주 후 집행관이 다시 방문했다. 로저스는 자전거 없이는 일할 수 없기에, 집행관이 자신의 자전거를 압류하는 모습을 절망적으로 지켜보았다. 그는 그날 집을 떠나 스스로 생을 마감했고 다시는 집으로 돌아오지 못했다(Nagesh, 2018). 켄 로치(Ken Loach) 감독의 <우리가 너를 그리워해서 미안해(Sorry We Missed You, 2019)>는 집안 사정으로 출근하지 못해 고용주로부터 벌금을 부과받은 후 빚에 허덕이는 배달 기사의 고충을 그린 영화이다. 주인공 리키(Ricky)는 사건이 진행됨에 따라 수입이 상쇄되어 빚의 악순환을 견디지 못하고 개인적인 위기에 점점 더 빠져들어 힘들어한다. 이 사례의 공통점은 제로 시간계약(zerohours contracts)이나 긱 경제(gig economy)에 대한 단순한 설명이 아니라 관료주의 뒤에 숨어 있는 물리적 폭력의 실제 위협이다. 지방 당국이나 고용주에 의해 부과된 벌금은 법에 따라 집행될 수 있으며, 민간 집행관의 행위는 종종 국가에 위임된 것으로 여겨지는 무력 사용을 민간에게 넘긴 것이었다.

오늘날 국가 폭력은 대부분 이러한 유형의 도덕적 폭력에 의존하여 순응을 유도한다. 노란 조끼 시위가 절정에 이르렀을 때 프랑스 의회는 지방정부 업무를 담당하는 행정관인 프레페(préfet)의 관료적 권한을 강화하는 법안을 통과시켜 사법 감독 없이도 시위를 금지할 수 있도록 했다. 이는 이전에 존재했던 것보다 더 강력한 형태의 도덕적 폭력을 만들어 내고 있는 것이다. 이 권한을 사용한 관리자와 앞으로 이 권한을 사용할 관리자들은 시위를 금지하고 시민의 거리 행진을 금지하는 결정을 내리고 있으며, 이러한 결정은 이후 항소, 재심 또는 이의를 제기할 수 없다.[3] 국가가 특정 영토 내에서 합법적인 무력 사용에 대한 독점권을 주장한다고 생각할 때, 우

---

3 물론 프랑스에는 당신의 사건을 회부 할 수 있는 행정법원이 있다. 그러나 규칙은 절차상의 오류가 없는 한 프레페의 실제 결정에 대해 이의를 제기하는 것이 거의 불가능하도록 제정되어 있다.

리는 종종 대부분의 폭력 사례가 물리적인 것이 아니라 도덕적 폭력이라는 사실을 잊어버리곤 한다. 폭력을 행사하기 위해 국가를 대표하는 기관이 실제로 존재할 필요는 없다. 사람들이 준수해야 하는 폭력 상황을 만들어내기 위해서는 간단한 편지 한 장만으로도 충분하다. 물론 위에서 논한 것처럼 도덕적 위협은 물리적 위협이 뒷받침될 때 더욱 효과적이다. 그러나 물리적 폭력이 반드시 현실화될 필요는 없다. — 물리적 폭력의 잠재력만으로도 도덕적 폭력은 충분히 효과적이다. 적어도 대부분의 경우에 그렇다. 이러한 유형의 폭력에 대한 정당성을 이해하기 위해 가장 악명 높은 국가 이론가인 토마스 홉스를 살펴보자.

리바이어던

홉스는 국가와 사회계약에 대한 최고의 이론가로 남아있으며, 국가 폭력의 정당화 또는 국가에 저항하기 위한 폭력은 그의 기념비적인 작품을 통해 전달된다(Hobbes, 1651/1996).[4] 이는 홉스가 사회계약 이론의 필요성을 정당화하기 위해 시도한 잘 알려진 사고 실험(thought experiment)이다. 홉스는 자연 상태에서 인간은 서로 끊임없이 전쟁을 벌이는 상황에 처해 있다고 추측한다. 인간은 그들을 지배하는 정치적 권위가 없으면 자신의 목적을 달성하기 위해 모든 수단을 동원한다. 특히 인간은 자기 보전을 추구할 뿐만 아니라 자신의 물질적 조건을 개선하려는 시도를 한다. 인간은 다

4 여기에 요약된 주장은 달리 명시되지 않는 한 주로 13장과 14장에서 찾을 수 있다.

른 사람들도 권리가 주장하는 것을 포함하여 모든 것에 대한 권리가 있다고 믿는다. 자신들의 물질적 안녕(well-being)을 걱정하는 인간들은 다른 이들에 대해 적의와 전쟁 상태에 빠지며, 목적을 달성하기 위해 물리적이고 도덕적인 폭력을 사용한다. 이러한 상황의 결과는 공포의 상황과 끊임없는 폭력적 죽음에 대한 위험이며, 이 상황 속에서 우리의 삶이라는 것이 고독하고, 가난하며, 추악하고, 잔인하고, 그리고 우리의 삶은 단명에 그친다. 이 다섯 가지 형용사는 우리 안에 사회 질서의 붕괴에 대한 두려움을 심어준다. 나는 다른 글에서 자연 상태는 일부 사람들이 제안한 것처럼 가설적이지 않다고 주장했다. 그리고 다른 자연 상태 이론가들과 마찬가지로 홉스도 자연 상태가 — 이상적인 형태로 존재하지 않는다면 — 사회적 또는 정치적 갈등의 시기에 바리케이드 위로 머리를 내미는 실제 상황이라고 믿었다(Devellennes, 2013). 그러나 자연 상태로 떨어지는 위협은 아마도 허구일 것인바, 국가 붕괴의 결과에 대한 끔찍한 이야기로 더 유효할 것이다. 노란 조끼는 시위와 폭력 행위에 가담함으로써 이러한 국가 붕괴를 촉발했다는 비난을 받아왔으며, 이는 현재까지도 그들에 대한 강력한 논쟁거리로 남아 있다.

인기 TV 드라마 워킹 데드(The Walking Dead)는 홉스적 자연 상태(Hobbesian state of nature perfectly)를 완벽하게 보여준다. 미국 조지아주 남부를 배경으로 한 종말 이후의 황무지에서 소수의 생존자들이 생존을 위해 좀비와 싸운다. 로버트 커크먼(Robert Kirkman)의 만화에 기반한 가상의 세계라는 환상적인 요소는 차치하고서라도, 생존자 그룹에게 가장 큰 위협이 되는 것은 살아 있는 다른 인간들이다. 이들은 식량, 은신처, 무기 등 부족한 자원을 놓고 서로 싸운다. 그리고 죽음을 힘의 원천으로 사용하는 좀비라는 실존적 위협에 대해 자신이 속한 그룹을 보호해야 하는 필요에 주목한다(Kirkman, 2010). 이러한 생물학적 위험이 발생하면 국가가 강화되고, 일상생활의 모든 측면에 다양한 규제와 (COVID-19 팬데믹에 대응하는 과정에서 일어난 것처럼) 권력의 집중이 심화될 것이라는 주장은 신경쓰지 말자. 이 드라마의 창작자들은 그러한 (초)자연재해가 초래할 수 있는 유일한 결과로 사회의 완전한 붕괴와 국가 권력의 소멸에 초점을 맞추고 있다. 이 가상의 세계에서는 1651년 홉스가 『리바이어던』에서 정확하게 지적한 것처럼 농업, 항해, 건축, 지식, 문자 또는 기타 사회적 재화가 존재하지 않는다. 자연 상태에 대한 두려움은 홉스의 책이 쓰인 영국 내전(English Civil War) 당시와 마찬가지로 오늘날에도 여전히 존재한다.

그러나 홉스의 이야기는 여기서 끝나지 않는다. 자연 상태는 강력한 경고로 작용할 수 있지만 홉스의 정치 이론의 끝은 아니다. 홉스에게 인간은 자신을 보존하고 물질적 재화를 획득하고자 하는 욕망의 존재일 뿐이다.[5] 인간은 또한 이성적인 존재로서 자신의 상황에 대해 성찰하고 처해 있는 딜레마를 극복할 수 있는 방법을 생각할 수 있다. 그리고 자연 상태는 하나의 진퇴양난의 상황(Catch-22)을 제기한다. 즉 자기 보존에 필요한 물질적 재화를 얻기 위해 폭력을 포함한 모든 가능한 수단을 사용하는 것은 다른

5 홉스가 『리바이어던』 6장에서 지적했듯이, 인간은 열정으로 만들어진 존재이다.

사람들도 비슷한 수단을 마음대로 사용할 수 있기에 우리의 생명을 위험에 빠뜨리는 부정적인 결과를 초래한다. 인간 평등에 대한 깊은 신봉자인 홉스는 인간은 교활하고 타인의 약점을 이용할 수 있기 때문에 아무리 약한 사람이라도 가장 강한 사람을 이길 수 있다는 희망을 갖는다고 주장한다. 최소한 우리는 다른 사람이 잠든 사이에 공격할 수 있으며 누구도 궁극적인 죽음의 위협으로부터 자유로울 수 없다. 그러나 우리는 이성을 가지고 있다는 점에서 평등하며, 다행히도 이성은 우리에게 탈출구를 제공한다.

홉스는 우리의 상태를 생각하면 무려 19가지의 자연법(law of nature)이 떠오를 것이라고 주장한다. 그러나 홉스가 말하는 자연법은 무엇을 의미하는가? 이것은 이성과 독립적으로 존재하는 규칙이 아니라 이성에 의해 획득된 규칙을 의미한다. 그는 이러한 규칙이 항상 지켜진다고 생각하지 않으며, 오히려 모든 이성적인 존재는 이러한 규칙에 따라 사는 것이 규칙 없이 사는 것보다 더 나은 삶의 상태를 가져올 것이라는데 동의할 수 있다고 주장한다. 자연법은 권리, 특히 자연 상태에서 우리가 가진 모든 것에 대한 권리와는 다르다. 권리는 상황에 관계없이 우리가 가진 것이지만, 법은 목적을 달성하기 위해 따라야 하는 것이기 때문이다. 오늘날 우리는 이를 '자연법'으로 부르지 않고 합리적 토론과 정당화에 기초한 사회적 규칙과 비슷한 개념으로 부른다. 그럼에도 불구하고 홉스는 이러한 법칙에 대해 강력한 주장을 펼친다. 홉스 자신의 설명에 따르면 나머지 17개 법칙은 덜 중요하기 때문에 처음 두 개만 설명하겠다. 첫 번째 자연법, 즉 사회적 규칙은 평화이다. 홉스에 대해 들어본 적은 있지만 자세히 읽어본 적이 없는 사람들에게는 이 점이 놀랍게 느껴질 수도 있다. 무엇보다도 우리 자신을 보존하려면 평화를 위해 노력해야 한다. 모호함의 일부는 홉스의 정식화에 기인한다. 왜냐하면 그는 첫 번째 자연법에 다른 사람이 평화를 따르기를 거부할 경우 전쟁에 의존할 수 있다는 내용을 바로 포함시켰기 때문이다. 그러나 홉스는 나중에 『리바이어던』에서 이 법칙을 다시 언급할 때 그는 단순히 평화를 위한 법칙이라고 언급한다. 그의 사회계약은 만인에 대한 만인의 전쟁이 아니라 전쟁의 위협에 대한 해결책으로서의 평화를 위한 계약이다. 이러한 평화를 공고히 하기 위해서는 다른 사람들도 평화를 위해 노력해야 하며, 따라서 두 번째 자연법은 법의 보존을 위해 자신의 권리에 대한 제한을 받아들이는 것이다. 이것은 권리의 상호 양도로, 모든 것에 대한 천부적인 권리를 포기하고 다른 사람의 권리가 제한되는 것처럼 우리 자신의 권리도 제한하는 데 동의하는 것이다. 요컨대, 두 번째 자연법은 동료 인간들과 계약을 맺어야 한다.

홉스는 우리가 다른 사람을 신뢰할 수 없다면 평화를 추구하는 계약은 무너질 것이며, 어떤 의미에서 우리는 다른 사람들이 자신에게 유리한 조건이 주어졌을 때 약속을 어기지 않을 것이라는 완전한 신뢰를 유지할 수 없다고 지적한다. 계약 자체만으로는 불충분하다. 그 이유는 계약을 어긴 사람들에 대해서 폭력의 위협에 의해 계약이 뒷받침되어야 하기 때문이다. 이는 국가에 대한 홉스의 정당화이며, 그의 이론은 국가 권력의 필요성 중 하나이다. 우리에게 있어 사회계약의 모든 당사자가 약속을 지켜야 하며, 남북전쟁에서 공화당의 승리에 내기를 건 홉스처럼 평화를 집행하기 위해 한 사람 또는 여러 사람에게 주권적 권한을 부여하는 것보다 더 좋은 방법이 있겠는가? 홉스가 국가라고 명명한 리바이어던은 국가는 사회계약을 위반하는 사람들에 대한 물리적 폭력을 담당할 뿐만 아니라 두려움과 공포의 형태로 나타나는 도덕적 폭력도 담당한다. 자연 상태가 만인의 만인에 대한 잠재적 전쟁 상태에 불과하듯, 국가에 의해 수립한 평화 질서도 대부분의 경우 잠재적 폭력을 사용할 뿐이다. 위협이 현실이지만 그러나 대부분의 경우 두려움과 공포가 억지력으로 작용한다.

두려움과 죽음

홉스가 모든 권력을 주권자에게 과감하게 이양한 것을 인정한 다른 사회계약 이론가들은(그중 로크는 이 개념에 조항을 추가했지만) 우리가 국가 권력에 동의한 것은 다른 방법으로는 얻을 수 없는 재화를 제공하기 때문이라는 점을 여전히 대체로 받아들인다. 마크롱 정부의 모든 중도주의적 수사와 그의 이른바 자유주의적(또는 신자유주의적) 배경에도 불구하고 그와 그의 정부는 국가 권력과 폭력의 정당한 사용에 대해 다소 홉스적 설명을 유지해 왔다. 사회적 평화를 공격하는 세력에 맞서는 폭력은 정당화되며, 필요한 경우 여기에는 치명적인 무력도 포함된다. 마크롱은 그의 앞선 프랑스 좌파와 우파 정부의 정책을 계승하면서 자국 시민에게 주입되어있는 두려움과 공포를 강화하려 시도했다. 이 사건과 관련하여 무엇보다도 한 가지 결정이 눈에 띈다. 2019년 3월 23일, 시위가 시작된 지 약 4개월 만에 처음으로 노란 조끼 시위 동안 프랑스 군대가 중요한 장소를 확보하기 위해 배치되었다. 2015년 파리 지역에서 발생한 테러 공격의 여파로 창설된 대테러 부대인 오퍼레이션 센티넬(Opération Sentinelle)이 프랑스 전역의 주요 지점에 배치되었다. 중요한 기념물을 감시하는 데 국한된 군 병력 사용은 시위대에 분명한 메시지를 전달한다. 경찰 또는 헌병대와 달리 특수부대에는 폭동 진압 장비나 훈련이 없으며, 보안군의 무기는 피해를 입히기는 했지만 군인이 휴대하는 돌격 소총의 위협에 비하면 미미한 수준이다. 지난 몇 년 동안 프랑스 도시를 방문한 사람이라면 누구나 프랑스 영토의 주요 전략적 위치에 주둔하고 있는 군대의 존재를 무시할 수 없었을 것이다. 알제리 전쟁 당시의 병력 배치를 넘어서는 이러한 과감한 군대 배치는 시민의 자유와 집회의 자유에 대한 위험한 선례를 남겼다. 이에 대해서는 3장에서 다시 다루겠지만, 지금은 국가 권력과 폭력에 대한 분석에 국한하여 논의를 진행하겠다. 여기서 내가 보여주고자 하는 것은 시위대에 대한 무력 사용, 심지어 치명적인 폭력까지도 전적으로 국가의 권한 내에 있으며, 적어도 어느 정도는 합법적이라는 것이다.

이 책의 뒷부분에서 이 주장에 대한 검증을 하겠지만, 나는 국가가 자국 시민을 죽이는 것이 합법적일 수 있고, 정당하다고 주장한다. 사람들은 항상 이런 시나리오가 일어나지 않기를 바라고, 국가가 그렇게 행동할 수 있는 능력에는 제한이 가해진다. 하지만 궁극적으로 치명적인 폭력의 힘은 국가 관료들의 손에 있으며 그렇게 설계된 것이다. 홉스의 설명에서 명확하게 나타난 바와 같이, 죽음의 위협 없이는 두려움과 공포를 조장할 수 없다. 이러한 위협은 자연 상태에서도 항상 존재했으며 사회계약에도 존재해야 한다. 그것 없이는 사회계약의 구조 자체와 국가 존재의 근거가 사라진다. 홉스보다 한 세기 반 앞서 마키아벨리(Machiavelli)는 이미 이러한 권력을 지지했다. 그는 사랑받는 것보다 두려움을 받은 것이 더 나을 뿐만 아니라, 누군가의 아버지를 죽이는 것이 그들의 유산을 박탈하는 것보다 더 낫다고 주장했다(Machiavelli, 2008). 다행히 프랑스에서는 이러한 치명적인 폭력을 사용하는 것과는 거리가 멀지만, 위협은 여전히 현실이며 때때로 작용하고 있다. 2015년 1월 9일, 프랑스 보안 부대가 이틀 전 샤를리 에브도(Charlie Hebdo) 사무실을 습격하여 12명을 살해한 두 명의 테러리스트를 총으로 사살했을 때, 나는 눈 하나 깜짝하지 않았다. 나를 비롯하여 나의 독자들 중 많은 사람이 이러한 치명적인 무력 사용을 용인하는 이유는 그것이 위험에 비례했기 때문이다. 국가는 무장하고 단호한 공격자(determined assailants)에 맞서 치명적인 폭력을 사용할 수 있고 실제로 사용하고 있다. 테러리스트들이 보안 부대에 항복했다면 즉결 처형은 매우 다른 반응을 불러일으켰을 것이다. 극단적인 사례이기는 하지만 이 예는 드문 사례가 아니다. 즉 국가 폭력의 효과적인 동원은 국가 기능의 중요한 부분이다. 일반 대중의 노란 조끼에 대한 지지 감소는 프랑스 국민 대다수가 프랑스 국가의 법 집행 측면에 지지를 보냈기 때문으로 일부 설명이 가능하다. 시위가 시작된 지 한 달이 지난 후, 이 운동에 대한 대중의 태도는 그 목표에 대한 광범위한 지지에서 그 수단에 대한 광범위한 적대로 바뀌었다. 평화 조성은 계약의 일부이며, 이를 위해 국가 장치가 배치되는 것은 정당하다.

노란 조끼 시위 기간 동안 프랑스 국가가 실제로 행한 물리적 폭력 행위에 대해 조금 더 집중해 보겠다. 결국 프랑스 군인들은 아직 시위대를 향해 무기를 사용한 적이 없으므로, 위에서 내가 정의한 바에 따르면 그들의 폭력은 기껏해야 도덕적인 것이다. 2018년 11월부터 2019년 6월까지 시위대와 구경꾼이 입은 860건의 부상 중 315건이 머리 부상이었다. 이 책을 집필하는 동안 나는 주말에 트위터 계정을 여는 것이 두려웠다. 경찰의 폭력에 대한 영상이 경찰 폭력(#ViolencesPolicières) 해시태그와 함께 유포되고 있었기 때문이다. 사회 운동 전문가도 아니고 경찰 폭력이 발생한 거리 시위의 베테랑도 아닌 나에게 그 영상은 상상을 초월할 정도로 충격적이었다. 서론에서 자세히 설명한 특정 무기 사용 외에도 내 관심을 끌었던 것은 일부 공격의 잔인함이었다. 시위대는 종종 벽으로 밀려나거나, 최루탄에 눈이 멀거나, 그냥 가만히 서 있기만 해도 진압봉으로 머리를 가격당하고, 휠체어에 앉아 있어도 후추 스프레이를 맞고, 바닥에 쓰러진 채로 머리채를 잡혀 끌려갔다. 아마추어 비디오 촬영가, 준전문가 또는 전문 기자가 촬영한 이러한 이미지는 공격의 심각성에도 불구하고 공식 뉴스 매체에 거의 보도되지 않았다. 종종 블랙 블록의 일원인 카서르(casseurs)[파괴자]를 잡으려는 시도는 그 과정에서 부상을 입은 수백 명의 다른 사람에 의해 가려진다. 물론 이러한 장면 자체가 시위 중 나타난 대다수의 경찰이나 헌병대의 행동을 대표하지는 않는다. 경찰관들이 동료들의 행동에 정신이 팔려 곤봉에 맞아 바닥에 쓰러진 시위대를 돕거나 후추 스프레이 치료를 위해 점안액을 제공하거나, 시위대의 보복으로부터 동료를 보호하는 모습을 종종 볼 수 있다. 시위대가 한 손을 잃거나 머리에 LBD 40으로 총을 맞은 장면은 가장 극적일지도 모르지만, 이는 여전히 원거리에서 벌어진 행동이었기 때문에 근거리(à bout portant), 즉 비무장 상태의 무방비한 민간인에 대한 진압 공격에서 부상을 입는 장면에 비하면 주목받지 못했다. 그러나 여러모로 이러한 이미지는 국가 폭력 사용의 이면에 있는 심리, 즉 질서 유지의 핵심이 두려움이라는 점을 강조한다. 매주 열리는 노란 조끼 시위 참가자가 감소하는 이유 중 하나는 국가 관료들이 두려움과 표적화된 폭력을 성공적으로 사용했기 때문으로 설명할 수 있다.

이러한 경찰 폭력의 수준은 국가 권력의 불행한 결과가 아니다. 이는 국가 권력의 직접적인 결과이자 필연적인 특징이다. 발터 벤야민(Walter Benjamin)은 그의 저서 『폭력 비판을 위하여(Critique of Violence)』(Larsen, 2013)에서 신화적 폭력의 개념을 입법의 원칙, 경계의 설정, 위협과 보복의 사용 그리고 유혈의 개념으로 소개한다. 벤야민은 이 신화적 폭력(그가 그 자체로 부당하다고 인식하는)과 신적 폭력(그 자체로 올바른)을 대비시킨다. 이에 대해서 4장에서 다시 다루겠지만, 나는 지금은 벤야민이 옹호하고자 했던 프롤레타리아 혁명보다는 우리가 알고 있는 국가를 정당화하는 신화적 측면에 더 관심이 있다. 국가 창설의 중심에는 질서를 창조하는 신화, 즉 법이 있으며, 이는 유혈을 통해 이루어진다. 프랑스의 경우, 이 신화는 매우 분명하다. 즉 매년 7월 14일에 혁명 사건을 기리기 위해 기념식을 거행한다. 물론 모든 신화는 강조할 특정 측면을 선택한다. 프랑스공화국이 혁명 후 공포정치를 기념하기 위해 선택한 사건은 바스티유(Bastille) 함락(그 자체로 피비린

내 나는 사건)이다. 그 자체로 법을 파괴한 사건인 프랑스 혁명은 남아있던 봉건제도의 마지막 잔재를 폐지하고, 근대프랑스 국가와 유사한 것으로 대체하였다. 적어도 신화에 따르면 그렇다.

프랑스 제5공화국 등장 신화를 이해하기 어려운 것은은 1958년 5월에서 6월까지 전개된 사건과 관련이 있다. 그야말로 로베스피에르(Robes pierrean)[6]식으로 공안위원회(Committee of Public Safety)를 자처한 알제리(Algeria)와 코르시카(Corsica)에서 군사적 장악과 파리에 대한 군대의 진군 위협에 직면하여, 제4공화국은 군사적 압력에 굴복하고 권력을 드골에게 넘겼고, 드골은 정치적 위기에 대응하여 신속하게 제5공화국을 수립했다. 이 권력 양도는 미래의 대통령이 될 프랑수아 미테랑을 포함한 중도주의자, 사회주의자, 공산주의자 일부의 반대를 받았으며 좌파 진영은 쿠데타로 규정하고 우파 진영은 헌법적 관례에 따른 합법적 변화로 규정한다. 이러한 분열은 살아남아 오늘날까지도 지속되고 있다. 이 사건이 현재 프랑스공화국의 신화적인 건국에 포함되지 않은 유일한 이유는 아마도 유혈 사태가 아니었고 프랑스 군대에 의한 치명적인 폭력 위협이 실현되지 않았기 때문

---

6 [역주] 로베스피에르(1758~1794)는 18세기 프랑스의 혁명가로 프랑스 혁명의 핵심적인 인사로 꼽힌다. 그의 이름은 공포정치(la Terreur)의 시대를 상징하며, 그 자신 또한 결국에는 단두대에 선 사람이다. 혁명의 열렬한 지지자들에게는 영웅으로 인식되었으나, 혁명과 관련이 없는 일반 사람들에게는 두려움을 불러일으키는 인물로 여겨졌다. 로베스피에르는 'The Incorruptible', 즉 부패하지 않은 청렴한 사람이라는 별명으로 알려져 있다. 이 별명은 혁명 당시에도, 그리고 230년이 넘는 시간 동안 유지되며 로베스피에르를 묘사하는 데 사용되었다. 그는 혁명 이념을 구현하는 데 앞장섰으며 공화국을 지키는 청렴한 전사로서의 역할을 담당했다. 그는 '대중의 친구'로 칭송되었으나 반대파를 연달아 단두대에 올린 공포정치의 상징이기도 했다.

일 것이다. 드골 자신은 나폴레옹 3세의 1851년 12월 2일 쿠데타(이것은 프랑스 권력을 장악하기 위한 마지막 군사력 사용이었다)가 달성한 결과를 자신은 군사력 없이 이루어야 했다고 나중에 언급했다. 그는 자신이 직접 관여하지 않으면서도 군사 지도자들에 편승하여 그들이 직접 문제를 해결하게끔 능숙하게 관리하였다(Sowerwine, 2009: 283-286). 그럼에도 불구하고, 프랑스 의회의 행동 변화를 이끌어내기 위해 배치된 물질적 수단(비행기, 총 그리고 군인)과 함께 사용된 것은 물리적 폭력이었다. 프랑스 국가의 신화는 테러나 제5공화국 건국 사건이 아니라 왕정 절대주의의 상징인 바스티유의 함락을 중심으로 세심하게 만들어졌다. 그러나 그럼에도 불구하고 폭력은 여전히 기념되고, 이전 질서의 몰락은 — 루이 16세(Louis XVI)의 통치이든 제4공화국이든 — 새로운 질서를 위한 정당성의 원천으로 기념되고 있다. 이로 인해, 노란 조끼 운동이 억압적인 국가에 대한 저항의 정당한 수단으로 인정받을 수 있을지, 아니면 이 운동이 실패하고 2010년대 후반 프랑스 국가에 대한 한낱 골칫거리로 여겨질지 의문이 제기되고 있다.

저항

앞서 홉스의 두 가지 자연법에 대해 논의하면서 건너뛰었던 중요한 세부 사항을 지금 다루고자 한다. 홉스는 자신의 저서 『리바이어던』 14장 말미에서 평화(제1자연법)를 보장하기 위한 계약(제2자연법)의 성립에 대한 중요한 예외를 언급한다. 그는 누구도 계약을 통해 저항할 권리를 포기시킬 수 없다고 주장한다. 우리는 대부분의 권리를 포함하여 많은 것을 포기할 수 있지만, 저항할 수 있는 가능성은 포기할 수 없다. 이 권리를 포기하는 모든 계약은 무효다. 사람들은 죽음의 위협하에서 (홉스가 국가의 근간이라고 주장한 것처럼) 계약의 체결을 받아들일 수는 있지만, 자신의 생명을 앗아가려는 자들에게 저항하지 않기로 하는 계약은 결코 받아들일 수 없다. 국가가 시민을 죽일 수 있는 권리와 국가가 시민을 죽이려 할 때 시민이 스스로를 방어할 수 있는 권리를 구분하는 것은 노란 조끼를 이해하는 데 매우 중요하다. 홉스의 주장대로, 저항할 권리는 우리가 평화를 위해 양도하기로 합의한 자유권과는 달리 양도할 수 없는 권리라면, 이는 정치 과정에서 중요한 경고가 된다.

국가 폭력에 대한 저항은 매우 특정한 상황에서 정당화될 수 있다. 홉스에게는 자기 보존이 유일하게 설득력이 있는 경우이며, 비록 내 결론이 다소 그와 상충될지라도(국가가 당신을 죽이러 왔을 때만 자기 보존이 행사된다는 것) 홉스의 정서에서 크게 벗어나지 않을 것이다. 내 주장의 설득력은 5장에서 경제적 불공정이 초래하는 실존적 위협에 대해 다룰 때 드러날 것이다. 지금은 시민 폭력 문제에 집중하도록 하자. 우리는 더 이상 국가가 우리를 죽일 수단이 직접적인 무력뿐이라는 홉스의 주장을 받아들이지 않는다. 위험한 화학 물질 억제에 실패한 것이든, 빈곤층 노인의 조기 사망이든 기후변화의 위협이든 — 당신이 무엇을 선택하든 — 문제에 대한 적절한 지식 부족이나 노골적인 태만에서부터 자국 시민의 죽음에 적극적으로 가담하는 것까지 국가 관료가 어느 정도 중요한 역할을 할 수 있다는 점과 함께 죽음이 다양한 방식으로 발생한다는 점을 우리는 인정한다. 부주의가 어떻게 사람을 죽이는지 프랑스의 예를 들어 설명해 보겠다. 2003년 여름, 유럽 전역에 폭염이 확산되었다. 프랑스는 폭염의 영향을 많이 받지 않았음에도, 19세기 기온 기록이 시작된 이래 가장 높은 기온을 기록할 정도로 강렬하고 지속적인 기온 상승 현상이 나타났다. 프랑스 통계청은 사상 최고치인 섭씨 44.1도(화씨 111도)에 달한 폭염으로 1만 5,000명이 숨진 것으로 추산했다. 에어컨이 귀하고 사치스럽게 여겨지는 이 나라에서 가장 취약한 계층이 불균형적으로 고통받는 것은 놀라운 일이 아니다. ─ 75세 이상의 사람들이 과열 위험에 가장 취약하다. 이 사건은 1950년대 이후 프랑스에서 기대수명이 증가하지 않고 감소했다는 점에서 통계적으로 유의미했다(Guay, 2019). 또한 정부의 역할에서 사회적 돌봄 지출을 줄이는 것이 타당한지 의문이 제기되었다는 점에서 정치적 사건이기도 했다(Gaudin, 2003). 이 사례는 국가가 개인의 사망으로 이어지는, 알려진 결과를 초래할 정책을 실행할 때 과실로 살인을 저지를 수 있다는 점을 분명히 보여준다.

일부 노란 조끼는 그들의 경제력 저하와 국가의 사회 서비스에 대한 투자 축소에 대해서도 유사한 주장을 한다. 만약 정부가 실행하는 정책의 결과가 기대수명 저하로 이어진다면, 저항에 대한 홉스의 주장을 즉각적인 죽음의 위협에 한한 자기방어보다 확장하여도 무리가 아니다. 실제로 홉스의 주장은 단순한 자기방어만이 아니라 자기 보존에도 근거를 두고 있다. 만약 특정 국가의 조치로 인해 우리의 '자아'의 보존이 위협받는다면 저항할 수 있다. 이는 홉스의 전제하에서도 가능하다. 노란 조끼의 슬로건은 이러한 자기 보존에 대한 요구를 요약한다. 2018년 11월 마크롱은 기후변화와 '세상의 종말(end of the world)'이 임박했기 때문에 정부가 취한 조치가 필요하다고 주장한 반면, 노란 조끼는 '이달의 종말(end of the month)'이 걱정된다고 주장했다(Masse-Stamberger, 2018). 세상의 종말/이달의 종말이라는 이분법은 시위대가 자신의 존재를 드러내고 대의를 알려야 하는 절박한 필요성을 강력하게 상기시켜준다. 국가 권력이 그러한 실존적 방식으로 그들의 삶에 영향을 미치는 조치를 시행하려고 할 때 국가 권력에 도전하고 저항하는 것은 홉스(현대적 해석으로 다시 읽음)에 의해서도 정당화된다.

위의 주장이 옳고 자기 보존이 자기방어의 영역을 넘어서야 한다면, 이는 사회계약과 저항의 가능성에 대해 중요한 질문을 제기한다. 비례성의 원칙의 중요성을 염두에 두고, 나는 이제 국가 권력이 자기 보존을 할 때 그것이 물리적 폭력을 수반하더라도 국가 권력에 대한 저항은 정당하다고 주장하고 싶다. 그렇다면 핵심 질문은 다음과 같다: 노란 조끼의 경우처럼 시위대 편에서 균형 잡힌 폭력으로 간주되는 것은 무엇인가? 민주주의 국가의 시민에게는 평화적으로 집회할 권리를 보장하는 법적 틀이 이미 존재한다. 설령 그 집회가 혼란을 야기하고 다른 사람의 행동을 변화시키더라도 나는 이것이 대부분의 시민에게 명백한 윤리적 또는 정치적 문제를 제기하지 않기 때문에 합법적인 형태의 저항이라고 가정할 것이다. 그렇다면 문제는 다음과 같다. 합법성의 경계에 있거나 때로는 그 경계를 넘어서는 정치적 시위가 합법적인가라는 질문이 제기될 수 있다. 노란조끼 운동의 가장 치명적인 시기는 시위로 인해 가장 많은 교통사고가 발생했던 시기였다. 시위운동의 첫 번째 희생자 11명 중 5명은 차량에 치인 노란 조끼 시위대였고, 5명은 노란 조끼 운동에 의해 차단된 도로 또는 차로 봉쇄로 인해 발생된 충돌 사고에 연루된 운전자였다. 그리고 3명은 경찰 조치의 결과로 사망했다(Coquaz, 2019). 이러한 죽음은 모두 안타까운 일이지만, 그 어느 것도 고의적인 폭력 행위로 인해 발생한 것은 아니다. 그럼에도 여전히 노란 조끼 행동으로 인해 예측 가능한 결과일 수 있으며, 그들에게도 사망에 대한 책임이 있을 수 있다. 도로에 보행자가 있을 때 운전자가 조심스럽게 행동하는 것이 합당하듯이, 교통 방해가 다른 사람의 생명을 위협할 것으로 예상하는 것은 합리적이다. 에마뉘엘 마크롱은 카이로에서 열린 연설에서 시민 11명의 사망을 개탄하며 사고사의 원인을 '인간의 어리석음(human stupidity)'으로 돌렸다. 이러한 죽음이 대중의 분노와 전후 프랑스의 가장 큰 사회 운동 중 하나를 불러일으킨 자기 정책의 예측 가능한 결과라는 사실을 그는 생각하지 못한 것 같다. 그러나 마크롱에게도 분명 책임이 있다. 그는 의도적으로 사회 최빈층을 표적으로 삼아 세금을 인상하고 가장 부유한 사람들의 세금 부담을 줄였다. 이로 인한 사회 불안은 예상된 것이었다.

혼란은 만연한 불의와 사회적 불평등에 대한 관심을 환기시키기 위해 지불해야 하는 비례적인 대가로 보인다. 이러한 혼란이 더 극단적이고 위력적이었다면, 혼란의 적절성에 대한 의문이 제기되었지도 모른다. 그러나 실제로는 프랑스 경제 활동에 거의 영향을 미치지 않았다(Alemania, 2019). 노란 조끼 시위 동안 발생한 푸케(Fouquet)의 레스토랑 테라스에 불을 지르거나 차량에 불을 지르는 등의 사유 재산 파괴는 비례성의 기준을 위배한다. 시위대가 경제적으로 감당할 수 없는 가격대의 메뉴를 제공하는 레스토랑을 표적으로 삼았다는 점에서 상징적인 폭력 행위일 수 있지만, 그 레스토랑이 시위대의 자기 보존을 위협하는 프랑스 국가나 그 정책의 제도적, 체계적 문제를 나타낸다고 보기는 어렵다. 이는 무분별한 폭력 행위 중 하나로, 시위에도 한계가 있다는 것을 보여주고 — 그중 상당수는 이미 법으로 정해져 있다 — 이 특정 식당에서 물건이나 잔해물을 가지고 가다가 잡힌 시위대는 프랑스 법원으로부터 즉각적인 선고를 받았다. 프랑스 정부는 공식적으로 등록되지 않은 시위에 참여한 것과 같은 가벼운 혐의로 시위대에 대해 많은 소송을 제기하기도 했는데 이는 시위 중 법을 위반한 사람들을 제재하는 데 매우 효과적인 것으로 보인다. 이는 정상적인 상황에서 사법 시스템의 느린 속도와 극명한 대조를 이룬다. 노란 조끼 시위 당시 경찰의 폭력에 대한 대부분의 조사 결과가 나오기까지는 아마도 몇 년이 걸릴 것이다. 최근 유럽인권재판소(European Court of Human Rights)가 프랑스에서 경찰 폭력에 대해 내린 판례에 따르면 국가가 공식적으로 제재를 받기까지는 19년이 걸릴 수도 있다고 한다(European Court of Human Rights, 2019).

결론

이러한 사례를 더 잘 다루는 자유의 문제는 3장에서 살펴보겠지만, 지금은 시위대 측의 정치적 저항이 정당하며 이러한 정당성은 비례성에 대한 호소에 의해 제한된다는 것을 말하는 것만으로도 충분하다. 비례성의 한계는 선험적으로 정해져 있는 것이 아니라 전체 사회가 결정하며, 따라서 계약의 필수적인 부분이다. 국가는 시민들에게 제한을 가하고 죽음의 위험으로 이러한 결정을 집행할 권한을 갖고 있지만, 저항이 자기 보존을 위한 방어 수단으로 간주될 때 그 권리까지 빼앗을 수는 없다. 지금까지는 이 정도의 논의로 충분하며, 이는 3장에서 스피노자(Spinoza)의 사회계약을 살펴볼 때 토마스 홉스의 이론에서 더 나아갈 수 있는 근거가 될 것이다.

3. 자유

국가가 시민에 대한 생사여탈권을 가지고 있고, 적어도 특정 상황에서는 이 권한이 합법적으로 행사된다는 것을 인정한다면, 우리는 이러한 국가 폭력 사용의 한계를 정해야 한다. 2장에서 나는 폭력의 정당성에는 내적 제약이 있음을 주장한 바 있다. 모든 폭력의 사용은 인식된 위협과 달성하고자 하는 목적에 비례해야 한다. 나는 폭력이 다른 유형의 폭력에 반대하기 위해 사용될 수 있으며, 특히 관련자의 안전과 보안이 위협받을 때 폭력이 사용될 수 있다고 주장했다. 그러나 물리적, 도덕적 힘의 사용은 외부적으로도 제한된다. 즉 정치사상의 또 다른 중요한 개념인 자유와 관련하여 그러하다.

두 가지 자유

1819년 뱅자맹 콩스탕(Benjamin Constant, 1819/2010)은 두 가지 유형의 자유 사이에 최근의 구분을 도입할 것을 제안했다. 고대인들은 자유를 몇 마디로 요약하면, 공동의 정체를 집단적으로 통치하고, 입법하고 판결하며,

정죄하고 사면할 수 있는 능력이라고 생각했다. 그러나 콩스탕이 지적했듯이, 이러한 집단적 자유는 집단정체에 대한 개인의 예속과 양립할 수 있을 뿐만 아니라 의존적이었다. 집단정체는 자유롭지만, 시민들은 그 판결을 따라야 했다. 이러한 예속의 가장 상징적인 예는 소크라테스(Socrates)가 동료들이 내린 사형 선고를 받아들인 것이다. 소크라테스는 자신의 운명을 받아들일 수 밖에 없다고 느꼈고, 자신의 생명을 구하기 위해 자신의 도시에 등을 돌리고 도망칠 기회를 거부하였다(Plato, 2003). 대조적으로, 근대인의 자유는 오늘날에도 여전히 우리의 자유의 형태이며 개인의 운명과 관련되어 있다. 근대 국가와 정치 제도가 등장한 이후 자유는 독단(심지어 집단의 독단으로부터도)으로부터의 자유에 관한 것이다. 즉 제약 없이 자기 삶의 길을 선택하고, 억압에 대한 두려움 없이 자신의 의견을 표현하며, 일반적으로 권력을 가진 자의 의지나 특정 성향보다는 법과 규칙에 의해 제한되는 것이다. 흥미롭게도, 콩스탕에게 다른 무엇보다도 이 자유는 공공선이라기보다는 사적소유다. 고대인들은 자유가 집단이 스스로를 다스리고 정치적 결정을 내릴 수 있는 능력과 연결되어 있다고 생각한 반면, 콩스탕에게 근대적 개인은 우선 정치적 결정을 하는 것으로부터 가능한 한 자유롭기를 원한다. 정치로부터의 자유는 우리를 위해 다른 사람들이 결정을 내리도록 위임하는 대의제를 통해 달성되며 그 결과 우리는 우리의 관심을 다른 곳에 쏟을 수 있다. 우리는 다음 장에서 자유에 대한 이러한 매우 개인주의적 개념의 범위가 제한적이라는 것을 살펴볼 것이다. 왜냐하면 민주적 의사결정의 필요성이 19세기 초의 당시 단계를 훨씬 넘어섰기 때문이다.

홉스는 이미 근대 정치에서 개인의 자유에 대한 필요성을 인식하고 있었다. 홉스는 『리바이어던』 14장에서 자신이 하기로 정한 행동에 아무런 장애가 없을 때 인간은 자유롭다고 주장했다(Hobbes, 1651/1996). 만약 누군가 결심한 개인 앞에 장벽을 세우면서 방해하려 한다면, 그는 더 이상 자유롭지 못할 것이다. 자유에 대한 이러한 제약을 이해하기 위해 다시 노란 조끼로 돌아가 보자. 시위대가 프랑스 외곽의 회전교차로를 봉쇄하고 연대의 표시로 자신의 노란 조끼를 차 대시보드에 부착하지 않은 사람들을 돌려보냈을 때, 그들은 동료 시민들의 자유를 적극적으로 제약하고 있었다. 시위대의 곤경을 알리기 위해 길을 막음으로써 쇼핑객과 통근자들의 자유는 제약받고 있었다. 다른 한편으로 경찰이 시위대의 이동 경로에 장애물을 설치한 것은 시위대가 목적지에 도달하거나 그저 길을 계속 갈 수 있는 그들의 자유를 제약하는 것이기도 했다. 홉스적 의미에서 자유에 대한 제약은 항상 발생하며 그 자체로는 그다지 극적인 결과를 초래하지 않는다. 홉스에 있어 사회계약의 핵심은 자유를 제약함으로써 인간이 서로에게 늑대와 같은 자연 상태의 조건을 지속 불가능하게 하는 것이다. 자유가 적다는 것은 홉스의 사회계약의 필요조건이다.

따라서 개인의 자유는 17세기 초에 이미 불간섭의 조건으로 정의되었다. 우리가 하고 싶은 일을 하기 위해 홀로 남겨질 때, 우리는 이러한 개인주의적 의미에서 최대한 자유로워진다. 자유는 바로 그 목적을 위해 엄청난 호소력을 가지고 있다. 즉 우리는 무엇을 하라는 지시를 받거나, 좋아하는 일을 하지 못하도록 막거나 다른 사람이 인생 선택을 강요하는 것을 좋아하지 않는다. 그러나 그렇다고 해서 자유가 순전히 개인주의적인 선이 되는 것은 아니다. 우리는 사회적 평화를 위해, 우리가 하고 싶은 일들 중 일부는 제한되어야 한다는 것을 인정한다. 이렇게 함으로써 다른 사람들도 우리에게 같은 행동을 할 수 있는 능력이 제한될 것이다. 이로써 자유는 정치 수준에서 극대화해야 하는 개인적 이익이 된다. 왜냐하면 자유에 대한 제한은 일반적으로 특별한 정당화가 필요하기 때문이다. 현대 인간의 본능은 가능한 한 많은 자유를 유지하는 것이다. 우리의 사회적 조직 방식은 모두를 위해 자유 개념을 수호하고자 하며, 근대성 정신의 일부는 자유를 제한하려는 사람들에 맞서 자유를 수호하는 것이다. 우리는 당신의 출생(노예, 종 또는 농노)에 따라 삶의 선택을 제한하거나, 당신의 종교적 신념이나 문화적 유산에 따라 제한을 가하거나, 젠더에 따라 삶의 선택을 제약하는 봉건적 질서와 같은 이전의 사회적 조직 방식에 거부감을 느낀다. 근대적 자유는 개인주의적 측면과 극대화해야 할 사회적 선의 측면에서 자신들에 대한 적들에 맞서 수호할 가치가 있다.

스피노자의 자유

스피노자는 개인주의적 변이와 사회적 변이 양자 모두에서 근대적 자유를 가장 정교하고 간결하게 옹호한다. 라틴어 제목을 따서 'TTP'로 약칭되는 『신학정치론(Theological Political Treatise)』(1670/2007)의 마지막 장에서 스피노자는 자유로운 국가도 자신을 지탱하기 위해 마음대로 사용할 수 있는 모든 수단을 동원할 권한이 있지만, 그 국가는 모든 사람들의 최대한의 자유를 허용하고 그들이 생각할 수 있게 하고 자신들이 생각하는 바를 말할 수 있게 하는 국가일 것이라고 설명한다. 스피노자는 자신의 사례를 종교적 관용의 관점에서 더 많이 주장하지만, 정치적 논쟁, 사회적 분열, 정치 운영 방식에 대한 갈등이 있는 동시대의 맥락과도 똑같이 관련이 있다. 그의 주장은 두 가지 가정에 의존한다. 첫째, 국가는 시민의 말과 행동을 규제할 권한은 있지만 그들의 생각을 규제할 권한은 없다. 둘째, 국가는 자신의 통치를 집행할 권한은 있지만 사고를 규제하기 위해 폭력을 사용하는 것은 역효과를 낳는다. 이러한 가정을 차례로 살펴보자.

스피노자는 수십 년 전에 홉스가 제시한 국가가 평화를 위해 사람들의 신념을 규제할 권한이 있다고 주장한 견해를 대체로 수용했다. 종교적 갈등으로 뒤숭숭한 세상에 살았던 스피노자는 국가가 시민들에게 일종의 종교적 평화를 강요할 수 있다는 기본적인 주장이 터무니없거나 도를 넘은 것이 아니라고 믿었다. 하지만 동시에 한 사람의 마음은 다른 사람의 마음을 완전히 통제할 수는 없다. 우리가 아무리 많은 규제를 시행하더라도 다른 사람의 사고방식을 통제할 수는 없다. 그들은 보복이 두려워 대중 앞에서 자신의 생각을 표현하는 것을 자제할 수도 있고, 해야 될 말과 말하지 말아야 할 것에 대한 엄격한 통제로 인해 신중하게 행동함으로써 자신의 신념을 속일 수도 있다. 그러나 자신의 생각을 혼자만 스스로 고수하는 한, 국가가 그들의 마음을 바꿀 가능성이 거의 없다. 이 기본적인 자유, 즉 철학할 수 있는 자유는 타고난 능력으로 간주되며 완전히 규제하는 것은 불가능하다. 일부 사람들이 이를 시도했지만 실패했다. 또한 우리의 능력은 사고 자체에만 국한되지 않는다. 철학할 자유에는 상황에 대한 우리의 감정적 반응도 포함될 것이다. 우리는 국법(laws of the land)을 준수해야 할 수도 있다. 하지만 우리가 국법이 부당하다고 인식할 때, 부당한 사건이 전개되는 것에 대한 감정적 반응을 보일 때, 우리가 느끼는 대로 느끼고 생각하는 대로 생각하는 것을 방해받을 수 없다.

철학할 자유는 우리 스스로 생각할 수 있는 능력에 그치지 않는다. 국가는 우리의 생각과 감정에 따라 행동하는 것을 막을 수 있을지 모르지만, 스피노자는 자유 국가는 그렇게 할 수 없다고 주장한다. 자유 국가는 그 안에 사는 개인의 자유를 극대화하는 것을 추구하는 국가이기 때문이다. 홉스에게 안정과 안전이 사회계약 성립에 가장 최우선이라면, 스피노자에게 사회계약의 궁극적인 목적은 안정을 잃지 않으면서 자유를 극대화하는 것이다. 국가는 시민들이 자유로워지는 것을 막을 수 있지만, 그러면 더 이상 자유 국가가 아니며, 우리에게 선택권이 주어진다면 살지 않을 것이다. 우리를 두려움에 빠뜨리는 것은 단지 우리를 야수나 로봇으로 만들 뿐이며, 이는 분명 국가의 목적이 될 수 없다. 번영하는 삶을 허용하고, 확대된 이성을 위한 조건을 제공하고 분노와 증오의 감정을 감소시키는 것은 명실상부하게 모든 사회계약의 선(goods)이 분명하다. '그러므로 국가의 진정한 목적은 사실상 자유이다'(Spinoza, 2007). 자유 국가에 사는 시민의 정신과 신체의 발달과 관련하여, 스피노자가 쓴 용어로부터 분명히 드러나는 점은 그의 사회계약 이론에서 중요한 점이 개인의 안녕과 번영이라는 것이다. 이러한 번영과 자유는 가능한 많은 반대와 다양성을 허용하는 국가에서만 가능하다.

철학할 자유와 시위

비록 스피노자가 이런 용어로 표현한 적은 없지만, 항의할 권리가 철학할 자유의 일부라고 주장하는 것은 그의 사상과 완전히 양립할 수 있다. 이 비유가 적절한 이유는 두 가지가 있다. 첫째, 내가 방금 언급한 것처럼 철학할 자유는 전적으로 지적 활동이 아니다. 그것은 또한 감정과 감정의 영역, 즉 오늘날 철학자들이 정동(affect)이라고 부르는 영역과도 관련이 있다. 스피노자의 정동 이론(affective theory)은 이성을 열정보다 중요하게 여기지 않는다는 점에서 철학사의 많은 선구자들과 다르다. 홉스도 이러한 이론을 위한 길을 닦았지만, 가장 뛰어나게 표현된 공식은 스피노자의 사상에서 찾을 수 있다. 그는 『에티카(Ethics)』에서 이 용어를 다음과 같이 정의했다. '신체의 활동력을 증가시키거나 감소시키고, 보조하거나 억제하는 신체의 정념, 그리고 동시에 이러한 애정의 관념을 정동이라고 이해한다'(Spinoza, 1677/1996). 스피노자의 자유에서 신체와 마음은 분리되어 있지 않으며, 전자는 후자에 결정적인 영향을 미친다. 따라서 철학할 수 있는 자유는 최소한 신체적 욕구의 확장과 양립할 수 있어야 한다. 두 번째로, 신체의 자유는 사유의 자유를 위한 전제조건이기도 하다. 자유 상태는 다른 신체의 동등한 힘의 증가와 양립할 수 있는, 행동할 수 있는 신체의 힘의 최대 증가를 허용하는 상태이다. 따라서 스피노자의 정동적 자유 이론(Spinoza's theory of affective freedom)은 권력의 상승, 우리 신체로 무언가를 할 수 있는 능력의 증가, 그리고 권한 부여의 사회적 계약 중 하나이다. 4장에서 권력의 개념으로 다시 돌아가겠지만, 여기서 스피노자는 신체를 윤리 이론의 중심에 두고 있으며, 자유로운 신체의 결과로서 사상과 이성적 표현이 나온다는 점에 주목할 필요가 있다. 철학의 자유는 신체의 힘의 확장을 필요로 하며, 이 자유가 모든 사람에게 동등하게 공유되어야 한다는 점에서 국가가 허용하고 허용할 수 있는 만큼 신체가 발전할 수 있는 자유의 영역이 넓어야 한다. 스피노자가 자신의 의견에 대해 말하고 글을 쓸 수 있는 능력을 철학할 수 있는 자유에 포함할 때, 이것은 광장이나 거리를 포함한 공공장소에서 그렇게 할 권리를 포함해야 한다. 스피노자 자신이 이 주장을 직접적으로 하지는 않았지만, 그의 시대에는 집회와 연설의 자유를 위해 별도의 주장을 할 필요가 없었기 때문일 가능성이 높다. 17세기에는 지금보다 공공장소 사용에 대한 제한이 지금보다 적었고, 시위에 대한 행정적 금지나 이를 집행할 상설 경찰력도 없었다. 프랑스에서는 중세 시대부터 경찰력이 있기는 했지만 적어도 프랑스 대혁명 전까지는 국지적이고 드물게 존재했다(Rey and Féron, 1896). 스피노자는 자신의 철학적 의견을 공개적으로 표현할 필요가 없었다. 그 당시에는 이러한 유형의 표현에 대한 제한이 거의 없었기 때문이다. 그러나 경찰력, 대규모 동원, 평화적 시위의 권리가 당연시되는 현 상황에서 철학의 자유는 공공장소에서 자신이 원하는 것을 말할 수 있는 권리를 갖는 것으로 확장되지 않을 수 없다.

이것은 논쟁의 여지가 없다. 노란 조끼를 가장 격렬하게 반대하는 사람들도 거리에서 불만을 표출해서는 안 된다고 주장하지 않을 것이다. 그러나 그들은 노란 조끼가 오늘날 프랑스에서 합법적인 시위를 위해 요구되는 행정 절차를 따르지 않음으로써 종종 법의 맥락에서 벗어난 행동을 한다고 주장할 것이다. 여기에는 시위 주최자의 연락처, 시위의 목적, 장소 및 일정, 예상 참가 규모, 시위대가 당국과 대화하려는 경우 요구사항 등을 서한으로 제공하는 것이 포함된다. 행사 개최 최소 3일 전에 당국에 전달되어야 하는 이 서한에는 행사를 주최하는 협회 회장의 서명과 해당 협회 3인의 공동 서명이 필요하다(Service Public, 2019). 말할 필요도 없이, 노란 조끼와 같이 탈중앙화되고 위계적이지 않은 운동에서는 이러한 요건 중 일부를 충족할 수 없으므로 잠재적으로 법적 테두리를 벗어날 가능성이 있다. 프랑스 국가는 시위에 대한 법적 요건을 매우 엄격하게 규정함으로써 시민들이 합법적인 수단으로 불만을 표출할 수 있는 자유를 효과적으로 제한하고 있으며, 시민들에게 불법을 자행하거나 평화적 시위의 자유를 포기하도록 강요하고 있다. 따라서 프랑스 국가는 시민의 철학적 자유를 제한하고 있으며, 이러한 자유가 요구하는 바에 따라 공공장소에서 신체로 표현할 수 있는 자유를 제한하고 있다.

나는 이미 2장에서 프랑스 국가의 폭력이 시위대에게 어떤 영향을 미쳤는지 논의했다. 법 집행기관의 공권력 강화는 프랑스 정부의 의도적인 정책이다. 노란 조끼에 대한 반응이 너무 약하다고 판단되자, 파리 경찰청장은 시위대를 가혹하게 대했던 것으로 잘 알려진 디디에 랄망(Didier Lallement)으로 교체되었다. 2019년 2월, 랄망이 파리에 부임하기 직전에 그는 보르도의 시민자유협회(civil liberties association)로부터 맹비난을 받았다. 이 협회는 60페이지 분량의 보고서에서 랄망 지사가 '와인의 도시'에서 시위대와의 긴장을 고조시키기 위해 합법적·불법적인 수단을 모두 사용했으며, 그 결과 극적인 결과를 초래했다고 광범위한 증거와 함께 지적했다. 구체적으로 말하면, 이 보고서는 테러 용의자에게만 허용되었지만 이제는 법 집행기관에서 더 널리 사용되는 관행인 시위대에 대한 블랙리스트 구축을 확인했다(Observatoire Girondin des Libertés Publiques, 2019). 그의 임명은 시위대에 더 많은 폭력과 시민의 자유가 줄어들 것이며, 정부는 억압적인 정책을 지원하기 위해 불법적인 수단을 사용한 혐의를 받고 있는 사람을 승진시키는 것을 두려워하지 않는다는 강력한 메시지를 전달하기 위한 선택이었다. 시민 자유의 제한은 이러한 정부 정책의 직접적인 결과이다.

철학할 자유에 대한 이러한 제한은 프랑스 정부가 노란 조끼 운동의 규모와 강도를 제한하려는 시도를 넘어 더 광범위하게 확산되었다. 2019년 6월 28일, 프랑스에서 섭씨 45.9도(화씨 114.6도)로 6월 사상 최고 기온으로 기록하던 날 한 그룹의 시위대가 대중 행동을 벌였다. 도로를 막고 땅에 앉아 있던 멸종 반란 시위대(The Extinction Rebellion protesters)[1]는 진압경찰에 의해 후추 스프레이를 맞고 현장에서 강제로 해산되었다. 경찰이 한 시위자의 얼굴에 스프레이를 뿌리기 전에 시위자의 선글라스를 깨부수고 파괴하

---

1 [역주] 멸종 반란(Extinction Rebellion, XR)은 2018년 영국에서 시작된 환경 운동으로, 비폭력 시민 불복종을 통해 정부의 기후 변화 대응, 생물다양성 보호 및 사회적·생태적 붕괴 방지를 촉구한다. 이 운동은 런던 중심부 점거, 테임즈강 다리 봉쇄 등 다양한 행동으로 주목을 받았으며, 재산 피해를 유발하는 등의 방법으로 사회적 논란이 있었다.

는 모습을 영상으로 볼 수 있다. 시위대는 당국에 단 하루 전에 시위를 신고해 불법 시위가 됐고, 경찰은 무력 사용 의사를 두 차례나 경고하며 규정과 절차에 따라 진압을 진행했다(Bouanchaud, 2019). 한쪽은 행정 절차를 충실히 따랐고 다른 한쪽은 그렇지 않았기 때문에 항소는 불가능하다. 프랑스어로 '페트 드 라 뮈지크(fête de la musique)[2]'로 널리 알려진 하지의 밤에 낭트(Nantes) 인근에서 열린 자발적인(따라서 불법적인) 거리 파티가 경찰에 의해 해산되었다. 참가자들이 폭력적으로 공격을 당해 축제가 해산되었다. 14명의 시위자들이 강어귀와 매우 가까운 넓은 수역인 루아르 강(Loire)에 빠져 구조되어야 했다. 파티 참석자 중 한 명인 스티브 마이아 카니소(Steve Maia Caniço)는 끝내 집으로 돌아오지 못했다. 수영을 할 줄 몰랐던 이 청년은 경찰의 진압으로 익사했다. 이 두 가지 사례가 보여주는 것은 시민의 자유, 특히 자신의 의견을 표현하기 위해 자신의 신체를 사용할 자유로 이해되는 철학할 자유가 프랑스 국가의 탄압에 의해 위협받고 있다는 것이다. 정치적 의견이나 음악적 표현의 대중적 표현에 대해 점점 제한적인 조건을 제시하는 모든 국가는 의도한 범위를 훨씬 넘어서는 불의를 저지를 수밖에 없다. 이러한 제한을 정당화하는 데 사용되는 법률의 대부분은 실제로 테러 용의자에 대한 제한으로 시작하여 '폭력적인' 시위를 포함하도록 확대되었으며, 현재는 관료주의 국가의 제한에 부합하지 않는 모든 사람에게 광범위하게 사용되고 있다.

---

2 [역주] 이는 매년 프랑스에서는 1년 중 해가 가장 긴 하지인 6월 21일에 음악을 사랑하는 사람이라면 누구나 다 참여할 수 있는 전국적인 '음악 축제(La Fête de la Musique)'를 의미한다.

예외가 규칙이 되다

마크롱은 노란 조끼 시위가 시작되기도 전에 시민의 자유를 보다 더 광범위하게 공격했다. 그가 취임하면서, 그는 2015년 11월 13일 테러 공격[3]으로 선포되었던 국가비상사태를 계승했다. 비상사태는 719일 동안 지속되었으며, 알제리 전쟁 이후 가장 길었다. 이 법은 일반적으로 법원에 있는 의무와 권한을 내무부로 광범위하게 이전했다. 비록 2017년 11월 1일에 끝났지만, 그중 4가지 조치, 즉 거주지 감금, 행정 수색 영장, 보안 구역, 종교 시설 폐쇄가 프랑스 법에 포함되어 국가 보안 기구에 영구적인 권한으로 포함되었다(Adenor, 2017). 이러한 모든 조치는 이제 의미 있는 법적 근거 없이 순수하게 행정적으로만 가능하다. 또한 이러한 조치를 정당화하기 위한 입증의 책임이 매우 낮게 설정되어 있어 공공질서에 대한 위협으로 인식되는 것만으로도 충분하다. 공공의 자유는 비상사태가 발생하면 쉽게 박탈될 수 있으며, 이러한 권한이 임명된 장관이나 주 공무원이 아닌 판사에게 다시 이양될 것이라는 징후는 거의 없다.

조르조 아감벤(Giorgio Agamben)은 법질서의 새로운 규칙이 예외의 상태라는 개념을 처음으로 이론화했다. 혁명 프랑스 당시 질서 유지의 책임을 군 지휘관에게 넘기는 조치였던 '계엄령(state of siege)'에서 현대적 기원을 찾을 수 있는 이 예외 상태는 이제 정상적인 정치 수행 방식이 되었다. 이 조치는 헌법 제36조에 명시된 규정에 따라 현재 프랑스 제5공화국하에서도

3 [역주] 2015년 11월 13일 프랑스 파리 시내 7곳에서 발생한 총기 난사·인질극·폭탄 테러 사건이다. 이 사건으로 무고한 시민 130명이 사망했다.

여전히 존재한다. 근대 이전 사회에서 예외 상태는 존재했지만, 그것은 예외를 통해 단일의 특정 범법 사례를 정당화하기 위한 것으로 국한되었다(Agamben, 2005). 그러나 현대에서는 '불법적 합법(illicit licit)', 즉 법 자체에 의해 법이 정지될 수 있는 공간을 만드는 것을 목표로 한다. 이 예외 상태는 항시적으로 사용되고 있고 보통은 전시로 국한되었을 것이 평시에도 정치에 침투하고 있다는 점에서 현대적 맥락에서 역설적이다. 국가는 이를 정당화하기 위하여 끊임없이 '내부의 적'을 언급하며, 경제 개입과 사회 구조 조정을 정당화하기 위해 '예외 상태'의 법률을 사용한다. 크리스토프 카스타너(Christophe Castener) 프랑스 내무부 장관은 두 개의 경찰 노동조합이 이 조항의 발동을 요구한 후 프랑스 헌법의 포위 상태조항에 따라 군대를 소집하는 것을 배제하지 않았다고 말했다(Le Monde, 2018a). 그러나 비상사태는 이미 존재하고 있었으며, 마크롱이 집권한 이후 이미 특별 보안 조치가 일반 법안으로 통과되었다. 이는 마크롱이 지방을 방문하고 프랑스 전역의 선출직 공직자들을 만났던 대토론회 기간 동안 취해진 특별한 조치에서 잘 드러난다. 2019년 1월 18일, 마크롱은 제 조상 대대로 이어져 온 롯(Lot) 주에 있는 작은 마을인 쑤이약(Souillac)에서 옥시타니(Occitanie) 지역의 시장 600명에게 연설하기 위해 왔다. 인구 3,750명의 작은 마을인 쑤이약은 군사 지역이자 임시 요새로 탈바꿈했다. 대통령 방문 기간 동안 시위, 특히 노란 조끼의 시위는 엄격히 금지되었다(L'Obs, 2019). 문화 행사에 사용되는 지역 회관인 팔레 데 콩그레(Palais des Congrès) 주변에 10km의 경계선이 설치되었고, 저격수를 배치하기 위해 주민들의 집이 징발되었으며, 라스코

(Lascaux)의 신석기 시대 동굴과 접해있으며 몽테뉴(Montaigne)와 라 보에티(La Boétie) 같은 문학가들의 고향인 도르도뉴(Dordogne)까지 무장 경비병이 삼엄하게 배치되었다. 마크롱과 그의 전임자 올랑드 대통령 사이의 대조는 이보다 더 극명할 수 없다. 마크롱은 자신을 보호하기 위해 국가의 모든 무기를 필요로 한다. 반면 2015년에 나는 매주 20편의 항공(그중 16편은 파리행)이 운항되는 브히-브-라-갸이야흐드(Brive-la-Gaillarde) 지역 공항의 활주로에서 탑승을 기다리는 동안 프랑수아 올랑드 대통령과 우연히 만난 적이 있다. 사회계약의 개정은 프랑스의 군사화가 더욱 분명하게 드러나는 예외적인 상황에서 이루어졌다. 1장에서 논의한 바로 그 사회 질서의 무기인 LBD와 프랑스 경찰이 사용하는 두 개의 수류탄은 아감벤이 설명한 예외주의의 평범함을 증명하는 증거이다.

시민 자유에 대한 이러한 제한은 노란 조끼라는 특정 사례를 넘어 노동자의 전통적인 권리와 스스로를 정치적으로 조직하는 시민의 능력에 광범위한 영향을 미치고 있다. 2019년 5월 1일, 전통적인 노동절 시위에서 노동조합은 이전에는 경험하지 못한 대규모 경찰 폭력의 표적이 되었다. 프랑스에서 가장 유명한 노동조합 중 하나인 노동총연맹(CGT)이 파리에서 경찰과 흑인 진영 시위대 사이에 끼어들었다. 경찰의 공격을 받은 노동총연맹의 대표는 시위를 떠나야 했고, 이후 신원이 확인된 CGT 조합원에 대한 전례 없는 수준의 폭력 사태를 비난했다(Bouchez et al, 2019). 나의 사촌 중 한 명인 휴고(Hugo)는 과거에 노동자의 권리를 위해 싸웠던 사람들과의 연대를 보여주기 위해 시위에 참여했고 참혹한 이야기를 들려주었다. 자칭

'부르주아 보헴(bourgeois bohèm)'[프랑스어로 힙스터[4]에 해당한다]인 그는 기술 업계에서 관리직으로 일하며 정치적으로는 사회주의에 동조하는 사람이다. 매년 5월 1일, 그는 투쟁 중인 산업계와의 연대가 행진의 목적이 되는 축제 분위기 속에서 노동자의 권리를 축하하기 위해 행진에 나선다. 그러나 2019년 축하 행진은 악몽으로 바뀌었다. 그는 시위대들 사이에서 비록 극소수이긴 했지만 몇몇 노란 조끼를 목격했다고 회상한다. 몇몇은 최루탄을 예상해 일회용 마스크를 쓴 사람도 있었지만, 대부분 따듯한 봄날에 반바지와 치마 그리고 티셔츠를 입고 있었다. 시위가 끝날 예정인 이탈리아 광장에 가까워지자 휴고는 골목길 한쪽으로부터 새어 나온 비명을 들었다. 문제를 일으키지 않으려는 의도로 그는 다른 방향으로 향했지만, 앞을 가로막은 수많은 인파에 가로막혔다. 경찰은 그들의 길을 막았고, 이제 그들의 뒤쪽 길을 막고 옆길을 봉쇄하고 있었다. 수천 명의 다른 시위자들에 의해 가로막힌 채, 인간의 바다 속에서 그는 여러 차례 폭발음을 들었다. 폭력 시위의 베테랑이 아닌 그는 큰 폭발음을 듣고 놀랐고 당황하기 시작했다고 설명한다. 그러자 하늘에서 최루탄이 떨어지기 시작했고, 그

4 [역주] 힙스터(hipster or hipsterism)라는 용어는 'hop'이라는 속어에서 파생된 'hip' 또는 'hep'에서 유래하며, 이는 원래 1940년대의 재즈 열광자들을 가리키는 속어였다. 그러나 시간이 흐른 뒤 이 용어는 1990년대 이후의 특정 문화적 코드를 공유하는 젊은 세대를 가리키는 말로 변화했다. 현대의 힙스터는 대체로 20대와 30대의 독립적인 사고와 반문화 성향을 보이는 인물들을 의미한다. 이들은 일반적으로 채식주의나 비건 생활을 추구하며, 평화롭고 친환경적인 정치적 입장을 가진다. 이러한 특성들은 힙스터라는 집단이 어떤 방식으로 사회의 일반적인 흐름과는 별개의 문화적 역동성을 보유하고 있다는 것을 보여준다. 이들은 대중문화와 다르게 비주류의 문화적 표현과 가치를 중시하는 경향을 보이며, 이는 그들의 독특한 정체성을 형성하는 데 큰 역할을 한다.

중 하나가 그의 발에 떨어졌다. 주변 사람들도 당황하기 시작했고 최루탄을 피하기 위해 앞뒤로 뛰어다녔다. 몇몇 베테랑 시위대가 사람들을 진정시켰지만, 이 단계에서는 최루탄이 시위대의 눈을 멀게 하고 호흡기를 태우는 등 시야가 거의 확보되지 않은 상태였다. 그는 수류탄이 그의 발로 떨어지기 시작하면서 절대적인 두려움, 그의 삶에 대한 생명의 위협을 느꼈다고 당시 상황을 묘사한다. 공포에 휩싸인 수많은 시위대는 움직이지도, 숨을 쉬지도, 탈출하지도 못한 채 제자리에서 얼어붙었다. 그런 다음 예상했던 일이 일어났다. 경찰은 노동절 시위대를 기소했다. 한동안 — 아마도 30분 정도 휴고는 이 단계에서 시간 개념이 완전히 왜곡되었기 때문에 더 이상 확실하지 않다 — 그는 주변에서 무언가 부서지는 소리를 들었다. 경찰이 기소한 후, '블랙 블록'의 일원이었을 수도 있는 악명 높은 파괴자들이 그의 주위에서 작업을 시작했다. 그는 시위의 혼란 속에서 유리 조각 몇 개가 깨지는 소리를 들었다. 마침내 휴고는 진압경찰과 대면했다. 그와 그의 주변 사람들은 분명한 항복의 표시로 두 팔을 들었다. 경찰은 그들을 무시하고 지나쳤다. 그때 휴고는 자신이 최악의 탄압을 넘겼다는 것을 깨달았다. 그러나 그는 아직 완전히 벗어나지 못했다. 그는 서로 다른 시위 구역을 둘러싼 두 개의 경찰 저지선 사이의 무인 지역에 있는 자신을 발견했다. 그는 시위 도중 응급 물품을 나르는 자원봉사자인 거리 의료진의 도움을 받아 잠시 쉬고 있었는데, 그들이 있던 골목길에서 또 다른 수류탄이 터졌다. 이번에는 인파에 갇힌 것이 아니라 진압경찰이 진압봉을 들고 그들을 덮칠 것이라는 생각에 공황 상태가 다시 찾아왔다. 그는 일어나서 달려가 경찰 통제선을 빠져나갈 길을 찾았다. 공포는 끝났다. 그는 이 경험을 통해 급진적인 생각을 하게 되었다고 고백한다. 그는 2017년 대선 2차 투표에서 마크롱에게 투표했지만, 지금은 그가 투표한 대통령에 열렬히 반대하고 있다. 그는 축하하고 즐기기 위해 왔다가 충격을 받고 상황을 바꾸고 싶다는 동기를 부여받았다. 그의 특별한 경험을 넘어 이 에피소드가 보여주는 것은, 마크롱 정권하에서 노동자의 권리를 위한 시위가 점점 더 어려워졌다는 것, 또한 정부가 일반 시민의 경험을 부정하고 있다는 것이다. 노란 조끼를 입든 입지 않든 말이다. 모든 시위대를 적으로 간주하는 것은 대가가 따른다. 한 세대의 활동가들이 탄압으로 인해 급진화되고 있다. 만약 시위대 사이에 실제로 파괴자가 있었더라도 그들은 소수에 불과했다. 그곳에 있었던 모든 사람들에게 가해진 대량 처벌은 자유 국가에서 일어날 수 있는 일의 범위를 넘어선 것이다.

자유주의적 유토피아

시민 자유에 대한 이러한 제한이 극단에 맞서 중도의 수호자를 자처하는 자유주의적 대통령의 지도력 아래에서 일어나고 있다는 사실이 대부분의 관찰자들에게는 더욱 놀라운 일일 것이다. 마크롱은 2017년 마린 르펜의 극우 강령에 반대하여 당선되었을 뿐만 아니라, 노란 조끼 시위 기간 동안에도 정치적 극단에 반대하는 강령으로 그의 당의 유럽 선거를 치렀다. 마크롱은 명백히 자신의 특정 중도주의 브랜드를 위한 초기 캠페인으로 대토론회를 사용하였으며, 이는 부분적으로 노란 조끼 운동이 불러일으킨 사회적 불안의 덕을 본 것이다. 그러나 우리가 본 바와 같이 그의 정치는 국가 권력의 상승을 동반한다. 국가, 특히 경찰뿐만 아니라 선출직이 아닌 임명직 행정 관료의 권력 증대도 또한 동반한다. 이러한 권력의 관료화는 4장에서 더 자세히 살펴볼 것이지만, 여기서는 그것이 자유를 제한했고 자유주의적 권위주의라는 기이한 결합을 초래한 것은 분명하다. 자유주의 원칙과 권위주의적 통치의 증가 사이의 이러한 편의주의적 결합은 새로운 것도 아니고 모순도 아니다. 그러나 자유의 지지자로 추정되는 사람이 어떻게 이런 자유주의적 정책을 펼칠 수 있는지는 두고 봐야 한다.

마크롱은 경제적 의미에서 자유주의자이지만, 프랑스 사회에 자신의 경제적 개혁을 강요하기 위해 중앙집권화된 수단과 권력, 궁극적으로는 폭력을 사용하는 것을 주저하지 않는다. 그는 아마도 자유 시장의 경제적 요구와 사회 변화 및 정체성 정치의 진보적 목표를 결합한 자유주의적 진보주의자로 가장 잘 묘사되어왔을 것이다. 첫 번째로 말하자면, 시장 창출과 민영화 강요는 마크롱이 옹호하는 자유주의적 유토피아 유형의 조건을 만들기 위해 항상 사회적 세력의 진압과 국가 권력의 사용을 필연적으로 요구했다. 대처(Thatcher)의 철권통치이든, 피노체트(Pinochet)의 탄압이든, 옐친(Yeltsin)의 충격 요법이든, 자유주의적 유토피아를 추구한다고 해서 재산 소유자의 권리를 넘어서는 시민의 자유를 보호할 필요는 없다(Carr, 2016). 따라서 마크롱이 꿈꾸는 자유주의 질서는 세 가지 의미에서 유토피아다. 첫 번째 경우, 그것은 존재할 수 없고 어느 시점에도 존재하지 않았기 때문에 유토포스(u-topos, 어디에도 없음)의 의미에서 유토피아이다. 두 번째로, 그것은 사람들이 자신의 권리, 자유 및 성향을 침해하는 방식으로 행동하기를 요구한다는 점에서 불가능하기에 유토피아이다. 세 번째 의미에서 그것은 그 자체로 모순된다는 점에서 유토피아적이다. 이 세 가지 의미를 차례로 살펴보자.

토마스 모어(Thomas More)는 16세기 그의 책 『유토피아(Utopia)』를 집필할 때 그리스어 단어를 기반으로 장소가 아닌 가상의 섬 이름을 선택했다. 유토피아와 같은 장소는 없으며, 그 이후로 이 단어는 실제로 존재할 수 없는 이상적인 사회에 대한 공상적 사고와 동의어가 되었다. 그러나 유토피아에 대한 사고는 5세기 전과 마찬가지로 여전히 매력적이다. 우리는 무엇이 다를 수 있는지, 얼마나 우리가 우리 자신과 기관을 다르게 조직하고 그러한 변화를 실현하려고 시도할 수 있는지 꿈을 꾸지 않을 수 없다. 마크롱의 자유주의가 유토피아적이라고 해서 그 사실 자체로 세계(또는 적어도 유럽과 프랑스)를 더 나은 곳으로 만들겠다는 주장에 해를 끼치는 것은 아니다. 필리프 아스케나지(Philippe Askenazy, 2018)의 설명에 따르면, 마크롱주의는 프랑스에서 진보 세력과 자유 시장 정치 행위자들의 세력을 통합하려고 시도하는 움직임이다. 따라서 그것은 프랑스가 이전에 알고 있던 어떤 것보다 블레어(Blair) 및 클린턴(Clinton) 시대와 앵글로색슨(AngloSaxon) 세계의 정책을 더 연상시킨다. 사회적으로 진보적인 측면이 있지만 대처주의와 가장 유사하다. 특히 마크롱이 장려한 자유는, 스타트업 기술에 중점을 둔 기업가의 자유, 부유층(주로 이러한 스타트업에 투자하는)에 대한 세금 감면, 고용주가 가능한 한 적은 보상으로 직원을 해고할 수 있는 자유였다. 프랑스 클린

턴파와 블레어파는 이러한 조치가 성장을 촉진하고 부를 재분배하는 데 필요하다고 확신해왔다. 이것은 클린턴과 블레어 정부 수십 년 동안의 현실과 극명한 대조를 이룬다. 1990년대 말과 2000년대 초의 호황과 성장기에도 이러한 개혁은 사회적 불평등을 해소하는 데 큰 도움이 되지 못했으며, 오히려 그 기간 동안 불평등은 더욱 커졌다. 마크롱이 그토록 잘 상징하는 진보적 자유주의의 황금기는 이제 그 어디에서도 찾아볼 수 없다. 그들은 최상의 조건(글로벌 경제성장과 번영)에서도 진보적 약속을 이행하지 못했다는 점에서 분명히 유토피아적이다. 지난 10년간의 경제 침체를 감안할 때, 이러한 조건은 이상적이지 않으며 더 극적인 결과를 초래할 가능성이 있다. 마크롱의 자유주의 형태를 1990년대 러시아의 경제 침체 및 올리가르히의 부상과 비교하는 것은 그의 협력자들이 제안하는 창의적인 사고(blue-sky thinking)[5]보다 더 가까운 것일 수 있다. 피케티(Piketty, 2013)의 『21세기 자본(Capital in the Twenty-First Century)』에 자세히 설명된 것처럼, 제1차 세계대전 이전의 불평등 수준으로 돌아가는 것은 장기적인 경제 추세에 대한 이러한 분석을 더욱 확증한다. 노란 조끼 시위에서 볼 수 있는 사회적 긴장, 연금 및 복지 혜택 축소, 최고 부유층 순자산 급증은 탈냉전 시대의 유토피아적 낙관주의보다 경제적 자유주의의 암흑기를 더 연상시킨다. 만약 마크롱주의가 유토피아라면, 그 디스토피아(dystopia)의 그림자가 프랑스의 미래 위에 섬뜩하게 어른거리고 있다.

---

5 [역주] 이는 비현실적이고 수지타산에 맞지 않을 수 있지만, 브레인스토밍 단계의 창의적인 아이디어를 의미한다.

만약 유토피아가 실패한다면 그 이유는 우리가 하는 것과 상반되는 행동을 그들이 우리에게 요구하기 때문이라고 비평가들은 말한다. '인간 본성에 위배된다', '비현실적이다', '이론적으로는 좋지만 실제로는 나쁘다' 등 유토피아는 실제로 지켜지지 않는 특정 행동을 요구한다는 이유로 공격을 받는다. 따라서 소비에트 유토피아는 원칙적으로는 아름답지만, 인간의 이기심과 자기 과시에 대한 욕구를 단순히 설명하지 못하는 수준의 자기 부정과 집단 의식을 요구했다. 마크롱주의 유토피아도 마찬가지로 인간이 실제로 하는 일에 상반되는 행동을 요구한다. 여기서는 자유에 대해 논의하고 있으므로 이 개념에 집중해 보겠다. 첫 번째로, 마크롱은 시민들이 시위하고 집회할 자유가 있음에도 불구하고 이러한 자유를 행사하는 대신 변화에 대한 마크롱의 특정 의제에 대한 저항을 자제해 달라고 요구한다. 공화국의 질서 유지라는 명분에 따라 시위대들은 기물 파손자, 야만인, 파괴자, 훌리건으로 함께 분류된다. 이러한 수사는 우리가 지금 장과 이전 장에서 살펴본 폭력의 형태로 그들의 운동에 대한 특히 가혹한 국가 탄압을 정당화했다. 위에서 보여주었듯이, 노란 조끼, 기후 운동가, 노동자 권리 옹호자 또는 단순한 음악 애호가의 경우를 통틀어 축소되고 있는 것은 철학할 자유다.

그러나 비현실적으로 제약을 받고 있는 것은 '선등자(lead climbers)'들의 자유이기도 하다. 가장 부유한 사람들에 대한 세금 감면으로 동료 시민들을 더 높은 곳으로 끌어올리는 마크롱주의 경제 모델은 국제 금융 및 비즈니스 관행에 맞지 않는 민족주의적 수사에 의존하고 있다. 가장 부유한 사람들, 특히 수백만 유로 이상 또는 그 이상의 자산을 가진 사람들(소위 상위 1%로 불리는)이 프랑스 경제에 머물면서 새로운 세금 감면을 프랑스 경제에 투자할 것이라는 생각은 기껏해야 순진한 생각으로 보인다. 졸업생의 대부분이 프랑스 고위 공무원, 고위 정치인 및 CEO가 차지하는 프랑스 공공 행정 교육의 최고봉인 국립행정학교를 졸업한 마크롱이 이데올로기적 이유로 이 유토피아적 비전에 집착하지 않았다면, 이것이 사실이라고 믿었을 가능성은 없다. 자본 소유자의 자유는 그들이 원하는 곳에 투자할 수 있는 자유를 의미하며, 가장 높은 수익은 구유럽(Old Europe)의 침체된 경제, 심지어 진보적 자유주의자 아래 있는 프랑스에서도 찾을 수 없다. 마크롱주의는 가장 부유한 시민 못지않게 가장 낮은 임금을 받는 노동자들의 실제 존재 행동에 대해서도 많은 개혁을 요구한다. 우리가 밑바닥에 있으면서 우리의 사회적 이익과 이익이 사라져가는 것을 보든지, 아니면 꼭대기에 있으면서 국가 밖에서 성장의 기회를 보든지 간에 우리의 이기심을 버리라는 유토피아적 요구를 하고 있다. 트리클-다운 경제학에 대한 모든 이야기에도 불구하고, 그러한 모델은 여전히 절망적인 유토피아적 모델에 불과하다. 왜냐하면 세금 감면 및 기타 재정적 혜택을 받는 가장 부유한 개인과 기업의 실제 행동을 설명하지 못하기 때문이다.

특정한 마크롱식의 자유주의도 그 자체로 모순된다. 특히 노동시장 개혁과 같은 여러 정책을 예로 들 수 있다. 프랑스 고용 계약의 자유화는 마크롱의 진보적 수사가 보호하겠다고 약속했던 가장 취약한 노동자들에게 직접적인 영향을 미쳤다. 만일 고용주가 더 쉽게 계약을 변경하거나, 정당한 이유 없이 직원을 해고하거나, 육아휴직이나 시간제 근로 알선과 같은 사회적 혜택을 줄일 수 있다면 이러한 사회적 혜택에 의존하는 사람들을 위한 자원이 적어질 것이다. 고용주의 변덕이 직원의 복리후생과 안정성의 주요 원천인 경우, 특히 경제성장이 강하지 않거나 또 다른 경기 침체가 나타날 때 바닥을 향한 경쟁이 일어날 가능성이 가장 높다. 아스케나지(2018)가 지적했듯이, 마크롱이 선거 운동 기간 동안 끌어들인 LGBT 그룹과 여성과 같은 사회 집단은 정체성 기반 혜택을 약속하는 그의 사회 진보적 수사에 이끌린 경제 개혁 제단의 제물이 되었다. 그리고 그들의 고용 안정이 가장 먼저 사라지면서 경제정책 개혁의 첫 번째 희생자가 되었다. 개혁의 약속은 '균등한 기회, 경제성장, 낮은 실업률'이었지만, 현실은 불안정한 경제 상황, 심화되는 불평등과 차별이다. 아스케나지(2018)가 주장한 것처럼, 이러한 사악한 결과는 '균등한 기회를 가로막는 장애물이 아니라 오히려 이 목표를 달성하기 위한 필요 조건' 들이다. 특히 소수자와 가장 취약한 노동자에게 어떤 영향을 치는지 등 이러한 보호에 관한 개혁의 결과가 너무나 잘 알려진 경우, 평등은 뒤따르지 않을 가능성이 높다. 그리고 마크롱주의는 다수의 승자는 없고 다수의 패자만을 양산하고 있다.

마크롱주의는 프랑스 국가가 고용주이자 주요 산업의 자본 소유자로서 후퇴하는 것과 동의어이지만, 동시에 강력한 안보 제공자로서의 귀환을 예고하기도 했다. 시민 자유의 수호는 자유주의 유토피아 개혁의 제단에서 필연적 희생의 대상이다. 왜냐하면 사회 세력은 반격하지 않고서는 자신의 조건이 악화되는 것을 결코 받아들이지 않을 것이기 때문이다. 프랑스를 투자자와 국제 자본에 보다 매력적인 시장으로 변화시키기 위해 마크롱은 사회적 혜택을 유지하고자 싸울 자국민을 탄압할 필요가 있다. 연금 개혁, 공공 자산의 민영화, 사회적 시위의 제한 등은 모두 이를 시행하기 위해 더 큰 국가를 필요로 한다. 적어도 개혁과정의 첫 몇 년 동안은 그렇다. 대처가 민영화와 광범위한 사회 개혁을 시행한 경험도 비슷한 사례이다. 철의 여인이 집권한 지 7년이 지난 1986년이 되어서야 GDP 대비 공공 지출이 그녀가 집권한 1979년 수준 이하로 떨어질 때까지 기다려야 하는 등 공공재정의 막대한 대가를 치렀다(Rogers, 2013). 마크롱의 개혁도 비슷한 격변에 직면할 가능성이 높으며, 세금 감면에도 불구하고 공공 지출이 증가하여 공공부채 수준이 높아질 것이라는 분명한 징후가 보인다. 경제생활에서 국가의 후퇴는 반드시 과도기 동안의 국가 역할 증대를 부른다. 이 모순은 강력한 것이며 오늘날 진보 진영과 자유 진영 양자 모두에서 마크롱을 지지하는 모든 사람들을 불쾌하게 만들 것이다. 보다 진보적인 국가를 바라는 사람들은 시민의 자유가 축소되고 불평등이 심화되는 것에 실망할 것이며, 더 강력한 자유 시장과 낮은 수준의 국가 개입을 원하는 사람들은 개혁 시행에 따른 공공부채의 증가에 실망할 것이다. 마크롱은 그를 집권하게 한 진보주의자와 자유주의자 모두를 만족시킬 수 없을 것이다. 그는 그의 정치의 내부 모순으로 인해 양자 모두를 소외시킬 가능성이 크다.

적극적 자유

자유(liberty)는 개인이 타인으로부터 간섭을 받지 않는 단순한 자유

(freedom) 그 이상이다. 대중 시위에 참여하고 자신의 의견을 공개적으로 표현할 적극적 권리는 현대 국가의 기본권으로 간주된다. 국가가 이러한 자유를 제한하면 할수록 자유는 그만큼 줄어들게 된다. 역사적으로 자유에 대한 적극적인 개념은 정치공동체가 스스로를 통치하고 결정을 내릴 수 있는 능력과 연관되어왔다. 한 국가의 정치가 외부 세력의 간섭에 의해 좌우되거나 제한되지 않는다면 적극적 의미에서 국가는 더욱 자유롭다. 노란 조끼 시위 기간 동안, 반복되는 주제는 프랑스 국가가 다국적 자본주의와 유럽 연합 회원 자격으로 인해 행동이 제약받고 있다는 것이었다. 이 두 가지 주장은 모두 경제적 정의를 다룰 때 다시 다루겠지만, 여기서 다루어야 할 적극적, 국가적 자유 개념에 대한 중요한 질문을 제기한다.

자유에 대한 소극적 개념에 대해 가장 큰 목소리를 내는 옹호자인 이사야 벌린(Isaiah Berlin)에게도 적극적인 자유는 특히 민족해방 운동에서 중요한 역할을 했다(Berlin, 1969). 한 국민이 군사적, 정치적 또는 경제적 점령과 종속을 통해 다른 사람의 지배를 받을 때, 그들은 독립적으로 행동할 자유가 부족하다. 노란 조끼는 시위 중에 프랑스 국기를 휘날리거나 유럽기를 끌어 내릴 때 이러한 자유의 부족을 분명히 암시한다. 프랑스가 세계은행이나 IMF 규칙 때문에, 또는 브뤼셀과 유럽 기관의 굴레 아래 있기 때문에 프랑스가 그 사업에 제한을 받는다는 생각은 사회 운동 내 널리 퍼져 있는 대중적 믿음이다. 프랑스 정치인들이 긴축 조치를 정당화하고 공공서비스 상태를 저하시키는 데 앞장서 왔음을 감안한다면 이런 일이 벌어진 것은 그리 놀라운 일이 아니다. 노란 조끼의 주요 인물들은 각자 다양한 정치적 성향을 보이지만, 그 지지자들 사이에서는 마린 르펜의 국민전선(前 국민연합)이 가장 인기를 얻었다. 한 여론 조사에 따르면 지지자들의 최대 44%가 국민전선을 지지한다고 한다(Houeix, 2019). 국민연합은 국제 엘리트에 대항하여 민족해방이라는 수사를 가장 많이 사용하는 반체제 정당이다. 운동의 주요 의견은 아니겠지만, 인민 전체를 제약하는 세력에 대한 반감을 암시하는 것이다. 중요한 것은 2019년 5월 유럽 선거에서 노란 조끼 운동이 기권 유권자의 재정치화에 기여했다는 점이다. 길뤼(Guilluy, 2016)가 지적한 것처럼 소도시(인구 10만 명)가 주를 이루는 농촌 지역은 연료비 상승의 영향을 가장 많이 받는 지역이며, 노란 조끼의 지지가 가장 높은 지역이다. 이 지역에서는 인기가 높지 않았던 유럽의회 의원 선거에서 기록적인 투표율을 보였으며, 국민연합은 집권당인 전진하는 공화국(La République en Marche)을 제치고 1위를 차지했다. 민족해방으로서의 자유는 사회 세력에게 강력한 동기를 부여한다. 우리는 4장에서 국가 엘리트들이 국제기구에 적극적으로 참여하고 있음에도 불구하고 표면적으로는 국제기구에 반대하여 이러한 민족적 정서를 어떻게 고의적으로 이용했는지 살펴볼 것이다. 유럽 엘리트들이 자국의 정책 문제에서 브뤼셀을 비난하는 위험한 게임은 2005년 프랑스에서 유럽회의론이 부상하고(Jeanbart, 2005) 모든 주요 정당 내에서 존재하는 브뤼셀의 힘에 대한 불만이 제기되는 극적인 역효과를 냈다.

집단적 정체성은 국가적 차원에 국한되지 않으며 노란 조끼는 종종 시위 중에 자신의 형형색색의 지역 깃발을 날리는 것을 매우 자랑스러워한다. 중앙 집권 국가인 프랑스에서 지역의 지방정부는 중요한 역할을 하지만 상대적으로 권한이 미미하다. 2015년 지방정부의 최근 구조 조정에도 불구하고 경쟁적인 역량을 가진 4개 수준의 거버넌스 — 꼬뮨, 인터꼬뮨, 데파르트망, 레지옹 — 사이에서 분할되는 지방정부는 종종 지역의 관심사나 정체성과 분리되어 있다. 프랑스는 지역 감정과 중세적 경계를 허물고 통치 과정을 합리화하기 위하여 대혁명 기간에 의도적으로 데파르트망으로 재편되었다. 그 결과 주민들은 속한 지역과 행정 단위에 의하여 분열되어 왔으며 일부에서는 여전히 한 단계의 통치를 폐지하자는 논의가 전개되고 있다(Blairon, 2015). 혁명적인 합리화 기간 동안에 파리 중앙 엘리트가 일방적으로 부과한 기준인 데파르트망은 명백한 희생양이다. 물론 지역적이고 인기 있는 시장이 있는 꼬뮨은 위협을 받지 않고 있으며 시간의 흐름에도 잘 견뎌내고 있다. 브리타니(Britanny)나 코르시카(Corsica) 지역의 깃발은 노란 조끼의 다양한 시위에서 정기적으로 목격되었다. 프랑스에서 가장 강력한 생명력을 지닌 이 두 지역 정체성은 최근 수십 년 동안 인기를 얻고 있는 고유한 언어를 통해서 지지를 이끌어낼 수 있었다. 공립학교에서 모국어를 가르칠 수 있는 자유는 소속감에서 오는 적극적 자유의 한 예이다. 모든 프랑스 인민에게 프랑스어를 강요한 지 수십 년이 지난 이후 이는 파리 엘리트들에 대항하는 정치적 저항의 표시로 보인다. 모든 지역 정체성이 이러한 특정 요구를 하는 것은 아니다. 지역 정체성의 다른 표시들이 또한 다른 곳에서 찾아볼 수 있다. 핏빛 붉은 깃발에 12개의 황금 별이 그려진 오크 십자가, 하늘색과 붉은색 새끼 사자 위에 황금빛 백합 무늬가 그려진 체크무늬 피카르디 깃발, 노르망디 정복자 윌리엄의 이름을 딴 두 마리의 사자 파상 등 지역 정체성을 나타내는 다른 상징도 있지만 지역 자치에 대한 명확한 요구가 없는 경우도 종종 있다. 수도에 살거나 그랑제콜에서 공부하거나 명문 회사에서 일하는 것이 성공의 척도가 되는 나라에서 지역 출신에 대한 자부심은 저항의 표시로 여겨질 수 있다. 프랑스 헌법 제1조는 프랑스를 지방분권 국가라고 규정하고 있지만[6], 실제로는 서구 민주주의 국가 중 가장 중앙집중화된 국가 중 하나이며, 지역 정체성의 부활은 대도시 중심의 행정부에 대한 저항의 한 형태이기도 하다. 특별히 반동적이거나 프랑스 국가로부터 독립을 추구하려는 것이 아닌, 지역적 특수주의는 대도시 엘리트들의 중앙집권적 통치에 반대하는 주변부 주민들의 결집된 외침으로 인식되고 있다. 경제 침체와 기회 부족이 지배적인 지역에서는 글로벌화된 자본과 대도시의 지배가 파리 대도시를 제외한 프랑스 전역을 포괄하는 프랑스어 용어인 '앙 프로방스(en province)'에 사는 사람들에게 불의한 것으로 인식된다. 5장에서 경제적 정의에 대해 논의할 때 살펴보겠지만, 지역 정체성은 세계화의 혜택에서 소외된 지역이 도움을 요청하는 외침으로 가장 잘 인식된다.

---

6 [역주] 「프랑스 헌법」 제1조는 다음과 같이 규정하고 있다. ① 프랑스는 불가분적, 비종교적, 민주적, 사회적 공화국이다. 프랑스는 출신, 인종 또는 종교에 따른 차별 없이 모든 시민이 법 앞에서 평등함을 보장한다. 프랑스는 모든 신념을 존중한다. 프랑스는 지방분권화된 조직을 갖는다. ② 법률은 남성과 여성이 선출직 및 그 임기 그리고 직업적, 사회적 책무에 동등하게 접근하도록 한다.

결론

자유는 근대 정체와 시민의 필수적인 요구이다. 스피노자주의 사회계약은 더 이상 외부 위협으로부터의 안보가 리바이어던의 유일한 관심사가 아니라 자유가 국가의 목표가 될 것을 요구했다. 이 자유는 앞서 살펴본 바와 같이 철학할 자유이며, 사회적 세계 속에서 살아가는 신체의 자유로 이해된다. 신체는 사회생활에 참여하고 사회 운동에서 자신을 표현할 수 있는 능력을 통해 대중 앞에서 자신을 표현할 수 있는 자유를 요구한다. 이러한 자유가 없다면 국가는 억압적인 기계일 뿐이며, 자유를 제한하려는 어떠한 시도도 그 범위가 제한적이더라도 일반적으로 사회 전체로 확산된다. 자유에 대한 제한은 처음에는 테러 방지법에 의해서만 허용되었지만, 노란 조끼 운동을 계기로 자유에 대한 제한이 빠르게 확대되어 이제는 다른 활동가 또는 필요한 서류를 작성하지 않고 공공장소를 이용하고자 하는 사람들을 위협하고 있다. 관료주의 국가의 폭력은 점점 더 증가하고 있으며, 그것의 총체적인 요구는 끝이 보이지 않는다. 이것은 예컨대 국가에서 민주적으로 달성할 수 있는 것이 무엇인지에 대한 질문을 제기한다. 적극적 자유의 요구는 시민으로 구성된 정치체가 스스로를 조직해야 한다는 요구이기도 한다. 4장에서는 이 중요한 개념을 살펴볼 것이다. 완전히 민주화된 국가 없이는 어떤 자유도 완전할 수 없다. 여기에는 경제를 공적 지배하에 두어야 한다는 것을 포함한다.

4. 민주주의

민주주의에 대한 모든 논의에서 우리의 개념이 고대 그리스인, 특히 아테네인에게 크게 빚지고 있다는 점은 자명한 사실이다. 민주주의라는 단어 자체는 인민과 권력을 뜻하는 데모스(demos)와 크라토스(kratos)에서 유래하며, 인민의 통치 혹은 고대에 인민의 다수를 형성한 가난한 사람들의 통치로 종종 번역된다. 그러나 이를 그대로 따르면 보기보다 문제가 많다. 크라토스라는 용어 자체는 위력이나 힘, 용감한 행동이나 폭력, 권력이나 지배를 의미할 수 있다. 누가 데모스로 간주되는지도 마찬가지로 의견 불일치와 비일관성으로 가득 차 있다. 고대 그리스인들은 현지에서 태어난 자유(노예가 아닌) 성인 남성만을 시민으로 간주했다. 그러나 오늘날에는 여성과 일부 외국에서 태어난 시민도 동일한 특권과 의무를 누릴 자격을 갖게 되면서 시민권 개념은 더욱 포괄적이 되었다. 우리는 이 두 가지 개념, 즉 권력과 인민을 차례로 다루면서 이것이 사회계약에 어떤 의미를 갖는지 관심 있게 살펴볼 것이다.

민주적 사회계약

철학의 유서 깊은 개념인 사회계약 이론은 고대 그리스에 그 뿌리를 두고 있다. 플라톤의 대화편 『크리톤(Crito)』에서 소크라테스는 자신이 사형 선고를 받아들일 때의 장점과 몇 푼의 준비된 뇌물을 사용하면 가능한 아테네를 탈출할 때의 장점에 대해 그의 친구와 논쟁을 벌인다. 소크라테스는 자기 개인의 결과에 상관없이 국법을 준수해야 하는 도덕적 의무를 주장한다. 소크라테스의 주장은 시민을 공동체에 구속하는 것이며, 정치적 의무보다는 도덕적 의무로 인식된다. 아테네라는 도시가 소크라테스를 지금의 소크라테스로 만들었고, 그것이 죽음을 의미하더라도 그는 아테네를 배신하지 않았다. 이러한 도덕주의는 현대적인 정체에 적용하기 어렵고 현재와 같은 노란 조끼 위기에도 어울리지 않는다. 그러나 소크라테스의 주장이 보여주는 것은 민주주의가 법적 또는 물리적 강제력을 넘어서는 힘을 그에게 발휘했다는 것이다. 민주주의는 시민들에게 종종 자신의 이익에 반하는 조건을 받아들이게 하는 도덕적 힘을 주장한다.

2천 년의 휴면기를 지나 제네바의 철학자인 장 자크 루소(Jean Jacques Rousseau)의 사상에 와서야 비로소 민주주의의 근대적 개념이 가장 명확히 표현되었다. 루소는 자신의 『사회계약론(Social Contract)』에서 민주적 권력의 한계를 묘사하고 이러한 한계를 계약적인 언어로 설명한다. 그러나 홉스나 스피노자와 달리 그 제네바 시민에게 중요한 것은 권리문제와 안전지대의 확립이 아니라 국가의 도덕적 지위와 국가 권력의 근원이다. 그의 말처럼 문제는 각 구성원의 권리를 최대한 보존하는 결사의 방식을 찾는 일이다.

개인에게 부여된 양도할 수 없는 권리, 특히 재산권의 방어를 주장한 로크와 같은 보다 자유주의적 이론가와 달리, 사회계약 문제에 대한 루소의 해결책은 각 구성원과 그의 권리들을 공동체로 완전히 양도하는 것이었다 (Rousseau, 2001). 루소는 오늘날에도 여전히 유효한 근본적인 질문을 던짐으로써 사회계약의 중요성을 제기한다. 어떻게 하면 함께 사는 동안 가능한 한 많은 자유와 권리를 보존할 수 있을까? 홉스는 안전을 위해 자유는 희생되어야 하므로 우리는 하나의 선을 다른 하나의 선과 교환한다고 답했다. 스피노자는 홉스의 의견에 동의하면서 국가가 가능한 한 많은 자유를 보호하지 않으면 국가는 자유롭지 못할 것이라는 경고를 덧붙였다. 루소는 한 걸음 더 나아가 모든 권리는 공동체에 종속되며 공동체는 민주적 방식으로 운영될 것이므로 이러한 권리의 포기를 악용하지 않고 결사의 비용을 가능한 한 적게 하는 것이 모두에게 이익이 된다고 주장했다. 따라서 루소의 사회계약론은 민주적 통치에 대한 그의 옹호에 기반을 두고 있다. 이러한 민주적 통치가 없다면, 사회계약은 무효가 된다.

루소에게 사회계약의 본질은 더 많은 권력을 창출하는 것이다. 개별적으로 보면, 사람들은 그들의 특정한 의지, 욕망, 욕구가 서로 대립하기 때문에 효과적으로 행사할 수 있는 권력이 거의 없다. 홉스는 이것이 자연 상태의 딜레마라고 이미 결론을 내렸지만, 루소에게 그것은 더 큰 사회에서 함께 사는 개인들의 딜레마이다. 루소는 자연 상태를 다루면서 정교한 결사의 방식을 인류 역사에서 배제했다. 그는 인간이 고독한 피조물이며 종종 인간 결사의 가장 기본적인 방식으로 간주되는 가족 단위조차 그 자체로 인위적이라고 생각했다. 그가 꿈꾸는 인간 모형은, 18세기에 동남아시아를 탐험한 유럽인들에 의해 그 존재가 보고되었고, (루소가 추측하기에) 오로지 번식 목적을 위해서만 자기 종의 다른 동료와 만나는 영장류인 오랑우탄에 더 유사하다. 루소의 인류학적 고찰은 우리 종인 호모 사피엔스(homo sapiens)가 언제나 이미 집단으로 존재했던 것 같기에 그다지 정확하지는 않지만, 그 결론은 여전히 우리와 관련이 있다. 가장 기본적인 것에서부터 가장 복잡한 것에 이르기까지 결사의 모든 형태는 구성되고 개혁될 수 있다. 근대적 인간의 결사체로서 국가의 목적은 함께 행동하기 위해 공동체의 권력을 확장하고, 민주적 방식으로 결정된 공동선을 위한 목적을 지향하는 것이다.

루소는 이 공동선을 일반의지, 즉 사람들의 욕망이 한데 모여 행사되는 것으로 표현한다. 이 개념 자체는 해석과 오해의 여지가 상당하다. 루소의 설명에 따르면 사람들이 민주적 틀 안에 함께 모일 때 그들은 권력 행사에 참여하는 대가로 자신의 특정한 권리와 이익을 모두 양도한다. 시민들이 함께 모여 공화국이라 불리는 공동체를 수립하며, 이 공동체는 모든 구성원에 대한 최고의 권력을 갖게 된다. 루소는 공동체의 의지에 순응하도록 공동체가 구성원들을 강제로 자유롭게 만들 수 있다고 주장하는데, 이는 루소의 이론에서 가장 문제가 되는 부분일 것이다. 20세기 전체주의 정권의 전조로 여겨지는 이 강제된 자유는 루소의 이론 중 가장 많이 논의되는 부분 중 하나이다. 하지만 이러한 사고는 오늘날까지도 여전히 우리 사회에 남아있다. 루소의 주장은 정치공동체 또는 공화국 권력의 능동적 부분인 주권에 관한 장에서 제시된다. 그의 주요 진술에 따르면 사람들이 회합하여 결정을 내릴 때, 즉 그들이 공동의 의지를 행사하고 미래를 위한 길을 선택할 때, 그들의 결정은 국가의 전권으로 집행된다는 것이다. 현대 국가는 가장 자유주의적인 형태라 할지라도 그다지 다르게 행동하지 않는다. 일단 주권자에 의해 결정이 내려지면 시민은 이에 복종할 의무가 있고, 그렇지 않으면 주권적 권력의 결과에 직면하게 된다. 프랑스 국가가 노란 조끼 시위대가 시위할 수 있는 지역을 제한하기로 결정하면서 도심이나 주요 대로에 대한 접근을 금지했을 때, 그들은 주권적 권력을 행사하고 있었고 강제로 시민들을 자유롭게 만들고 있었다. 또는 적어도 일부의 자유를 제한함으로써 다른 일부의 자유를 강요하고 있었다.

바로 여기에 루소가 설명한 권력의 주요 문제가 있다. 루소는 누군가를 강제로 자유롭게 만들기 위해서는 그 사람이 나중에 자신에게 강제될 결정을 내리는 과정에 참여했어야 한다고 전제했다. 만약 한 시민이 모든 시민의 자유에 제한을 가하는 결정을 집단적으로 내리는 집회에 참여하는 경우, 그 시민은 정치체의 결정에 구속된다. 노란 조끼가 이의를 제기하는 것은 현대 프랑스에서 그리고 더 나아가 현대 국가에서 의사결정의 민주적 성격이다. 시민 집단이 서로 다른 세 가지 정치적 성향(우파, 좌파, 중도)의 정부를 세 번에 걸쳐 연이어 가졌고, 그 정부들 모두가 시민의 생활 수준을 향상시키는 데 태만했을 때, 시민들이 의사결정에서 시민들 자신의 역할에 의문을 제기하는 것은 정당한 일이라고 그들은 주장한다.

발의권 되찾기

따라서 놀라움이 없지는 않으나 '시민 발의 국민투표(référendum d'initiative citoyenne; RIC)'가 사회 정의와 마크롱의 사임을 주장하는 노란 조끼의 특정한 요구들에서 핵심적인 요구사항이 되었다. 시민 발의에 의한 국민투표는 루소가 공화국의 민주주의를 위해 요구한 모든 조건을 충족한다. 그것은 특권층이나 이미 권력을 가진 사람들만이 아니라 모든 시민에게 열려있다. 따라서 발의권이야말로 엘리트의 의제 설정 권력을 부분적으로 인민에게로 되돌려줌으로써 권력과 의지의 영역을 열어준다. 그리고 국민투표야말로 현대 국가에서 정치에 참여하는 가장 직접적인 형태이다. 나중에 시민권 개념을 다시 다룰 예정이므로, 지금은 발의권과 이어서 국민투표 개념에 초점을 두도록 한다.

발의권은 노란 조끼 시위에서 벌어지고 있는 일을 설명하는 핵심 용어이자 민주주의 증진을 위한 그들 요구의 초석이다. 무언가를 시작하고, 변화를 주도하며, 이를 수행하는 새로운 방식을 도입하기 위한 권력은 권리를 박탈당했다고 느끼는 사람들에게 매력적인 개념이다. 발의권은 또한 개인과 정치적 결사 이면에 있는 원동력으로서 숙고와 의지의 즉각적인 결과물이다. 노란 조끼 시위가 시작되었을 때, 발의권은 온라인 청원과 시민 생활에 새로운 규칙을 부과하는 것에 항의하는 광범위한 운동에 대한 촉구에서 비롯되었다. 프랑스 국가는 국도의 제한 속도를 낮춤으로써 교통사고를, 새로운 유류세로써 기후 변화를 막아 시민들을 더 안전하게 만들 수 있다고 주장한다. 그에 맞서 노란 조끼는 정부를 물러서게 하고, 그럼에도 불구하고 이러한 매우 현실적인 위협에 대처하기 위해 다른 조치를 취할 것을 요구하면서 발의권을 되찾았다. 이 점에서 노란 조끼가 실패한 이유는 이후에도 계속되도록 그들의 발의권을 제도화하지 않은 점에 있다. 하지만 그것은 불과 몇 달 만에 생겨난 풀뿌리 사회 운동에 지나치게 많은 것을 요구하는 것이다. 초기의 동기는 분명히 반응적이었지만, 그렇지 않을 수 없었다. 발의를 제안할 수 있는 권한은 현재 존재하지 않으며, 시민 발의 국민투표에 대한 요구는 이미 이 운동의 가장 시급한 과제가 되었다. 프랑스에는 이미 대중적인 국민투표의 한 형태가 존재하며 2019년에 처음으로 사용되었다. 그것은 공동 발의 국민투표(프랑스어로 RIP; Référendum d'initiative partagée)로서 파리 공항을 민영화하기 위해 국민의회의 의결에 따라 실시되었다. 공동 발의 국민투표는 공식 청원을 시작하기 위해 현재 프랑스 의회 의원 925명 중 최소 185명의 서명을 받아야 하며, 다음으로 유권자의 10%인 약 470만 명이 서명해야 한다. 이 글을 쓰는 시점에 첫 번째 공동발의 국민투표는 시민 서명의 2%를 약간 넘는 정도(100만 명이 조금 넘는)만을 모았기에 목표치에 도달하기 어려울 것으로 보였다(Service Checknews, 2019).[1] 말할 필요도 없이, 현재 공동발의 국민투표에 대한 제한은 발의권의 광범위한 사용을 배제하려고 의도적으로 설정되었으며, 그리고 그 제한은 이 과정을 시작하는 데 책임이 있는 의원의 역할보다 시민의 역할을 훨씬 낮게

1 [역주] 국민투표를 위해서는 프랑스 헌법재판소가 제시한 9개월의 기간 동안, 즉 2019년 6월 13일부터 2020년 3월 12일까지 유권자 약 470만 명의 서명이 필요했다. 그러나 해당 요건 미달로 국민투표는 결국 실시되지 못했다.

설정하고 있다. 반면에, 시민 발의 국민투표는 의사결정 권한을 시민들에게 확고히 부여함으로써 공항 민영화보다 민심에 더 직접적으로 와닿는 결정과 개혁을 시민들이 제안할 수 있게 할 것이다.

국민투표 자체는 현대 정치에서 전체 시민을 온전하게 참여시키기 위해 우리가 발견한 몇 안 되는 방법 가운데 하나이다. 물론 선거는 시민참여를 요구하는 가장 일반적이고 널리 퍼진 방법이지만, 기껏해야 의사 결정 과정에서 한 발짝 떨어져 있는 단계일 뿐이다. 시민들은 자신을 위해 결정을 내릴 대표자를 선택함으로써 정치에 적극적으로 참여하는 것이 아니라 정치에 참여하는 자를 선택하는 데 참여하고 있다. 현대 정치는 최선의 상태일 때도 그 자체로 민주적이지 않으며 오히려 시민이 자신의 이익을 위해 의사결정을 내리는데 가장 유능하다고 생각하는 사람(그리스어로 aristos, 최고)을 선출한다는 의미에서 오히려 귀족을 민주적으로 선출하는 것이다. 이 시스템에 장점이 없지는 않지만 — 국가 수준에서 내려야 할 모든 결정에 참여하는 것은 시간이 많이 걸리고 종종 지루할 것이기에 — 이에는 시민의 직접 참여라는 민주적 요소가 결여되어 있다. 프랑스 제5공화국은 국민투표에 빈번히 의존했다. 직접적인 시민참여의 요소를 정치에 정확히 가져오기 위함이었다. 이는 아마도 인민이 결정에 직접 참여함으로써 인민의 의지가 결정된다는 점에서 유일하게 진정한 민주적 요소일 것이다. 헌법에 따르면 국민투표는 법률, 헌법 자체의 변경 또는 새로운 국가의 유럽연합 가입을 승인하기 위해 부의될 수 있다. 이 결정들을 위한 다른 절차도 가능하지만 말이다. 제5공화국의 첫 번째 국민투표는 드골이 직접 발의하여 인민이 새로운 헌법을 승인하도록 한 것이었고, 마지막 국민투표는 2005년 유럽 헌법 설립에 관한 실패한 국민투표였다. 61년의 제5공화국 기간 동안 10번의 국민투표가 있었고 지난 15년 동안 국민투표가 실시되지 않았기 때문에, 국민투표는 헌법 변경을 위한 입법 수단으로는 그리 널리 사용되지 않았다. 가장 논란의 여지가 있는 것은 마지막 국민투표의 결과가 크게 무시되었다는 점인데, 유럽 헌법 규정이 명칭만 바뀌었을 뿐, 리스본 조약에 통합되어 다시 국민투표에 부치지 않고 2008년 의회에서 통과되었기 때문이다. 인민이 잘못된 답을 선택하면, 정치 엘리트는 인민 의지를 무시하고 그들을 대신해 결정을 내리는 방법을 가지고 있다 — 강제로 인민을 자유롭게 만들기 위해.

물론 의사결정의 한 요소로서 국민투표와 관련된 문제도 있다. 제기된 질문은 누가 결정하는가? 국민투표 이후 효과적인 행동 방침은 어떻게 결정되는가? 어떻게 기술적인 문제를 찬반 투표로 답할 수 있는가? 투표율이 낮으면 국민투표가 유효하다고 할 수 있는가? 국민투표는 현대의 정치적 병폐에 대한 만병통치약이 아니며, 이러한 문제 중 일부는 국민투표가 정치적 의사결정에서 더 큰 역할을 하기 위해 해결되어야 할 정당한 질문을 제기한다. 그러나 국민투표에 반대하는 많은 주장은 기술적 해법으로 처리될 수 있을 이러한 기술적 문제를 중심으로 전개되지 않는 것 같다. 예를 들어, 의제를 결정하는 절차를 정하거나, 단순한 찬반투표보다는 선호투표와 같은 더 복잡한 투표제도를 사용하거나, 국민투표가 효력을 갖기 위한 최소 참여 기준을 설정하는 등의 해법이 있을 수 있다. 하지만 국민투표에 대한 대부분의 반대는 국민투표가 인민에게 너무 많은 권력을 부여한다고 암시하는 것 같다. 인민이 올바른 선택을 할 것이라고는 믿을 수 없다는 주장이 종종 제기된다. 2005년 유럽헌법에 대한 프랑스의 결정이든, 영국의 브렉시트 투표든, 동거 커플과 동일한 세율로 기혼 커플에게 세금을 부과하지 않기로 한 스위스의 결정이든(BBC News, 2019), 유권자들이 단순하게도 현대 세계의 복잡성을 이해하지 못한다는 가정이 깔려 있다. 이는 민주주의의 후퇴로 가는 특히나 위험한 경사면으로 보인다. 시민들이 의사결정에 덜 참여가 아니라 더 많이 참여해야 한다는 루소의 제안은 민주주의의 적들에 맞서는 가치 있는 방어벽처럼 여겨진다.

입법자

루소는 정치공동체의 시작인 공화국의 기원은 위대한 인물인 입법자에게서 그 근원을 찾아야 한다고 제안했다. 입법자라는 직책을 맡으려면 정치인이 아니거나 최소한 정치 공직에서 사임하거나 외국인이어야 한다. 입법자는 지속되는 정치 질서를 수립하는데, 그들이 그 직위가 가진 권력, 부, 명성에 관심이 있어서가 아니라, 오히려 미래 세대의 감사함을 위해 그런 세속적인 재화들을 희생할 준비가 되어 있기 때문이다. 따라서 입법자는 정치 과정 자체와 분리된 신에 유사한 존재이며 일반적인 인간을 능가하는 미덕을 갖고 있다. 실제로 루소는 고대인들이 신에게 의지한 것은 입법자의 권위를 신성에 근거를 두려는 시도였으며 오늘날 우리는 이러한 잠재적 호소력을 상실했다고 추측한다. 건국 인물의 신적인 지위가 없으면,

공화국은 필연적으로 그 기원을 의문시하고 법률과 헌법을 변경하려는 시도를 맞게 된다. 입법자만이 확고하게 공화국을 세울 수 있기에 루소는 이를 위협으로 보았지만, 나는 그것을 기회로 읽을 것을 제안한다. 안정적인 공화국을 위해서는 신적인 근거가 필요하며 그러한 이야기는 현대 세계에서 더 이상 믿기 어렵다는 루소의 말은 옳다. 신이 없다면 애초에 사회계약을 수립하는 새로운 과정이 필요하며, 민주주의가 정치질서의 초석이 되어야 한다는 루소의 통찰이 여기서 그 출발점이 된다.

루소는 입법자를 다른 사람, 곧 정치가에 의해 작동되는 기계를 발명하는 한 명의 기계공에 비유했다. 그러나 이는 현대 세계에서는 통하지 않을 낡은 구식 모델이다. 오늘날에는 더 이상 한 명의 기계공, 발명가 또는 디자이너가 새로운 제품을 개발하지 않는다. 매일 우리가 사용하는 제품의 디자인과 완성을 위해 수십, 수백, 수천의 사람들이 기여하고 있다. 따라서 루소의 비유를 적용하자면, 우리에게는 공화국의 발명을 위한 디자인 팀이 필요하다. 입법자는 남자일 필요가 없으며, 루소가 가정했듯이 입법자가 한 사람일 필요조차 없다. 하지만 그 과정에 더 많은 시민이 참여함으로써 얻을 수 있는 것은 많다. 공화국에 대한 집단적 설계는 민주적 정서를 새롭게 할 가능성이 될 수 있으며, 한동안은 마크롱이 제안한 사회계약 개정을 위한 집단행사인 대토론회가 이러한 기능을 할 수 있을 것처럼 보였다. 그러나 이 기회는 명백히 사라졌다. 첫 번째 예로, 이 토론에 시장들만이 직접 참여했다. 시장은 프랑스에서 가장 인기 있는 정치인임이 분명하지만, 지역의 유대관계를 유지하며 종종 정당 충성도를 뛰어넘어 투표로 선출되고 공직에 머무르기에 여전히 대표직을 맡고 있을 뿐 그들 자체가 인민은 아니다. 고대 아테네에서나 배심원제 국가에서는 여전히 흔한 추첨식 임명이었다면, 시민이 그 과정에 더 직접적으로 참여할 수 있었을 것이다. 두 번째 예로, 대토론회의 결과는 대통령과 대통령실에 의해 압축되고 선별되고 제작되었다. 루소의 기준으로 보더라도 이는 입법자의 운영 방식이 될 수 없다. 정치 공직으로부터의 독립은 이 대토론회의 전제조건이며, 특정 정책 결과와 입법 의제의 추진에 관심이 있는 자에 의한 그 통제는 사회계약에서 이러한 시도가 요구하는 것을 거의 생산할 수 없다. 세 번째이자 마지막으로, 이 대토론회는 정의상 현대 정치 생활과는 거의 양립할 수 없는 미래에 대한 비전을 요구한다. 오늘날의 정치 과정은 다음 선거 결과, 집권 정당의 변화, 단기 이익과 깊은 관련이 있는 반면, 입법자의 입법 과정은 정의상 미래에 시선을 두어야 한다. 따라서 입법자는 정치에 직접 관여하지 않고 현대 정치에서 흔히 볼 수 있는 단기주의와 정파적 충성심으로부터 독립된 시민 집단이 될 수 있다. 그들은 국가 전체를 대표하여 수행한 업무를 바탕으로 루소가 구상한 대로 특권적 지위의 위임으로서 헌법에 대한 변경을 제안할 수 있을 것이다.

그럼에도 불구하고 전반적으로 인민에게는 신적인 권위가 부족하기에 입법자에 대한 그러한 확대된 개념조차도 사회계약을 수립하기 위한 영구적인 자격을 기대하지 못할 수 있다. 이 사회계약은 아무리 해도 임시적이며 개정이 필요할 것이다. 현재의 헌법을 작성한 과거의 위대한 정치가들처럼 인민도 인간적인 실수나 미래의 도전에 대한 선견지명의 부족으로부터 자유롭지 않기 때문이다. 1장에서 주장한 것처럼, 성인이 되어 완전한 시민이 되었을 때 모든 시민이 참여하는 계약에 문자 그대로 그들이 서명하게 하는 것은 아무리 가장 작은 국가라도 비현실적이다. 그렇다고 해서 사회계약이 모든 세대에 걸쳐 적용될 수 없다는 말은 아니다. 현대 정치 조직은 일반적으로 4~5년마다 선거를 치른다. 입법자의 활동은 상당히 부담스러울 것이기 때문에 — 몇 년은 아니더라도 몇 개월에 걸쳐 그 이상은 아닐지라도 수천 명의 시민이 국가의 헌법 질서에 대한 변경을 설계해야 한다고 상상해보라 — 그 활동이 덜 자주 수행될 것이라고 가정하는 것이 합리적일 것이다. 대략 한 세대에 해당하는 20년에 한 번씩 국가의 헌법적 필요를 개정하기 위해 그러한 과정이 수행된다고 추측하는 것이 어떨까? 제5공화국 치하의 프랑스에서 이것은 세 번의 입법자 과정을 의미했을 것이다. 즉 제5공화국 수립 20년 만인 1978년, 1998년, 그리고 2018년이 그에 해당할 것이다. 2018년 11월에 시작된 노란 조끼 시위가 마크롱 하에서 집행 및 행정 권력이 강화되는 기간이 아니라 헌법적 권력을 개정하는 맥락에서 일어났다면 완전히 달라졌을 것이다. 각 세대의 변화하는 요구에 맞게 국가를 형성할 수 있는 기회를 시민에게 주는 것은 적어도 정치 과정에 참여하는 느낌을 줄 것이다. 새로운 헌법 자체 또는 기존 헌법의 변경은 국민투표 기간에 투표에 부쳐질 수 있으며, 각 변경 사항에 대해 별도의 투표도 있을 수 있다. 루소의 입법자는 공화국의 존립을 위한 일생에 한 번뿐인 사건에서 벗어나 정치체에 활력을 불어넣는 지속적인 과정으로 전환할 수 있을 것이다.

어떤 사람들은 필요에 따라 정치 체제를 갱신하고 변경하는 것, 즉 변화하는 상황에 따라 국가 헌법을 변경하고 수정하는 것이 이미 정치인의 소관이라고 주장할 수 있다. 그러나 이는 민주주의의 본질과 일반의지에 대한 루소의 중요한 지적을 오해하는 것이다. 인민이 계속해서 다른 사람에 의해 대표되고 정치 생활에서 발의권이 없다면 인민이 무엇을 원하는지 우리는 명확하게 알 수 없다. 단지 더 많은 국민투표를 실시하는 것만으로는 사회계약의 본질에 관한 문제가 완전히 해결되지는 않을 것이다. 반면 입법자의 제도는 정치 생활의 영구적인(산발적일지라도) 특징으로서 더욱 포괄적인 조직 방식이다. 루소는 정치 생활의 민주적 특징을 고려하기에는 여전히 너무 귀족적이었지만 — 입법자에 대한 그의 모델은 스파르타의 리쿠르고스(Lycurgus)[2]였다 — , 그러나 상황이 오늘날 극적으로 변했다. 지난 한 세기 동안 의무교육이 일반화되었고, 온라인 소스를 통해 지식에 접근하기는 쉽고 저렴해졌으며, 문해력도 보편적으로 높아지고, 대중이 정치에 참여하면서 오늘날 현대 국가의 상황은 18세기 후반과 매우 달라졌다.

집단 지성은 장점이 없는 것이 아니며, 헌법 변경에 대한 민주적 선택과 통제에 따라 독단을 막는 기준을 충족할 것이다. 만일 다음과 같이 조건이 충족되면 — 정치인 수준에서 말하자면 입법자에 참여하는 자에게

2 [역주] 리쿠르고스는 스파르타의 전설적인 입법자로서 공동체적이고 군국주의적인 개혁으로 스파르타를 고도로 훈련되고 강력한 도시 국가로 만들었다고 알려져 있다. 이 개혁안에는 토지의 균등 분배, 시민 간의 완전한 평등, 화폐로 금은 사용의 폐지 등이 있다. 또한 일곱 살이 된 어린 소년을 가족과 분리시켜 공동 막사에서 생활하며 엄격한 군사 훈련과 교육을 받게 한 아고게(agoge)라는 교육제도 또한 그의 작품으로 알려져 있다.

적절한 보수를 지급하고, 추첨을 통해 엄격하게 선출하며, 개정안에 대한 투표를 독립적으로 실시하고, 공개 토론과 언론의 관심이 공정성과 공평성을 위해 엄격하게 규제되어야 할 것이다 — 이 과정은 우리가 알고 있듯 정치 생활을 바꿀 수 있을 것이다. 그것은 확실히 시민 집단에 변화를 실현할 수 있는 힘을 부여하고, 모든 시민이 입법자의 제안을 수용할지 거부할지를 결정할 수 있는 권한을 부여할 것이다.

권력

민주주의에 대한 논의에서 권력에 대해 한 가지 더 고려해야 할 중요한 사항이 있다. 권력은 다양한 방식으로 정의될 수 있다. 스티븐 룩스(Steven Lukes, 2004)가 주장하듯이 권력에는 (적어도) 세 가지 차원이 있다. 우선, 권력은 그렇지 않았다면 하지 않았을 무언가를 누군가에게 하도록 만드는 능력으로 정의될 수 있다. 이것은 개인과 사람들의 집단 모두에 똑같이 적용될 수 있으므로, 일단의 진압경찰이 시위대가 특정 거리로 가는 것을 막을 때 이 일차원적 권력을 볼 수 있다. 그곳에 경찰이 없었다면 시위대는 거리로 나갔을 것이고, 따라서 그러지 못하게 막는 것은 시위대에게 권력이 행사되고 있는 것이었다. 이차원적 권력은 다른 사람들이 뭔가를 하도록 하는 것과도 관련이 있지만, 첫 번째를 보완하는 또 다른 형태의 권력으로 의제 설정이 추가된다. 마크롱과 그의 팀이 대토론회의 결론을 작성했을 때, 그들은 의제 설정에 참여하고 있는 것이다. 200만 명의 참여를 작은 문서로 압축하는 것은 필연적으로 우선순위의 설정을 수반하며 그 자체로 권력 행사이다. 마지막으로 룩스에게는 삼차원적 권력이 있다. 이 세 번째 차원은 앞의 두 가지 차원을 기반으로 해서 다음을 추가한다. 즉, 실제로는 우리의 이익에 반하는 특정의 관념이나 신념 또는 물적인 것들을 우리가 자신도 모르는 사이에 그것이 가치 있다고 여기도록 일부 권력의 형태가 우리의 선호를 형성한다는 것이다. 종종 이데올로기(ideology)로 불리는 이러한 형태의 권력은 특정하기가 가장 어려운 권력이다. 이것은 학교와 대학교에서 행해진다. 예를 들어 프랑스에는 유치원부터 바칼로레아(Baccalauréat)까지 '시민 여정(parcours citoyen, citizen journey)'이라는 범주 아래 분류되는 시민권 수업이 있다. 이는 젊은 시민들을 특히 자유, 평등, 세속주의, 생태주의와 같은 공화국의 가치에 맞게 — 다양한 수준에 걸쳐 성공적으로 — 만드는 것을 목표로 한다. 하지만 이러한 가치 중 하나가 여러분의 물질적 이해와 충돌하면 어떤 일이 벌어질까? 노란 조끼 시위를 촉발한 예를 들자면, 정부가 생태적 가치를 정당화하는 새로운 유류세를 도입하여 출근하거나 쇼핑가거나 자녀를 통학시킬 수 있는 능력에 부정적 영향을 미치게 될 때, 어떤 일이 벌어질까? 물론 새로운 법이 부과하는 새로운 제한에 맞게 생활 방식을 조정할 수 있다. 그러나 교통수단으로 자차(自車)를 대체할 수 있는 실질적인 대안이 없고, 직장과 가까운 주택의 임대료나 집값을 적당한 예산으로는 감당할 수 없는 농촌이나 도시 근교 지역 사람들은 음식, 의복 또는 휴가를 갈 수 있는 능력과 같은 다른 삶의 영역들을 희생해야 한다. 여러분이 물질적 이익에 반하는 이데올로기를 받아들이고 있다고 룩스가 말할 때, 그의 의미는 다음과 같은 것이다. 즉 생태적 가치가 여러분의 삶을 더 어렵고 덜 부유하게 만드는 것을 기꺼이 받아들일 정도로, 여러분이 그 가치를 내면화하도록 권력이 여러분에게 행사되고 있다는 것이다. 말할 필요도 없이, 노란 조끼에 생태적 가치를 주입하는 것은 원하는 효과를 내지 못했다. 저항은 거셌고, 그것은 룩스가 논의하지 않은 권력의 네 번째 차원을 고려할 수 있는 길을 열어준다.

푸코(Foucault)는 권력을 고정물 즉 제도나 사람에게 귀속될 수 있는 속성으로 보는 전통적인 권력 분석은 권력이 행사되는 그 이면의 역학을 일부 놓치게 되는 것으로 여긴다. 그는 현상에 대한 분석에서 권력을 가진 것은 더 이상 정부, 교육제도 또는 교도소가 아니라, 권력이 행사되는 사람들의 신체와 이들 사이의 관계이다. 교도소의 맥락에서, 푸코(1991)는 수감자들의 신체와 그들이 위치한 기관들 사이의 이러한 관계에 대한 미시물리학을 수행하고 있다고 주장했다. 권력은 우리가 소유한 어떤 것이기보다는 전략에 더 가깝다. 권력은 특정 인물과 정치기관에 귀속된 것이기보다는 행동 계획에 더 가깝다. 권력의 행사는 사람들에게 무언가를 하게 하거나 의제를 설정하거나 이데올로기를 형성하는 것뿐만 아니라, 권력의 행사를 받는 사람들이 권력에 저항하는 방식에 관한 것이기도 하다. 따라서 권력은 피라미드의 꼭대기에 있는 사람들이 갖고 있고 다른 사람들에게 행사하는 어떤 것일 뿐만 아니라, 사회의 모든 수준에 스며들어 있으며 (비록 동등하지는 않지만) 감시 및 통제 전략의 대상이 되는 사람들에 의해 행사되는 것이기도 하다. 교도소와 관련해 푸코는 그러한 권력 방식의 가장 좋은 예가 아마도 벤담의 파놉티콘(panopticon)일 것이라고 주장한다. 교도소를 개혁하기 위해 이 공리주의 사상가가 판매하려고 했던 모든 것을 보는 교도소 프로젝트인 이 파놉티콘은 죄수들에게 권력을 행사하려는 시도이지만, 이것이 전부는 아니다. 그것은 또한 죄수들이 그들 자신에게 권력을 행사할 것을 요구한다. 언제나 교도관이 죄수의 일거수일투족을 관찰할 수 있다는 파놉티콘의 전제는 관찰당하는 자들이 자신의 의지로 행동을 바꾸도록 하는 것이다. 권력은 이런 의미에서 부정적일 뿐만 아니라 긍정적이고 창의적이기도 하다. 권력은 특히 규율을 만들고, 이전보다 덜 잔인하고 더 인도적인 처벌 방식을 가능하게 한다.

파놉티콘은 푸코에게 있어 현대 권력관계의 건축학적 모델이다. 권력의 전체 전략은 언제든지 볼 수 있다는 잠재력에 달려 있으므로, 수감자의 가시성이 여기에서 핵심이다. 벤담이 교도소가 아닌 현대 도시에 널리 퍼져있는 이러한 모델을 설계한 것은 상당히 예언적이다. 폐쇄 회로 텔레비전(CCTV) 네트워크가 있는 도시는 모든 것을 보는 파놉티콘의 눈과 같은 역할을 하는 전형적인 예이다. 노란 조끼의 전략은 그들이 숨지 않고, 사실상 명시적으로 보여지기를 원한다는 점에서 독특하다. 노란색이라는 높은 가시성을 지닌 조끼에 대한 인식이 핵심이다. 규율의 한 전략으로서 가시성을 권력의 도구로 사용하려는 시도는 시위대에 의해 완전히 뒤바뀌었다. 푸코는 권력이 행사되는 사람들은 항상 권력 형태를 역으로 행사할 수 있고, 그들을 규율하려는 사람들에게 저항할 수 있다고 강조했다. 극도의 가시성을 만들어내는 물질적 대상으로서 노란 조끼 자체는 권력을 소유하고 있다고 생각하는 자들의 권력 전략을 전복시키는 데 이용된다. 프랑스의 랩 아티스트 엠씨 솔라(MC Solaar)는 1997년 자신의 앨범 '낙원(Paradisiaque)'에서 형광색 옷을 입음으로써 섞이게 될 가능성을 상정한 바 있다. 현대 세계의 혼란스러운 도시에서는 숨으려고 하며 검은색 옷을 입는 것보다는 노란색 옷을 입고 자신을 드러내는 것이 더 쉽게 섞이며 눈에 띄지 않을 수 있다. 노란 조끼의 가시성은 일반적으로 권력이 행사되는 자들에 의한 전복적 권력 행위로, 권력이 일방통행이 아니라 반발과 저항을 낳는다는 것을 보여준다.

따라서 권력의 네 번째 차원은 저항의 차원이다. 푸코의 미시물리학이 시사하는 것처럼 권력은 약간은 전류와 비슷하게 작동한다. 전력이 존재하려면, 두 극(음극과 양극) 사이에 저항이 필요하다. 그래야만 전류가 실제로 한 노드에서 다른 노드로 이동할 수 있다. 저항이 없으면 전류가 비활성 상태에 있게 되기 때문이다. 사회 환경에서도 이런 비유가 작동하는 것처럼 보인다. 그 저항이 아무리 비효율적으로 보이더라도 권력은 저항이 있을 때만 행사된다. 권력의 성공적인 전략은 저항을 거의 일으키지 않지만, 저항이 전혀 없다면 지금 일어나고 있는 일이 권력 행위인지 의심스럽다. 우리는 2장에서 저항이 폭력의 본질적인 부분이며 권력에도 똑같이 적용될 수 있음을 보았다. 사실, 권력의 행사와 폭력의 행사는 많은 경우 구분하기 어렵다. 그러나 권력은 폭력이 없이도 행사될 수 있기에 둘이 같은 것은 아니다. 신체에 강압이 가해지는 순간에 권력은 폭력이 된다. 권력이 전략의 수준으로 제한되고 아직 물리적 또는 도덕적 힘으로 강제되지 않을 때 권력은 폭력적인 화신과 여전히 구별된다. 앞서 2장에서 주장했듯이 사실상 권력은 폭력이 있게 되리라는 위협에 의존한다. 그러나 폭력에 전혀 의존하지 않는 권력도 있다. 권위에서 나오는 권력에 이런 요소가 있다. 우리가 어떤 주제에 대해 권위자와 상의할 때, 우리는 그들이 우리에게 폭력을 행사할 가능성을 주는 것이 아니다. 그렇지만, 그들의 조언, 생각, 지혜가 우리 자신보다 우월하고 다른 방식으로 행동하도록 우리를 설득할 수 있음을 우리가 받아들인다는 점에서 우리는 그들에게 권력을 주고 있다. 그러나 지적인 환경에서 흔히 볼 수 있는 일 — 특히 저자의 권위를 통해 폭력 없이 권력을 부여하는 것 — 은 정치 영역에서는 유례를 찾아볼 수 없다. 폭력 없이 권력은 행사될 수 있지만, 정치에서는 폭력의 위협이 항상 이미 존재하고 있다.

권력이 행사되고, 전략화되고, 폭력의 위협으로 뒷받침되는 정치 세계에서 수용될 수 있는 권력의 한계가 무엇인지, 그리고 저항이 언제 정당화되는지에 대해 성찰하는 것은 더욱 필수적이다. 민주주의에서 인민은 결과에 동의하지 않더라도 최소한 의사 결정 과정의 정당성에 동의하는 정도까지는 권력을 가지고 있어야 한다. 권력의 네 번째 차원, 즉 권력이 행사되는 사람들의 저항 능력을 뜻하는 이러한 차원에는 어떤 정당한 표현이 있다는 것에 일반적으로 동의할 것이다. 예를 들어, 노동의 성과를 고용주가 가져가지 못하도록 파업을 이용하는 것은 허용된다. 거리에서 행진하여 정책이나 정부에 대한 반대를 표명하는 것은 허용된다. 특정 운동이나 그 목적에 공감을 보여주는 의복을 착용하거나 물건을 소지하는 일은 허용된다. 그러나 2019년 7월 14일, 일부의 노란 조끼들은 운동에 대한 대통령과 장관들의 탄압에 항의하기 위해 샹젤리제 거리와 그 주변에서 시위 금지를 무시하고 노란 조끼를 입는 대신 노란 풍선을 들고 국가 기념행사에 참석했다. 그들은 군 지휘 차량을 타고 도로를 지나가는 대통령을 향해 야유를 퍼부었고, 일부는 불법 시위를 조직하고 반항했다는 이유로 체포되었다(AFP, 2019). 이러한 제약은 기성 질서가 부과한 규율을 준수하지 않는 정치적 반대자들을 침묵시키려는 시도로 보지 않을 수 없다. 노란색 자체만으로도 체포될 수 있고 일반인이 정치적 표시를 하는 것이 금지된다면, 민주주의자들이 매우 소중히 여기는 표현과 결사의 자유는 매우 큰 위협에 처하게 된다.

시민을 위한 국가

민주주의에 관한 이 장에서 우리가 논의해온 인민이란 누구일까? 인민의 통치는 민주주의가 무엇인지에 대한 진부한 문구일 수 있지만, 인민 자체나 더 넓게는 시민권 개념에 대해 논란이 없는 것이 아니다. 제라르 누아리엘(Gérard Noiriel, 2018)이 주장하듯이, '인민'과 '노동계급'(프랑스어로 각각 'le populaire'와 'les class populaires') 사이에는 차이가 있다. 따라서 '인민'은 빈민이나 극빈층뿐만 아니라 최상위층과 중간층도 포함하며, 한마디로 '인민'은 시민 전체로 정의된다. 따라서 이에는 외국인뿐만 아니라 미성년자와 같이 아직 완전한 의미의 시민권을 취득하지 못한 사람과 죄수와 같이 특권을 상실한 사람 등의 비시민권자는 제외된다. 따라서 현대 국민국가에서 시민은 시민으로 간주되는 모든 사람을 포함하는 점에서 포괄적이고, 국가 외부에 있거나 어떤 이유로 국가에서 배제된 사람들을 상대로 정의되는 점에서 배타적이기도 하다. 그러므로 마르세예즈를 노래하는 등과 같이 노란 조끼 시위에서 국가에 대한 특권 부여를 운동의 한 세부 요인으로 여기는 것은 실수일 수 있다. 그것은 운동의 공동체 측면에서 핵심에 해당하지만, 오히려 노란 조끼는 프랑스인이라는 점을 제외하면 공통점이 거의 없다. 이들은 국가적 연대와 재분배 시스템을 믿지만, 이를 실패한 것으로 보고 있다. 이들은 또한 지역적 정체성을 가지고 있지만, 그들의 복지에 대해 책임이 있는 국가의 시민이자 국민이다. 물론 그렇다고 해서 이것이 직계 집단(immediate group), 즉 국가 집단 외부의 연대를 배제하지 않는다. 때로는 프랑스와 벨기에 노란 조끼들 사이에 연대가 보였고, 노란 조끼 시위에서 스페인 국기가 휘날리는 것을 목격할 수 있었고, 다른 국적들 사이의 연대도 확인할 수 있었다. 우리는 5장에서 경제적 정의의 노란 조끼 모델에서 국제주의가 배제되지 않는다는 것을 알게 될 것이다. 그러나 이 운동의 핵심은 국가적이다. 이들은 다른 국가들이 자신들을 구제해 줄 것으로 기대하지 않는다. 시민 복지의 주된 책임이 여전히 자국에 있기 때문이다. 이러한 맥락에서 프렉시트(프랑스의 유럽연합 탈퇴)의 산발적 언급이나 유럽 국기의 상징적 철거에 대한 이해가 가능할 것이다. 구원은 브뤼셀이나 스트라스부르에서 자기 멋대로 재화를 분배하는 멀리 떨어진 엘리트들에 의지해서는 찾아지지 않으며, 시민의 권리와 복지에 대한 접근은 국가 수준에서 그리고 국가와의 구체적인 동일성을 통해 보호되어야 한다.

따라서 노란 조끼는 모든 수준의 프랑스 인민을 참여시킨 점에서 대중

(popular) 운동이다. 저소득 노동자부터 소규모 기업가에 이르는 사람들이 노란 조끼의 대부분을 형성했고, 이러한 시위대의 행동으로 일상에 지장을 받은 도시 거주자들이 추가되었고, 분노의 분출과 적절한 시위 장소에 대한 관습이 깨짐으로 인해 샹젤리제 거리에서 토요일 쇼핑이 중단된 고소득자들과 세련된 상류 부르주아 계급이 추가되었다. 실제로 이 운동의 가장 큰 문제 가운데 하나는 도심과 시내의 배타적 중심지에서 시위를 금지하는 경찰의 단속을 받아들이지 않은 점이었다. 아마도 그것은 부에 대한 세금인 연대 부유세(l'impôt de solidarité sur la fortune)의 폐지로 혜택을 받은 사람들에게 시위대의 행동이 그들에게도 영향을 미친다는 것을 알리고자 했던 운동의 열망이었을 수도 있고, 또는 시위대의 행동이 쉽게 통제될 수 없다는 것을 보여주고 불복종하려는 단순한 의지였을 수도 있다. 어느 쪽이든, 과거 경찰과 노동조합 사이에 존재했던 시위 통제 및 관리에 대한 합의는 노란 조끼에 의해 산산조각이 났다. 이들은 이 운동이 가장 낮은 계층에서 가장 높은 계층에 이르기까지 프랑스 사회의 각 계층 및 모든 계층에 영향을 미친다는 점에서 그들의 운동을 보편화했다.

운동에 참여한 계층 중 한 가지 주목할 만한 예외가 있다. 사회적 배제의 장소이자 '이민자 배경'[issus de l'immigration]의 프랑스 시민이 주류를 형성한, 악명높은 방리유 출신의 시민이 그것이다. 이들 중 일부는 특히 마르세유에서 간혹 시위에 참여하기도 했지만, 보도에 따르면 많은 시민은 피부색 때문에 시위 도중 경찰의 표적이 될까 봐 시위에 참여하는 것을 두려워했다(Parikh, 2019). 그들의 부재로 알 수 있듯이, 이 운동이 프랑스 사회의 모든 부문을 (설혹 반작용에서일 뿐이더라도) 참여시킨 점에서 진정한 대중 운동이라고 주장할 때, 방리유의 젊은이들은 이에 대한 큰 예외이다. 흔히 중년의 백인 반동 집단으로 묘사되는 노란 조끼는 이 진부한 표현이 암시하는 것보다 훨씬 더 다양하다. 그들은 젊은이와 노인, 전직 활동가와 첫 참여자, 남성과 여성, 노동자와 상사들이다. 이 운동의 통일성은 바로 그것에 구별이 없다는 점이며, 다른 무엇보다 그들이 노동계급임이 분명하지만, 이 노동계급은 서론에서 '소중간계급(the small-mean class)'으로 우리가 표현했을 때 본 것처럼 결코 포착이 가능한 동질적인 집단이 아니다. 또한 운동의 다양한 참가자들 사이에 중요한 차이점도 있다. 그들을 위해 게시된 요구사항 목록 — 저자들은 3만 명의 집단적 노력으로 만들어졌다고 주장하지만, 실제로 어떻게 만들어졌는지는 아무도 모르는 — 이 이를 잘 보여준다. 이들은 다음 장에서 다시 다룰 경제적 정의뿐만 아니라 새로운 이민의 정치도 요구한다. 이민에 대한 네 가지 요구, 즉 강요된 이주의 원인을 치료할 것, 망명 신청자에 대한 적절한 지원을 제공할 것, 망명이 거부된 사람들을 돌려보낼 것, 체류 중인 사람들을 위한 통합정책을 시작할 것(L'Obs, 2018) 등은 모호하지만 유익하다. 분명한 것은 국가적 가치에 기반한 공동체, 즉 내집단의 통제에 중점이 있으며, 이러한 통제가 개방성이 없는 것은 아니지만 타협이나 적응보다는 도착한 사람들이 기존 가치를 수용할 것을 요구한다는 점이다. 국가는 여기서 방어할 가치가 있고 어느 정도 개방적이지만 자기 자신의 가치와 한계에 대해 타협하지 않는 것으로 인식된다. 프랑스 시민 대다수에게 소중한 세속주의 문제가 여기서 우려의 중심에 있음을 분명히 알 수 있다. 환대를 받는 사람들에게는 통합이 요구되며, 여기에는 프랑스 사회의 세속적 특성을 받아들이는 것도 포함된다. 방리유에서의 긴장, 특히 세속 세력과 이슬람 가치를 유지하려는 세력 사이의 긴장을 감안할 때, 일부 사람들이 노란 조끼 운동에 참여하기를 꺼리는 것 또한 이해할 수 있다. 이 기간에 경찰 폭력의 첫 번째 사망자가 지네브 르두안(Zineb Redouane)이었다는 사실은 상황을 더욱 아이러니하게 만든다. 그녀는 마르세유에서 블라인드를 닫던 중, 최루탄 파편에 피격당한 튀니지에서 태어난 알제리 출신의 무슬림계 노인 여성이었다. 그녀가 속한 인구 집단은 이 운동에 거의 참여하지 않았지만, 이 운동의 영향을 받지 않은 것은 아니다.

노란 조끼에 대한 정부의 조치가 프랑스에서 있은 경찰 탄압의 시작은 아니었다. 방리유의 젊은이들은 수십 년 동안 그것을 경험했고, 공권력을 장악하고 타인의 이름으로 폭력을 행사하는 자들의 자의성을 훨씬 더 잘 알고 있다. 노란 조끼 시위 중 경찰의 많은 전략은 방리유에서 일어나는 일에 대한 프랑스 국가의 대응에서 탄생했다. 도약병(Voltigeurs)으로 알려진 오토바이 경찰 부대는 곤봉을 들고 목표물을 타격하고 빠른 속도로 달아나곤 했다. 그들은 지금은 LBD 40 볼런처를 휴대한다. 공격용 수류탄도 과거에는 널리 사용되어, 2014년에 녹색 시위자인 레미 프레스(Rémi Fraisse)가 사망하는 사건이 발생하기도 했다(Le Figaro, 2014). 현재 악명이 높은 강력범죄수사대(Brigade Anti-Criminalité, BAC)는 민간인 복장을 하고 경찰임을 식별하기 위해 상징적인 빨간색 완장을 착용한 채 일반적으로 샹젤리제보다는 방리유에서 활동한다. 그들이 경찰봉(때로는 망치)을 들고 다니며 특히 무자비하기로 유명하다는 점은 파리, 리옹 또는 마르세유 근교에서 잘 알려져 있다. 경찰의 탄압은 시위가 개시된 2018년 11월에 시작되지 않았다. 그것은 이 나라에서 만연해 왔고, 일반적으로 이러한 정책 탄압의 대상이 아니었던 주인공들에게까지 탄압이 광범위하게 사용된 것은 주의를 기울이지 않은 사람들에게만 놀라운 일이다. 프랑스 국가는 실제로 방리유 주민들을 2등 시민으로 취급해 왔으며 — 대다수가 프랑스인이고, 현재는 많은 사람이 3세대 또는 4세대 '이민자'이지만 — 그리고 이러한 태도는 이제 사회의 다른 사람들에게로 퍼졌다. 사회의 한 부문에서 권리와 특권을 빼앗기 시작하면, 권력 지위에 있는 자들에 동의하지 않는 사람들에게는 그것이 나락을 향한 질주가 될 수밖에 없다. 하지만, 이 장에서 살펴본 것처럼 권력은 단방향이 아니다. 노란 조끼는 수십 년 동안 지속되어 온 권력 행사에 대한 강력한 대응이다. 프랑스의 평론가들은 많은 상황이 — 방리유, 도시 근교 지역, 공장, 도심 둥지에서 — 한계점에 도달하고 있다고 경고해왔다. 상황이 (때로는 문자 그대로) 곳곳에서 폭발한 것에 평론가들이 놀라워하고 있는 점은 아이러니하다.

이 운동에 대한 평론가들은 대부분이 프랑스 사회의 중간 계급 출신이었다. 언론인, 정치가, 지식인들은 종종 이 운동에 이름을 붙이고, 거기에 그들 나름의 해석을 가하려고 시도했다. 누아리엘이 지적하듯이, 이는 중세 이후 프랑스에서 대중 운동의 전형적인 모습이다. 즉 운동들에 이름을 붙여온 이들은 종종 지배계급들이었다. 노란 조끼를 14세기 농민 반란에 따라 자크리의 난으로 특성화하든, 1950년대 납세 거부 시위에 따른 푸자디스트(poujadiste)[3] 운동으로 특성화하든, 아니면 가능한 한 가장 경멸적으로 포퓰리스트 우파 봉기로 단순히 부르든, 이러한 이름 붙이기 과정은 널리 확산되어왔다. 말할 필요도 없이, 누아리엘이 지적하듯 이러한 특성화는 대체로 근거가 없고 관계도 없다. 이 운동을 혁명의 한 유형으로 보는 가장 동정적인 평론가들조차 혁명이 일반적으로 (국가와 그 기관을 통한) 권력 장악을 포함한다는 사실을 놓치고 있다. 중간 계급은 운동의 목적과 목표에 관한 그들의 특정한 호감 또는 반감에 기초해 운동을 분류하고 분석하고 정의하려고 시도했다. 그러나 그들은 이 운동 자체가 자신의 용어로 자신의 기원을 주장한 점을 놓치고 있다. 소수의 몇몇은 혁명을 말하거나 배너에 그것을 적었지만, 대부분은 이들의 행동을 대중 운동으로 부른다(Noiriel, 2018: 34). 우리에게 그들 스스로의 이해를 훼손할 자격이 있을까?

결론

운동의 국가적 차원은 분명하게 확립되어 있다. 대부분 노동계급이 중심이지만, 이 운동은 사회의 다른 많은 부문이 참여했으며, 서론에서 소중간계급이라고 표현한 소중간 시민 계층 — 중하위 계급 또는 상층 노동계급 — 의 운동으로 묘사하는 것이 가장 좋을 것이다. 이 운동은 방리유에

3 [역주] 1950년대 프랑스 중산층의 납세 거부 운동을 주도했던 피에르 푸자드(Pierre Poujade)라는 정치인 이름에서 유래했다. 이 용어는 보수적인 시각을 가진 소상공인과 중소기업주들의 정치적 운동을 가리키는 말로 사용되며, 정부의 권위와 공공이익을 외면하는 집단이기주의를 뜻하는 속어로 쓰이기도 한다.

대한 경찰의 전술로 이미 예고되었다. 이 운동에는 직접적으로 이에 크게 기여한 프랑스 사회의 가장 소박한 부분들, 이 운동에 대해 논평했고 자크리의 난 또는 농민 반란으로 묘사하려고 한 중간 계급들, 그리고 그들의 상징적인 대로가 폐쇄되고 파손되는 것을 목격한 상층계급들이 참여했다.

5. 경제적 정의

경제학은 적어도 17세기부터 사회계약 이론의 최전선에 서 있었다. 존 로크(John Locke)가 『통치론(Two Treaties of Government)』(1689/1988)을 발표했을 당시, 영국의 왕좌는 네덜란드의 전 총독이었던 윌리엄 3세에게 유리하게 강제로 바뀌었는데, 이는 지금까지 최고의 텔레비전 드라마에 나올 만한 역사의 한 에피소드였다. 로크는 자신의 책이 윌리엄의 왕위 계승을 정당화하기 위한 것이라고 주장했지만, 아마도 그 대부분은 명예혁명 훨씬 전에 써졌을 것이다. 네덜란드 군대가 영국을 침공하고, 네덜란드 함대가 동원되고, 결국 앵글로-네덜란드 출신의 외국 지도자가 왕위에 오른 후 벌어진 모호한 왕좌 게임은 중세의 권력 다툼과 같았을 뿐만 아니라 성장하는 제국의 토지 소유계급의 새로운 현실을 반영한 것이기도 했다. 프로테스탄트 종교, 해방, 재산, 자유 의회(토지소유자들이 대표로 있는)의 보존을 위해 침략이 정당화되었다. 당시 주요 재산 소유자의 권리 확립에 관심이 많았던 로크는 『통치론』에서 그들의 요구에 완벽하게 부합하는 사유 재산에 대한 비전을 옹호했다. 토지를 경작하거나 개량을 위해 토지에 투자하는 사람은 이전에 존재했던 토지에 대한 관습적 권리와 관계없이 토지 소유권에 대한 정당한 권리가 있다고 주장한 것이다. 로크는 신비주의와 신학적 근거를 통해 신이 인간에게 공통으로 토지를 주었지만, 자기 노동력과 토지를 혼합하면 다른 사람의 토지를 빼앗는 것이 정당하다고 주장하는 근대 사유 재산 이론을 창안했다. 노동을 통해 구원을 얻는다는 프로테스탄트 윤리는 가톨릭 군주의 퇴위를 더욱 강화했다. 따라서 유명한 로크의 재산 이론은 국내외에서 주요 토지 소유자의 권리를 확립했는데, 이는 공유지 — 주요 토지 소유자에 의해 빠르게 사유화되고 있는 본질적으로 공동체의 공용토지 — 의 전용과 아메리카 대륙으로의 식민지 확장을 이전 토지 사용자들에 대해 가차 없이 방어하는 방식으로 이루어졌다. 로크는 본질적으로 캐롤라이나 지방의 영주 소유주(Lords Proprietor)[1] 8명 사이의 (사회적) 계약인 캐롤라이나주의 헌법 작성에 직접 참여하여 그들의 영토 주장을 부추기고 귀족의 특권을 강화하며 농노제를 정당화하고 노예제를 합법화했다. 자유주의 창시자의 이런 행동은 의외로 보일 것이다. 그러나 이는 단순한 우연이 아니다. 로크의 의미에서 자유주의는 현대적 의미의 자

---

1 [역주] 영주 소유주는 17세기 후반에 캐롤라이나주의 소유권과 지배권을 부여받은 8명의 영국 귀족을 일컫는다. 당시 캐롤라이나주는 현재의 노스캐롤라이나, 사우스캐롤라이나, 조지아, 테네시, 앨라배마와 미시시피 지역의 일부를 포함한 영국의 식민지였다. 영주 소유주는 1663년 찰스 2세 국왕으로부터 처음으로 식민지의 소유권을 인정받았고, 1665년에 공식적으로 식민지가 되었다. 영주 소유주는 식민지 정부를 수립하고, 정착민에게 토지를 부여하고, 식민지의 경제 및 사회 발전을 감독할 책임이 있었다. 영주 소유주는 식민지 경영에 많은 자율성이 허락되었고, 총독을 임명하고 법원을 설립하고 법률을 제정할 수 있었다. 그러나 이들과 식민지 주민들 사이의 관계는 종종 논쟁의 여지가 있었고 식민지 주민들은 멀리 떨어져 있고 대부분 부재중인 지주의 통치하에 자주 마찰을 빚었다. 캐롤라이나주는 1729년 식민지에 대한 지분을 영국 왕실에 매각할 때까지 영주 소유주의 통제하에 있었다.

유주의와 마찬가지로 사유재산의 절대적 옹호에 근거해 극단적 불평등을 정당화한다. 로크가 노예 상태와 노예제도에 대한 당대의 통념들에 도전하지 않은 점은 놀랄 일이 아니다. 그것들은 토지소유자의 권리를 강화했고, 로크는 그의 저작에서 이러한 권리를 옹호하는 데 전념했다. 이 장에서 우리는 20세기의 자유주의가 이러한 기원에서 크게 벗어나지 않았음을 살펴볼 것이다. 롤스와 노직을 통해 우리는 거대한 불평등과 사유 재산(특히 부유층)에 대한 절대적 방어가 21세기인 오늘날에도 여전히 지배적인 자유주의 모델이라는 것을 알게 될 것이다. 마크롱은 재분배에 대한 호소를 통한 불평등의 롤스주의적 정당화와 사유 재산에 대한 노직주의의 자유지상주의적 옹호, 이 두 가지 자유주의 유형의 교차점에 아마도 정확히 위치할 것이다. 마크롱주의는 국가의 경제적 역할을 공격하는 탈냉전 합의의 더 넓은 특징인 자유주의-자유지상주의(liberal-libertarian) 정치의 한 유형이다. 이는 국가의 경제적 역할을 경제적 스펙트럼의 하단에 있는 사람들 — 그들이 99%라고 하자 — 을 위한 모호한 재분배 모델로 대체해서 상대적으로 더 잘 사는 사람들의 부의 일부가 가장 못사는 사람들에게 재분배되도록 하는 것이다. 여기에 특별 세금 면제와 권력을 향한 광범위한 특권적 접근이 일반화되어 있는 기업의 허점을 통해 최상위층 — 그들이 1%라고 하자 — 에게 막대한 세금 감면과 혜택이 결합된다. 그렇지만, 그러한 모델이 불가피한 것은 아니다. 국가의 경제적 역할은 족히 50년 동안 전후 합의의 일부였다. 경제생활에서 국가의 역할을 늘리는 것이 불가능할 이유가 없다. 인민의 민주적 참여에서 경제생활을 배제하는 것은 정당화될 수 없다.

문제는 경제야, 멍청아

경제적 정의는 2차 세계대전 이후 새로운 의미를 갖게 되었다. 폐허가 된 국가를 재건해야 하는 과제와 국내에서 공산주의의 인기가 높아지는 위협에 직면한 서유럽 정부는 사회적 및 경제적 정의를 실현하기 위해 광범위한 수단을 채택했다. 프랑스에서는 1945년 10월 4일 법령에 따라 사회보장제도가 확립되어 전쟁 전에는 노동조합을 통하거나 공무원을 위해서만 존재했던 사회보장제도가 모든 시민에게 보편화되었다. 이는 제4공화국이 출범하기 전의 일이지만, 이듬해 헌법에 사회보장을 포함시켰다. 영국에서도 1946년 투표를 통해 국민건강보험(NHS)을 설립한 것은 경제적 정의를 강화하고 의료 보장을 모두에게 확대해야 한다는 비슷한 요구에 대한 응답이었다. 물론 국민건강보험은 1920년대 후반부터 이미 프랑스에서 시행되고 있었다. 모든 사람이 이용할 수 있는 이러한 사회적, 경제적 혜택은 노동계급을 달래고 재건 노력에서 사회적 평화와 협력에 대한 대가로 그들에게 혜택을 제공하는 사회의 요구를 반영한다. 이는 어쩌면 이념적 분열의 반대편에서도 이러한 혜택을(그리고 더 많이) 누릴 수 있었던 냉전 시대의 지정학적 현실의 산물일 수도 있다. 서구 자본주의 경제는 소련에서 모든 사람이 누릴 수 있는 기본적인 서비스를 자국 노동자들이 제공받지 못한다면 자신의 경제 모델이 사회주의 세계보다 더 낫다고 주장하기 어려웠다. 더 근본적으로는 경제적 정의에 대한 두 가지 개념뿐만 아니라 권리에 대한 두 가지 개념 사이에도 차이가 있었다.

냉전이 한창이던 1966년, 유엔에서 자본주의와 공산주의 진영은 이 문제를 놓고 서로 대립했다. 기본적 권리들의 두 가지 집합이 '보편적 권리'로 정립되었다. 즉 전자는 시민적 및 정치적 권리를 옹호했고, 반면에 후자는 경제적, 사회적 및 문화적 권리를 원초적 권리로 내세웠다. 권리들의 한 집합은 그 강조점이 시작부터 명확했다. 요컨대 서구의 '민주주의'는 정치적 경쟁, 정치적 결사의 자유, 개인의 권리에 중점을 두었다. 동구의 '인민 민주주의'에서는 경제성장, 기본적인 사회 및 문화 서비스 제공, 그리고 이러한 목표를 뒷받침하는 정치적 통합에 중점을 두었다. 세계 대부분 국가가 뒤따라 두 규약을 모두 채택했지만, 미국은 경제적, 사회적 및 문화적 권리에 관한 규약을 비준하지 않았고, 중국은 시민적 및 정치적 권리에 관한 규약을 비준하지 않았다. 서구의 복지국가는 제2차 세계대전 이전에 이미 진전을 이루었지만, 냉전 초기에 그 범위와 힘이 폭발적으로 확대되었다. 사회계약은 더 이상 공식적인 정치, 헌법 제도, 시민권의 영역에 국한될 수는 없었다. 사람들의 물질적 필요와 사회 내 부의 분배가 국가의 정당성을 결정하는 핵심 문제가 되었다. 사회계약은 실제로 경제적인 방향으로 전환되어가고 있었다.

서구 자본주의 경제에 대한 소련식 도전이 한창일 때, 철학자 존 롤스가 잠자고 있던 사회계약 이론을 되살린 것은 바로 이 시기이다. 인민을 하나로 묶는 계약에 대한 논의가 철학자들 사이에서 불명예로 여겨졌다면, 그 이유는 타당성이 없어서가 아니다. 19세기 내내, 그리고 20세기 초반의 수십 년 동안 많은 국민국가가 탈식민지화나 제국의 몰락 이후나 오래된 봉건 영지의 통일을 통해 등장했기 때문에 사회계약은 실제로 개념으로서 여전히 매우 유용했다. 아이러니하게도 전 세계가 사회계약의 실천을 수백 번이나 겪으면서도 철학자들은 사회계약 이론을 거의 논의하지 않았다. 어쩌면 너무 흔해서 비판적 도구로서의 목적이 상실된 것일 수도 있다. 다음 장에서 사회계약의 비판적 잠재력에 대해 다시 다루겠지만, 지금은 철학적 분석 도구로서 사회계약의 복귀에 초점을 맞추도록 하겠다.

이 부활의 중심인물인 롤스는 오늘날에도 정치사상의 주요 인물로 남아있다. 1971년에 출간된 그의 『정의론(Theory of Justice)』은 여전히 널리 읽히고 논평이 되며 많은 논쟁의 기초가 되고 있다.[2] 심지어 2013년 옥스퍼드에서 초연된 롤스의 대작을 본뜬 뮤지컬도 있다. 내가 알기로는 어떤 철학자도 이런 특권을 누리지 못했다. 롤스가 특별한 이유는 무엇일까? 여기서 내 주장에 두 가지가 중요하다. 첫째, 롤스는 서구 민주주의에서 정치적 대표성이 심각한 위기로 접어들고 있는 시기에 사회계약 이론을 부활시켰다. 우리는 오늘날에도 여전히 이러한 시기에 살고 있다. 둘째로, 그는 전후 경제적 합의를 자신의 저서에 담아내고 사회계약에 대한 논쟁에 경제적 정의 개념을 (다시) 도입했다. 이 두 가지 업적을 차례로 살펴보자.

롤스(1971)는 철학적 가치보다는 주로 역사적 관심사가 되었던 사회계약을 되살린다. 그의 정의 이론은 그가 특정한 헌법 장치의 정당성, 권리와 의무의 제공, 현대 국가의 현재 형태에 대한 정당화에 관심을 두고 있는 점에서 이전 이론들과 동일한 수준에서 작동한다. 그러나 롤스는 자연 상태

---

2 구글 스칼라(Google Scholar)에 따르면 2019년에만 학술 논문에서 존 롤스가 1만 2,000건 이상 인용되었으며, 전체 인용 횟수는 20만 4,000건에 달한다.

개념을 극도로 거부하며, 이전의 사회계약 이론가들이 인간에 대해 내세운 문제가 많은 본질주의적 주장보다 심리 게임을 선호한다. 그는 공적 제도의 정의를 이해하기 위해서는 우리가 무지의 베일 뒤에서 원초적 입장에 있어야 한다고 제안한다. 인종적 배경, 개인적 부나 교육 수준, 직업, 선에 대한 개념, 젠더(그가 나중에 추가한) 등 우리가 우리 자신에 대한 어떤 특별한 특징도 알지 못하는 원초적 입장이 고안된 제도의 공정성을 보장하는 역할을 한다는 것이다. 그 이유는 우리가 결국 사회 어느 곳에 있든지, 최하층에 있는 사람들, 즉 롤스가 '최소수혜자(least advantaged)'라고 부르는 사람들이 최소한 견딜 수 있는 시스템을 고안할 것이기 때문이다. 따라서 이러한 원초적 입장에 기반한 정의론은 모든 사람이 공정하게 대우받는, 특히 우리가 결국 어디에 위치하든 그 삶이 무엇으로 정의되든 상관없이 만족스러운 삶을 살 수 있도록 보장하는 정치 시스템을 만들 것이다. 그것은 일련의 포괄적 원칙에 기반한 선의 개념을 제시하는 것을 거부하고, 개인이 그 선이 무엇인지 스스로 선택할 수 있는 틀을 제공하며, 정치공동체의 역할은 단지 이러한 선택을 가능하게 하는 것일 뿐이라는 점에서 전형적인 자유주의적 사회계약이다.

롤스의 사회계약은 사회의 모든 행위자가 부의 재분배가 모든 사람의 이익에 부합한다는 것을 인정하는 계약이다. 그러나 이러한 재분배는 소득 불평등을 정당화하기도 한다. 사실 이를 규정하는 것은 롤스의 두 번째 정의 원칙인 '차등의 원칙(the difference principle)'의 일부이다. 불평등은 그것이 최소수혜자에게 이익이 되는 한 정당화된다고 롤스는 결론지었다. 롤스에 따르면, 모든 사람이 상향 추세에 있는 한, 사회에 광범위한(심지어 확대되는) 불평등이 존재하는 것은 완벽하게 받아들여질 수 있다. 그는 그것이 정의에 대한 다소 직관적인 개념이기를 희망한다. 모두가 부자가 된다면, 변화를 주도하는 사람이 다른 사람보다 더 부자가 되는 것도 용인된다. 1장에서 설명한 마크롱의 '선등자(lead climber)' 비유는 바로 이러한 자유주의 원칙을 바탕으로 한다. 경제적 리더는 기업가적 행동으로 위험을 감수하고 보상을 누리는 사람들이다. 그런 다음 그들은 그 아래에 있는 다른 모든 사람을 끌어올리기도 한다. 등반이 이런 식으로 이루어지지 않는다는 사실(선등자는 위험을 감수하지만, 다른 사람들을 산 위로 끌어올리지는 않는다)을 고려하지 않더라도, 마크롱의 메시지는 롤스와 같은 자유주의 계약과 양립할 수 있다. 불평등은 용인될 수 있을 뿐만 아니라 충분히 정당화될 수 있고, 심지어 바람직하기까지 하다. 막대한 경제적 부의 인센티브가 없다면, 창의성과 혁신은 위축될 수밖에 없으며, 자유주의 진언도 마찬가지다. 평등의 증진은 실체적 선이다. 즉 자유주의 국가가 자신의 역할을 넘어서지 않고서는 편을 들 수 없는 선이다. 따라서 자유주의 국가는 평등이라는 실체적 선을 추구하는 사회주의 국가뿐만 아니라 국가적 가치를 보존하는 것을 목표로 하는 보수주의 국가 등 다른 국가 모델을 불법으로 만든다. 사회주의와 보수주의 변종들 모두 사실상 너무 많은 것을 요구하며, 그 속에서 개인이 번성하는 것을 허용하지 않는다. 마크롱의 자유주의는 롤스의 자유주의에 가장 가깝지만, 자유지상주의의 도전은 여전히 강력하다.

로버트 노직은 그의 저서 『무정부 상태, 국가, 유토피아(Anarchy, State,

and Utopia)』에서 롤스의 정의 원칙이 국가에 너무 많은 것을 요구한다고 주장했다(Nozick, 1974/2001). 자유지상주의 사상가인 노직에게 재화의 재분배는 롤스가 설정한 엄격한 규정하에서도 너무 과한 것이었다. 노직은 신체 소유권을 기반으로 한 재산 개념을 옹호하기 위해 로크를 모델로 삼아 재산의 어떠한 이전이든지 개인 신체에 대한 모욕이라고 주장한다. 로크가 추론한 것처럼 우리는 노동과 생산물 자체를 결합하여 재화를 획득하기 때문에, 우리가 작업하는 모든 것은 우리 자신의 것이 되고 따라서 정당하게 획득한 것으로 간주된다. 그런 다음 우리는 우리가 생산한 재화를 필요한 재화와 거래하기 위해 다른 사람들과 일련의 계약을 체결하며, 국가의 역할은 다양한 당사자가 이러한 계약을 준수하도록 엄격하게 보장하는 것이다. 노직은 이것이 현대적 의미의 재산 취득 방식이나 부의 창출 방식이 아니라는 점에 아랑곳하지 않고, 자신의 재산 모델이 가장 현실적이라고 단호하게 주장한다. 우리의 모든 재산이 우리 자신의 노동을 통해 획득된 것이라면, 세금을 통해서라도 이를 빼앗는 것은 강요된 노동과 비슷하다. 이 모델에도 직관적인 요소가 있다. 우리가 무언가를 얻기 위해 일할 때, 그것을 임의로 가져가는 행위는 강요된 노동과도 같이 느껴진다. 하지만 이를 똑같이 최저임금을 받는 노동자, 지대(地代)로 생활하는 토지소유주, 배당금을 받는 주주에게 적용하는 것은 아무리 봐도 이상할 뿐이다. 노직은 정당하게 취득한 재산은 원하는 대로 처분할 수 있다고 설명하지만, 상속과 관련하여 주식과 지대가 소수의 선택받은 개인에게 막대한 소득을 창출하는 경제 모델에서 무엇이 정확히 정당한 취득으로 간주되는지 그리고 최상위 경제 행위자가 정부 기관으로부터 실제로 얼마나 독립적인지 등에 대해서는 여전히 문제가 제기된다. 주요 기업이 자국 정부의 도움으로 해외에서 계약을 따낸 경우, 과연 자기 능력과 노동으로만 부를 축적했다고 주장할 수 있을까? 확실한 점은 표면적으로는 거기에 참여한 많은 사람이 노직의 자유지상주의에 가까운 것처럼 보이지만 노란 조끼가 제기한 많은 질문은 그러한 자유지상주의적 이상에 대한 회의론을 지적하고 있다는 것이다. 가령 이들은 맥도날드, 구글, 아마존, 까르푸(프랑스 대형 슈퍼마켓)를 예로 들며, 대규모 경제 행위자는 높은 세금을 내고, 소규모 경제 행위자(장인, 중소기업)는 낮은 세금을 내야 한다고 제안했다. 노직보다는 롤스에 더 가까운 노란 조끼는 이 점에서 중소기업도 상대적으로 약한 경제 행위자가 받아 마땅한 동일한 수준의 배려와 관심을 받아야 한다고 요구한다. 경제적 정의에 대한 그들의 요구는 이보다 더 명확할 수 없으며, 최소한 대규모 및 국제 경쟁에 맞서 지역 및 국내 기업에 대한 우대를 목표로 하는 한, 친기업적이고 친개인주의적 선택에 해당한다.

자유주의와 자유지상주의의 타협

롤스의 모델은 단순히 노직의 모델과 반대되는 것만이 아니라, 실체적 입장에서 선의 개념을 제시하고 우선순위를 논하는 사회주의 이상과도 반대에 있다. 사회주의 모델에서는 더 많은 사회적 보호, 더 나은 의료 서비스, 무료 및 접근가능한 교육, 국가의 경제적 자원에 대한 통제 모두가 추구해야 할 재화로 가정된다. 롤스는 자유주의자로서 이러한 사회적 선의 부과를 거부한다. 특정한 우선순위를 가진 개인만이 그러한 선을 설정할 수 있으며, 사회는 구성원들의 길을 방해하지 않아야 한다는 것이다. 그러나 롤스는 노직이 옹호하는 자유지상주의적 이상과도 대조를 이룬다. 다수의 프랑스 유권자는 사회주의자와 보수주의자 대통령을 따랐던 중도주의자 마크롱이 공정으로서의 사회 정의를 보장하고자 한 롤스 같은 사람의 편에 서기를 바랐다. 몇 주간의 노란 조끼 시위 끝에 마크롱은 마침내 최저임금 재평가를 통해 이러한 방향으로 나아가는 첫 번째 조치를 도입했다. 이 최저임금은 — 마크롱의 발표대로라면 고용주의 주머니가 아닌 — 납세자의 돈에서 지급될 것이며, 노직보다는 롤스에 그를 더 가깝게 할 것이다. 더욱이 유류세 도입은 마크롱이 자신의 목표 달성을 위한 지렛대로 세금을 사용하는 것에 반대하지 않는다는 것을 시사하며, 다른 한편으로 연대 부유세 폐지는 훨씬 더 자유 시장적인 태도를 암시한다. 이는 많은 노란 조끼, 특히 사회주의보다는 자유지상주의적 이상에 더 가까운 사람들에게 충격을 주었다. 시위 초기에 거기에 참가한 소규모 기업가, 장인, 자영업자들은 사회적 시위에 익숙한 노동조합이나 기타 형태의 공공조직과 가깝지 않다. 이들은 산업이나 건설업이나 국가의 피고용자로 일하는 도시 노동자 계급의 자연스러운 동맹이 아니다. 그러나 그들은 노란 조끼를 입고 회전교차로를 점거하고 대도시의 거리를 행진했다. 그들에게 분명해 보이고 확실히 반박하기가 어려운 점은 마크롱이 이중의 굴레에 갇혀 있다는 것이다. 한편으로 그는 사회 최고 부유층과 기업 이사회 및 소유주를 위한 자유지상주의적 이상을 지지하면서, 다른 한편으로 그는 나머지 사회 구성원들을 위한 롤스식 재분배 모델을 지지하고 있다. 자유주의와 자유지상주의의 뒤섞음은 최소수혜자를 위한 사회적 재분배와 혜택을 암시함은 물론, 상위 계층을 위해 규제와 과세로부터의 자유 또한 확대했다. 두말할 필요도 없이 이러한 혼합에 만족하는 사람은 거의 없다.

롤스주의자나 노직주의자 모두 이를 가치 있는 타협으로 받아들이지 않을 것이다. 무엇보다 롤스와 노직이 사회계약에 관한 책을 썼던 1970년대에 미국의 연방 소득세율은 최고 소득자의 경우 70%가 넘었다. 2019년 미국의 최고 소득자 세율이 겨우 37%에 그치면서 롤스가 노직에게 패한 진정한 부의 재분배 싸움은 위기에 처했고, 그 싸움은 오늘날에는 프랑스에서 여전히 격렬하게 벌어지고 있다. 불평등에 대한 롤스의 자유주의적 옹호에는 결함이 있지만, 사회에서 가장 부유한 상위 1%의 소득자(Piketty [2013: 468]에 따르면 2010년 달러 가치로 35만 2,000달러 이상 소득자)에 대한 기존의 중과세를 옹호한 측면도 있었다. 이러한 재분배 수준은 당시에 — 1930년대부터 1960년대까지 소득의 최상위 구간이 80~90%의 세율을 적용받던 — 이미 감소하고 있었으며, 롤스는 적어도 최상위 계층에 대한 과세의 공정성을 옹호한 것으로 볼 수 있다. 그러나 과거 수준과 비교해 현재 노동소득과 자본소득은 상대적으로 관대하게 과세되고 있다. 프랑스의 최고 소득세율은 현재 45%로 미국보다 약간 높지만, 자본 배당에 대한 세금은 현재 30%에 불과하다. 상위 1%의 소득은 일반적으로 봉급과 자본투자수익으로 구성되므로, 이는 평균적으로 상위 1%가 소득세 격차가 시사하는 것보다 세금을 적게 내고 있음을 의미한다. 상위 1% 소득자(연봉이 20만 유로

이고, 주식투자 배당소득이 연간 20만 유로라고 가정할 때)의 노동 소득과 자본소득을 똑같이 나눈다고 가정하면, 그들은 봉급에 대해 6만 4,200유로, 배당금에 대해서는 6만 유로로 총 37.9%의 세금을 낼 것인데, 이는 사회에서 가장 부유한 사람들에게 가혹한 수준의 과세는 아닐 것이다. 이보다 더 높은 소득을 올리는 상위 0.1%의 소득자는 전적은 아니더라도 소득이 대부분 자본에서 일반적으로 발생하므로, 이는 세율이 30%에 가까워지는 경향이 있음을 의미한다. 상위 1%의 소득자가 중산층 전문직 종사자보다 세금을 적게 내고, 상위 0.1%의 소득자가 이들보다 훨씬 더 세금을 적게 내는 이러한 역진적 조세체계는 오늘날 불평등이 증가하고 있다는 인식에 크게 기여하고 있다. 심지어 노란 조끼조차 이러한 불평등 수준을 충분히 인식하지 못하고 있으며, 종종 고소득자들에 관심과 비판을 집중하고 있다. 실제로 노란 조끼의 요구사항 중 하나는 월 급여를 1만 5,000유로로 제한하는 것이었고, 사실상 그 이상 소득에 대해서는 100% 세금을 부과하는 것이었다. 요컨대, 노란 조끼 요구의 최전선에는 경제적 정의에 대한 요구가 자리한다. 이들이 배당금에 대해 비슷한 요구를 하지 않은 것은 아마도 이 분야에 대한 경험이 부족해서일 것이다. 다시 말해 시위에 참여한 많은 사람이 소득의 극히 일부만 지대와 자본 수입으로 충당하고 있을 가능성이 높다.

노란 조끼의 요구사항

경제적 정의는 노란 조끼가 제시한 42개의 다수 요구사항을 가장 잘 요약하는 말이다.[3] 저자들은 3만 명의 참여자들이 협력한 노력의 결실이라고 말하지만, 이 요구사항 자체가 현재 프랑스에서 변화를 바라는 모든 노란 조끼의 바람을 대변하는 것은 아니다. 그러나 이것들은 운동의 역사에서 비교적 이른 시기(2018년 11월 28일)에 발표되었고, 널리 공유되고 논평되었기 때문에, 요구사항의 초안을 작성하는 데 참여한 사람들에게 있어 경제적 정의가 무엇을 의미하는지 이해하기 위한 유용한 근거가 된다. 요구사항 자체는 주택, 세금, 공공재정, 고용 및 봉급, 건강, 교통, 교육, 정치 시스템 및 이주를 광범위하게 언급한다. 이 모든 영역의 조치는 적어도 부분적으로는 경제적 정의에 대한 요구와 관련이 있다. 정치 시스템 변경에 관한 문서에서 제안된 조치조차도 국회의원 및 전직 대통령의 보수와 관련이 있다(전자는 중위 임금으로 제한하고, 후자는 폐지). 이주에 대한 요구도 경제적 정의 측면에서 똑같이 적용된다. 즉 이주의 원인을 해결해야 한다는 요구는 경제 원조에 대한 지원을 제안하며, 망명 신청자에게 적절한 숙소와 사회서비스를 제공해야 한다는 요구는 국제사회연대를 위한 명시적 요구이다. 그 밖의 많은 요구는 평등을 확대하고 대규모 경제주체에 대한 혜택을 줄여야 한다는 직접적인 요구이다. 최저 소득자를 위한 더 높은 임금, 더 낮은 수준의 공공부채, 특히 농촌이나 도시 주변 지역에 대한 더 많고 더 좋은 공공서비스, 기업의 세금 면제 및 긴축 조치에 대한 종식 등이 모두 동등하게 요구되고 있다. 여기서 중요한 점은 각 조치를 차례대로 다루는 것이 아

3 요구사항의 번역은 부록으로 제공한다.

니라 이러한 조치가 반영하는 추세를 파악하는 것이다. 그리고 전반적 분위기는 명백히 경제적 정의에 대한 요구이다. 이러한 경제적 정의의 이면에 있을 수 있는 원칙이 무엇인지 생각해 보자.

롤스나 노직 모두 노란 조끼의 맥락에서 완전히 수용될 수 있는 것은 아니다. 자유지상주의자 노직은 최소 국가를 넘어서는 조세의 공정한 사용을 배제하며, 롤스는 최소수혜자에게 이익이 돌아가는 한 광범위한 불평등을 정당화한다. 이 두 가지 모델을 혼합하여 자유주의-자유지상주의적 타협을 옹호하는 마크롱의 정치는 자본소득이 없는 사람들에게 이미 높은 세금을 더 인상하고 사회적 불의를 심화시킴으로써 누구도 만족시키지 못하는 최악의 정치다. 노란 조끼가 요구하고 있는 것은 자유주의적 합의가 제시하는 것에 비해 전(前) 근대적 도덕 경제의 요구에 더 가깝다. 역사적으로 도덕 경제는 18세기 대중 운동에서 등장했다. 그 규칙은 대중적 상식으로 여겨지던 것에 기반하고 있다. 즉 상품 가격이 공정하고 생산원가보다 너무 높지 않아야 하며, 시장의 규범이 아닌 호혜의 규범이 교환을 규제해야 한다는 것이다(Hayat, 2019a). 경제에 대한 이러한 도덕적 요구가 위반되었다고 간주되면, 사람들은 이 위반을 스스로 바로잡을 권리가 있다고 느꼈다. 공정한 가격과 호혜의 규범에 대한 이 두 가지 요구는 시장 경제의 요구에 완전히 반대되는 것이다. 도덕적 결정이 아닌 시장이 가격을 결정해야 하며, 노란 조끼 요구의 많은 것이 일어나는 노동시장에서는 말할 것도 없고 호혜성은 결코 현대 경제의 요건이 아니다. 법으로 최저임금을 보장하는 것만이 이러한 도덕적 요구를 충족시키며, 그것조차 월 1,300

유로까지 최저임금(Salaire Minimum Interprofessionnel de Croissance; SMIC)을 대폭 인상해야 한다는 노란 조끼의 요구는 2018년 12월 최저임금의 100유로 인상을 발표한 마크롱의 정치쇼로 인해 완전히 충족되지는 못했다. 실제로 2019년 전일제(full-time) 노동자의 최저임금은 여전히 세후 1,202.92유로이며, 이는 노란 조끼의 요구에 7% 부족한 수준이다. 한 달에 97유로가 추가되면 많은 일을 할 수 있는데, 월급쟁이로 살아가는 사람들에게 있어서는 특히 그러하다. 그들의 도덕적 분노는 월말 고지서로 고군분투하는 사람들이 아니라 부유세를 억제하면서 상위층 사람들을 우대하는 데서 비롯된다.

경제적 사회계약의 논의에도 불구하고 롤스와 노직이 노란 조끼의 도덕 경제에 대한 요구를 설명할 수 없다면, 어떤 해결책이 있을까? 노직의 공정한 획득 원칙이나 롤스의 차등의 원칙을 공정성 및 연대의 원칙으로 대체할 수 있을 것이다. 나는 이것들이 노란 조끼가 제시한 요구 목록에서 그들 스스로 제시한 원칙이며, 핵심 가치에 기반한 경제적 사회계약의 요구를 광범위하게 반영하고 있다고 주장한다. 이 두 가지 원칙을 차례대로 다루도록 하겠다. 공정성은 이미 『정의론』에서 롤스가 옹호했지만, 나는 공정성이 결국 대규모 불평등을 정당화하는 것으로 귀결됨을 보여주었다. 이런 점에서 공정성은 모두가 더 높은 수준의 평등을 추구하는 현대 사회 운동의 요구에는 분명히 불충분하다. 미국의 점령 운동(the Occupy movement)[4]이

4 [역주] 점령 운동은 2011년에 주로 경제적 불평등과 금융시스템의 불공정성에 대한 대응으로 등장한 글로벌 사회정치 운동이다. 이 운동은 2011년 9월 17일 뉴욕 주코티 공원에서 시작된 시위인 '월스트리트

되었든 노란 조끼가 되었든, 1%와 99% 사이의 대립이 되었든 아니면 임금, 연금, 공공재정에 대한 국가의 엄격한 통제에 관한 요구가 되었든 요구들은 모두 더 높은 수준의 평등을 목표로 하고 있다. 다시 말해 불평등한 결과에 대한 롤스의 수용은 현재의 정치 분위기에서는 용납될 수 없다. 이러한 마음가짐의 변화에는 충분한 이유가 있다. 1970년대 초부터 부의 불평등이 엄청나게 증가해 온 것이다(Piketty, 2013).

경제적 공정성은 다양한 숙의 민주주의 이론가들에 의해 진지하게 받아들여졌다. 특히 브라이언 배리(Brian Barry, 1989)는 롤스와 노직의 일부 단점을 해결하기 위해 많은 노력을 기울였다. 이러한 사상가들의 선험적 사회계약에 대항하여 배리는 다양한 민주적 관행의 개별적 환경이 정치적 심의의 질에 중요한 영향을 미치는 사회계약의 경험적 방법을 설명한다. 특정 사회가 사회계약의 특정한 이상에 얼마나 밀접히 부합하는지는 이론적 논의와 경험적 조사 모두에서 중요한 문제이다. 이러한 경험적 적합성에 대해 그가 논의하는 다양한 기준 중에는 사회에서 우리와 함께 살아가는 다른 사람들에 대한 공감의 추구가 있다. 그가 설명하듯이, '다른 시민에 대한 동료애가 넘치는 사회는, 많은 사람이 자신과 동일시하지 않는 다수 인구 집단에 감화되지 않는 사회보다 공정한 환경에 더 가까울 것이다'(Barry, 1989: 348). 사회의 다양한 부분이 자신의 이익을 표현하고 정치적 의사결정에 참여할 수 있는 능력, 그리고 정치가 선거 게임이 아닌 토론의 문제가 되

를 점령하라'에서 시작되어 전 세계 여러 도시와 국가로 확산되었다.

는 경우를 포함한 공정성의 다른 기준들과 함께, 그 목록은 오늘날 모든 현대 민주주의가 직면한 일련의 결함처럼 읽힌다. 배리와 같은 이러한 공정성의 조건이 없다면, 롤스가 제시한 순전히 절차적 이론의 결과는 경제적 사다리의 맨 아래에 있는 사람들이 감당하기 어려운 불평등을 초래할 수 있다.

가장 가난한 사람과 가장 부유한 사람 사이의 더 높은 수준의 평등을 포함한 결과의 공정성은 이제 시급한 사회적 요구이다. 국가 권력의 침식은 국가들이 부유층과 대기업을 위해 세금을 낮추고자 서로 경쟁하는 곳에서 불평등의 심화 원인으로 종종 비난받는다. 그러나 이는 그런 불평등을 조장하려는 정치 엘리트들의 고의적인 의지를 모호하게 만든다. 프랑스에서는 사회주의자인 프랑수아 미테랑 대통령 치하에서 이러한 경향이 가장 뚜렷하게 드러났다. 사회당의 '자유주의적' 전환은 사회당 정부가 공공자산 매각에 기꺼이 참여하고, 가장 부유한 자들에 대한 세금을 낮추고, 규제와 금융서비스에 대해 기업 친화적 태도를 취하는 등 경제적 대안이 끝났다는 신호였다. 이 문제는 경제 문제에 대한 통제력을 강화해야 한다는 대중의 요구에도 불구하고 금융규제에 대해 손을 떼야 한다는 도그마를 받아들이는 우파, 좌파, 중도주의 정당들을 현재 모두 포괄하고 있는 자유주의의 커다란 고질적 문제이다. 자유주의적 사회계약은 기업이 스스로를 규제하고 시민이 복지비용과 책임을 부담하는 자유방임적 사고방식을 선호하면서 경제에 대한 집단적 통제를 배제하게 되었다. 따라서 결과의 공정성 원칙을 다루는 어떤 사회계약이든지 경제에 대한 국가의 강화된 통제 가능성을 포함해야 한다.

하나의 가치로서 공정성은 시장 과정의 결과물이었던 적도 없고 그럴 수도 없다. 실제로 공정성이 새로운 사회계약을 이끄는 원칙이라면, 그것은 시장 관행에 대한 국가의 더 많은 개입을 요구한다. 이러한 통제의 정확한 성격은 논쟁의 여지가 있으며, 실제로 민주적 수단에 의해서만 결정되어야 한다. 우리는 4장에서 민주주의 체제의 경제적 요구는 함께 회합한 인민에 의해 결정될 때만 정당한 것으로 간주될 수 있음을 보았다. 함께 회합한 인민이 경제생활의 상당 부분을 국가의 간섭으로부터 자유롭게 내버려두는 경우가 있을 수 있다. 확실히, 노란 조끼의 구성은 적어도 부분적으로는 이러한 방향을 가리키고 있으며, 더 작은 국가에 대한 탄원이 많은 요구의 중심이 되고 있다. 하지만 눈에 띌 정도로 경제의 일부 영역은 공적 통제에 특히 적합하다. 교육, 의료, 국민보험은 이미 공적 통제가 이뤄지고 있는 모든 경제 분야이다. 그러나 교통, 인프라, 유틸리티, 저가 주택 등과 같은 다른 분야에서는 국가가 후퇴하고 있다. 국가는 전기, 수도, 가스 회사, 자동차 제조업체(프랑스 자동차 산업에 대한 노란 조끼의 요구는 이러한 요청을 잘 보여준다), 고속도로, 공항, 병원을 포함해 많은 산업 분야를 직접 소유하거나 통제하는 역할을 하곤 했었다. 그러나 적어도 1980년대 이후에는 이러한 추세가 역전되어 민간 서비스의 높은 비용으로 인해 많은 사람이 서비스를 이용할 수 없게 되면서 접근의 불평등이 심해졌다.

다수의 노란 조끼는 자유주의적 자본주의 경제 모델이 근면, 중소기업, 기업가 정신을 중시하는 것으로 인식되는 한 이에 대해 이의를 제기하지 않는다. 그들이 제시하는 요구에서 이의제기 대상은 경제적 정의와 명백히 모순되는 지대 추구형 자본주의(rent-seeking capitalism) 유형이다. 어찌되었건, 성공적인 사업을 하는 경제적 주체가 사업을 통해 잘 사는 것은 공정한 것으로 평가될 수 있다. 그러나 노란 조끼가 반대하는 것은 비생산적인 금융 자본주의, 특히 지대 추구형 금융 자본주의이다. 특히 목록에 있는 17번째 요구사항은 불법적인 국가 발생 부채의 종식을 제안한다. 이 요구에 따르면 부당하게 취득한 것으로 간주되는 부채를 매입한 사람은 해당 부채에 대한 권리를 상실해야 하고 상환이 즉시 중단되어야 한다. 보다 일반적으로 데이비드 그레이버(David Graeber)는 우리의 통화시스템 자체가 불법적인 공공부채를 거부하는 원인이라고 주장했다. 그는 화폐가 주로 금전 차용증의 발행을 통해 창출되는데, 왜 그 권력이 더 널리 공유되거나 심지어 민주적으로 결정되지 않는지 묻는다. 그는 금융 기관이 이러한 차용증을 통해 화폐를 창출하는 대신 통화시스템을 재구성하여 새로운 화폐가 생성될 때 그것을 모든 시민이 동등하게 공유할 수 있다고 추측한다. 그는 이 혁명적인 제안이 노란 조끼의 요구와는 다르다는 것을 인정한다(Graeber, 2019). 하지만 그럼에도 불구하고 이들은 금융시스템의 재검토와 상당히 양립할 수 있는 것을 요구하고 있다. 요점은 금융기관이 화폐 형태의 차용증을 발행할 수 있는 독점적 권리를 통해 민주적으로 공유할 수 있는 지대 추구 독점을 하고 있다는 것이다. 민간기업이 소유한 프랑스 고속도로 또한 비슷한 이유로 노란 조끼의 분노를 사고 있다. 많은 운전자가 고속도로를 이용하는 것 외에는 현실적인 대안이 없기 때문에, 그것은 자연 독점으로 간주될 수 있으며, 이를 통해 얻는 이윤은 일종의 지대라고 할 수 있다. 28번째 요구사항은 고속도로에서 이윤을 추출하지 말라는 요구와 함께 고속도로에 대한 이 점을 구체적으로 다루고 있다. 하지만 지대 그 자체야말로 노란 조끼가 공격하는 가장 큰 단일 비용이다. 지대 통제에 대한 요구는 25번째 요구사항의 실체를 형성한다. 구체적으로 그것은 가장 취약한 임차인 즉 학생과 불안정 노동자를 위한 통제를 요구한다. 따라서 이러한 요구의 근간에는 최소한의 생활필수품에 공정성을 적용해야 한다는 요구가 있다. 여기에는 도로, 기차, 병원, 교육(대학을 포함한 모든 수준의 교육), 숙박, 음식, 난방, 적절한 단열 및 정신과적 도움에 대한 접근성이 포함된다. 모든 사람의 복지에 필수적인 것으로 간주되는 이러한 부문에서의 모든 이윤 추구는 부도덕한 것으로 분류된다. 모든 형태의 지대 — 즉 생활필수품에 대한 모든 요금 — 에 특별한 경제적 도덕 기준이 적용된다. 공공부채와 고속도로 지분과 주택에서 지대소득을 얻거나 이들로부터 이윤을 얻는 사람은 누구든지, 시민이 보기에 이러한 재화에 대한 접근성이 감소하는 한, 불공정한 이득을 취하는 것으로 인식된다. 경제 분석은 다소 단순할 수 있지만, 메시지는 분명하다. 즉 시장이 모든 곳에 적용되어서는 안 된다는 것이다. 없어도 생활하는 데 지장이 없는 제품을 팔아 돈을 버는 것과, 제대로 된 물질적 복지와 가치 있는 삶에 필수적으로 여겨지는 재화로 수익을 창출하는 것은 별개의 문제이다.

연대와 존엄성

노란 조끼의 도덕적 요구에서 과정뿐만 아니라 결과의 공정성이 요구된다면, 결과의 공정성은 호혜성에 대한 요구에 의해서도 똑같이 뒷받침된다. 프랑스의 맥락에서 호혜성은 종종 연대의 관점에서 표현되는데, 연대는 무엇보다 공화국의 세 가지 핵심 가치 중 하나이지만, 확실히 가장 잊혀진 가치이기도 하다. 호혜성과 연대는 노란 조끼 요구의 일부를 형성하는데, 연금에 관련된 8번째 및 10번째 요구가 그 예이다. 연금은 프랑스에서 논쟁의 여지가 많은 것으로 악명이 높다. 연금 수급자 간의 격차는 계급구조를 매우 크게 반영하며 커다란 젠더 불평등을 보여주기 때문이다 (Observatoire des inégalités, 2013). 중간계급이 노동계급보다, 남성이 여성보다 유리한 국가연금시스템에서 노란 조끼는 이러한 불평등을 매우 생생하게 인식했다. 이들은 계급 간 경쟁의 장을 사실상 공평하게 만들게 될 시스템 내에서의 연대를 요구하며, 전일제 고용의 3개월 분기별 기여금을 기준으로 연금을 계산하는 연금 제도의 구조 때문에 남성보다 보통 42% 적게 연금을 받는 여성에게 큰 혜택을 줄 수 있는 월 1,200유로에서 설정될 최저임금을 요구하고 있다. 최저연금(현재 636.56유로로 책정된)을 두 배로 인상하려면 사실상 연금 상위 소득자의 연대가 증가하거나 연대에 동일한 효과가 있는 전체 기여금의 증가가 필요할 것이다. 노란 조끼의 연금 연대 요구는, 36번째 요구사항에서 알 수 있듯이, 재정적으로 기여한 바는 적지만 종종 육체노동이나 돌봄노동을 수행한 사람들을 경제적으로 더 성공한 사람들보다 우대하는 더 높은 호혜성에 대한 요구이다.

호혜성은 선출직 공무원에게도 요구된다. 선출직 공무원은 시민의 대표이므로, 그들의 임금은 중위 임금으로 책정되어야 하며, 이는 11번째 요구사항을 형성한다. 2019년 월 중위 임금인 1,719유로는 현재 7,239.91유로인 국회의원의 월 중위 임금보다 훨씬 낮다. 요점은 분명하다. 즉 대표자의 의미가 자신을 뽑아준 사람들을 대표해야 하는 것이라면, 최저임금은 고사하고 중위 노동자가 받는 것의 4배를 받을 수는 없다. 따라서 공적 대표자들은 중위 임금을 인상해야 할 직접적인 동기가 있을 것이다. 그것이 자신의 물질적 복지에 영향을 미칠 것이기 때문이다. 요구사항 40번은 또한 대통령의 예우에 관한 평생 보상을 폐지할 것을 요구한다. 한 달에 최대 6,000유로의 연금과 1만 1,500유로의 추가 봉급을 받으며 프랑스 헌법위원회 위원이 될 수 있는 권리와 상근 경호 및 비서 직원까지 포함하면, 2018년 말 현재 생존해 있는 프랑스 전직 대통령 4명의 비용은 연간 1,000만 유로가 넘는 것으로 추산된다. 국가 예산에 비하면 아주 적은 액수이지만, 노란 조끼의 이러한 요구는 호혜성에 대한 도덕적 요구로서만 이해될 수 있다. 대통령 보상금과 관련된 인건비는 말할 것도 없고 영구적으로 봉급을 받는 다른 직책이 없기에, 호혜성 원칙은 본질적으로 공식적 기능을 중단한 사람들에 대해 더 공정한 시스템을 요구한다. 선출직 공무원에 대한 이러한 호혜성 요구는 노란 조끼가 요구하는 경제적 정의가 단순히 비용 절감이나 대차대조표의 수익에 따른 동기가 아니라는 것을 또한 보여준다. 이는 존엄성이라는 인간의 도덕적 가치에 대한 동등한 가치 평가를 기반으로 하는 호혜성에 대한 요구이다. 만약 존엄하게 자신의 기능을 수행하기 위해 전직 대통령이 연간 250만 유로를, 국회의원이 월 7,000유로를 요구한다면, 일반 시민이 월 1,300유로 미만으로 존엄하게 살 수 있으리라고 어떻게 기대한단 말인가?

경제적 존엄성은 노란 조끼의 마지막 요구사항이다. 만약 이들이 안전, 자유, 민주주의를 또한 요구했다면, 존중과 존엄이 만족스러운 삶을 사는 데 핵심이라는 점을 분명하게 한 것이었다. 이런 점에서 에마뉘엘 마크롱이야말로 노란 조끼의 분노를 회복할 수 없을 정도로 자극한 장본인이다. 2017년 집권 이후 마크롱은 경제적으로 성공하지 못한 사람, 사회적 지위가 그보다 낮은 사람, 엘리트들이 자신들 뒤에 있는 나머지 사회를 이끄는 경제 모델에 대해서 그의 비전을 공유하지 않는 모든 사람을 철저하게 무시해왔다. 몇 가지 예는 프랑스 대통령의 말과 행동에 대한 가장 중요한 논쟁에 아직 익숙하지 않은 사람들을 위해 맥락을 이해하는 데 도움이 될 것이다. 보다 인간적이고 현실적인 대통령을 보여주기 위해 명확하게 연출된 무대 후면 영상(backstage video)에서 마크롱은 책상에 앉아 사회보장에 지출되는 돈에 관해 이야기하고 있다. 루이 15세 시대의 가장 화려한 스타일을 연상시키는 금으로 장식된 로코코 스타일의 의자에 앉아 마크롱은 우리가 가난한 사람을 돕는데 '말도 안 되는 돈(un pognon de dingue)'을 쓰고 있다고 개탄하며 이 문제에 대한 국가지출의 긴급한 개혁을 요구한다(Colin, 2018). 마크롱은 자신의 측근들과 자유롭게 대화하면서 자신을 더 우호적으로 묘사하려는 정치쇼를 시도했지만, 집무실의 호화로운 환경을 고려할 때 상당한 역효과를 낳았다. 그렇지만 그는 대통령 관저인 엘리제궁(Élysée Palace)에

들어가기 전에도 고군분투하는 시민들에 대해 경멸적인 발언을 서슴지 않았다. 2014년에 경제부 장관으로서 마크롱은 폐쇄를 앞둔 도축장의 여성 노동자들을 "문맹"이라고 불러 일반 대중에게 충격을 주었다(Drillon, 2014). 마크롱이 비판의 대상으로 지목하며 말한 작업장 직원들은 대부분이 여성이 아니었을 뿐만 아니라, 그는 마치 교육만 받으면 프랑스 최서단 피니스테르(Finistère)의 외딴 지역에서 고임금 일자리를 얻을 수 있는 것처럼 읽기 능력이 부족해서 저숙련 일자리를 갖게 된 것으로 보고 있음이 분명했다. 성공하지 못한 것으로 간주되는 사람들에 대한 대통령의 태도를 가장 잘 드러내는 문구는 대통령에 당선된 후 스타트업 기업가들을 대상으로 한 연설에서 나온 말이다. 자칭 정치 기업가로서 마크롱은 2016년 자신의 이니셜을 딴 정치 브랜드 '앙 마르슈(En Marche!)'[5]를 만들어 현재 집권하고 있는 정당을 창당했는데, 이는 성공적인 스타트업의 정의와도 같다(Ventura, 2016). 기차역을 개조해 새로운 창업 허브로 탈바꿈시킨 곳에서 연설하며 마크롱은 "기차역은 성공한 사람들과 아무것도 아닌 사람들이 교차하는 곳"이라고 말했다. '아무것도 아닌 사람들'이라는 이 표현은 명확하다는 장점이 있다. 성공한 기업가이거나 비슷하게 자수성가하여 경제적으로 풍족한 사람이라면 언급할 가치도, 생각할 가치도, 고려할 가치도 없는 사람이

5 [역주] 프랑스 대통령 에마뉘엘 마크롱이 2016년에 창당한 '전진'이라는 뜻의 중도 자유주의 정당이다. 당의 정식 명칭은 '라 레퓌블리크 앙 마르슈(La République En Marche)'로 '전진하는 공화국'이라는 뜻이다. 한편 2022년 프랑스 국민의회 선거를 앞두고 당명이 기존의 앙 마르슈에서 르네상스(Renaissance)로 변경되었고, 2022년 9월 17일 2개의 친여 성향 소수정당들과 합당하면서 공식 당명 역시 르네상스로 교체되었다.

다. 르펜 이외에 투표의 대안이 될 후보가 있는 상황에서 1차 선거에서 겨우 24% 득표율로 당선되었을 뿐인 대통령의 이 발언은 대통령직을 통합의 길로 이끌지 못했고, 자신을 뽑아준 사람들의 존엄성을 존중하는 모범이 되지 못했다.

그러나 노란 조끼 운동의 부상에서 마크롱의 역할을 인간 존엄성의 가치를 무시하는 더 넓은 경제 시스템의 촉매제 이상의 것으로 보는 것은 잘못일 것이다. 마크롱은 시위대의 개인적 반감을 불러일으켰을 수 있으며, 현재 그중의 많은 사람이 그의 사임을 해결책의 필수적 부분으로 여기고 있다. 하지만 이는 단지 그가 성공한 경제주체들이 그렇지 못한 사람들에 대해 보이는 태도를 상징하기 때문이다. 현대 경제생활에서 부동산 가격의 상승보다 이를 더 분명하게 보여주는 것은 없다. 활기차고 성공적인 경제의 신호로 많은 사람이 간주하는 주택가격 상승은 저소득층을 그들이 원하는 지역에서 쫓아내고, 많은 사람을 부유한 교외나 고급 마을이 아닌 주변부로 내몰아 경제생활의 필수품인 개인 교통수단의 필요성을 높이는 불행한 결과를 가져왔다. 대중교통의 범위에서 벗어나 점점 더 먼 거리를 출퇴근해야 하고, 돌봄 및 기타 서비스를 제공하는 가족 및 기타 네트워크에서 멀리 떨어져 있는 시민들은 현재 예산의 상당 부분을 차지하는 에너지의 가격 변동에 취약한 경우가 많다. 모든 에너지 소비자를 무차별적으로 겨냥하는 친환경 구상, 전에는 이용할 수 있던 국가지원을 중단하는 긴축 조치, 그리고 이동성을 높여야 하는 노동시장으로 인해 압박받은 퍼펙트 스톰이 지리학자 크리스토프 길뤼가 주장한 것처럼 한동안 몰아치고 있었다. 그의 광범위한 주장과 그가 언급하지 않는 많은 예외로 인해 논란의 여지가 있지만, 그럼에도 불구하고 길뤼의 분석은 현재의 딜레마에 대한 예언이다. 2019년에 『엘리트의 황혼(Twilight of the Elites)』으로 영어 번역된 2016년 그의 저서에서 그는 우리의 현대 지리를 중세 성채의 지리와 동일시하지만, 도시의 성벽이 제곱미터당 주택가격으로 대체되어 사실상 수백만 명이 도시의 주택에서 배제된 곳이라고 말한다. 1990년대 중반 제곱미터당 2,480유로였던 파리의 아파트 가격은 2010년대 중반에는 제곱미터당 평균 8,000유로 이상, 일부 지역은 1만 5,000유로까지 상승했다(Guilluy, 2016/2019). 이는 거의 5년 전의 일이며, 현재는 제곱미터당 평균 1만 유로를 넘어섰다. 심지어 고급스럽지 않은 원베드룸 아파트(말하자면, 35제곱미터)의 경우에도 가족이 있고 자녀에게 침실을 주고 싶은 사람은 말할 것도 없고 대부분 노동자에게는 감당할 수 없는 가격이다. 이 때문에 길뤼는 지배계급은 도시에 기반을 둔 운동에 대해 두려워할 것이 거의 없지만, 이 경제 기적에서 배제된 사람들의 급진화에 대해서만은 두려워해야 한다고 경고했다. 즉, 도시 근교 차원에서의 프랑스가 그러하다(Guilluy, 2016/2019). 유류세는 세계화와 자유주의-자유지상주의적 합의가 가져온 혜택에서 배제된 사람들 사이에서 더 큰 사회적 불쾌감과 실존적 위기를 불러일으키는 계기가 되었을 뿐이다. 압력솥은 한동안 폭발 직전까지 갔었고, 압력을 임계점까지 높이는 데는 마크롱과 그의 정부 특유의 요령 없는 태도만으로 충분했다. 이러한 불만은 극단에 있는 정당들의 초점이 되어 왔으며, 그들의 강령 뒤에 있는 분노한 민심을 자극하려는 일련의 시도가 있었다. 하지만 마린 르펜의 국민전선이 이름을 바꾼 국민연합이나 사회당 좌파의 분파 정당인 멜랑숑의 라 프랑스 앵수미즈 모두는 노란 조끼의 지지를 모으지 못했다. 노란 조끼는 때때로 명백히 반유럽적이고 외국기업보다 자국 기업을 선호하지만, 기존의 극단적인 정당으로 한꺼번에 몰려들지는 않았다. 이를 노란 조끼의 경제적 정의에 대한 요구의 맥락에서 설명하기 위해 사회계약의 국제적 차원을 살펴보자.

국제적 정의

존 롤스는 『만민법(The law of People)』에서 사회계약이 국제적 수준으로 확장될 수 있다고 말한다. 이 책의 개요를 설명하는 글에서 그는 '내가 사용하는 정의의 개념은 공정으로서의 정의보다 더 일반적이지만, 여전히 사회계약의 개념과 연결되어 있다'라고 주장한다(Rawls, 1993: 37). 롤스에게 사회계약 전통의 일부는 다른 사회와의 관계도 포함해야 하며, 이것이 바로 그가 『만민법』에서 스스로 설정한 과제이다. 롤스는 우리가 우리의 목표와 이익을 추구하기 위해 어떤 사회를 용인하고 협력해야 하는가라고 묻는다. 이 질문의 당연한 귀결은 경제적, 외교적, 군사적 등 다양한 수단을 통해 우리가 어떤 사회를 용납해서는 안 되며, 어떤 사회를 상대로 싸워야 하는 것이 정당한지를 묻게 된다. 후자의 질문도 중요하지만, 이는 현재 노란 조끼와 사회계약에 대한 논쟁의 범위를 벗어난다. 전쟁 이론이나 국제 제재의 사용에 대해 논의하는 것은 다른 맥락에서는 아무리 중요할지라도 여기서는 별로 이득이 없다. 그러나 다른 사회에서 용인되는 것이 무엇인지에 대한 첫 번째 질문은 현재의 맥락에서 중요하다. 노란 조끼의 제안 중 일부는 유럽연합 및 기타 국제기구의 제도적 틀과 충돌하고 경제적 세계화라는 더 넓은 맥락에 놓일 필요가 있기 때문이다.

구성주의적 틀을 사용하는 롤스의 정의 개념 자체는 정의와 사회계약의 개념에 대한 논쟁이 국가 수준에서 폐쇄적이고 자급 자족적인 사회에서 일어나고 있음을 가정하고 있는 점에 주목할 필요가 있다(Rawls, 1993: 39). 또한 롤스의 만민법은 정확히 국제 행동을 규제하는 국제법이나 일련의 국제 조약이 아니라는 점에도 주목할 필요가 있다(Rawls, 1993: 43). 후자는 국제적 갈등과 협력의 결과로 존재하지만, 전자는 정치적 정당성의 행사, 즉 국제적인 사회계약 이론으로 남아 있다. 이것이 바로 롤스 이론의 매력이다. 이 이론은 특정 인민의 국제적 문제에 관한 것이기도 하지만, 그 인민이 국제적 수준에서 상호 작용하는 다른 인민을 어떻게 대해야 하는지에 대한 이상적인 개념에 기반을 두고 있다. 롤스는 민주주의 사회는 (1) 인민의 자유와 독립, (2) 평등, (3) 자위권, (4) 불개입, (5) 조약 준수, (6) 전쟁 제한, (7) 인권 존중이라는 일곱 가지의 정의 원칙에 동의할 것이라고 주장한다(Rawls, 1993: 46). 각각의 원칙에 대해 자세히 설명하지 않고, 여기서는 두 가지 롤스의 원칙이 충돌하는 부분만 논의하고자 한다. 한편으로, (1), (2), (4)는 인민의 독립과 평등, 불간섭에 대한 존중을 요구하고, 다른 한편으로 (5)는 조약의 준수를 요구한다. 이 두 가지 권리는 현재 유럽연합과 더 넓게는 세계무역기구 또는 국제통화기금 가입과 같은 경제적 세계화의 맥락에서 충돌하는데, 이는 경제 제도적 협력과 조약이라는 더 넓은 맥락에서 국가의 독립이 위협받고 있기 때문이다.

여기서 문제가 되는 것은 조약 준수의 원칙이 아니라 — 그리고 롤스의 만민법 개념을 완전히 폐기할 필요는 없지만 — 국가 수준의 경제적 정의가 국가의 역할을 축소하고 엄격히 통제하는 특정한 경제 활동 개념을 위한 이미 존재하는 복잡한 국제협약의 그물망을 위험에 빠뜨리고 있는 현실이다. 유로존의 맥락에서 회원국이 공공부채를 증가시킬 수 있는 능력은 국제 조약, 특히 유로존 회원국이 준수해야 할 일련의 규칙을 제공하는 안정성장협약(Stability and Growth Pact, SGP)에 의해 제한받는다. 특히 예산 적자가 GDP의 3%를 초과하는 회원국은 SGP의 시정 대상에 속하며 원칙적으로 초과 재정적자 절차(Excessive Deficit Procedure, EDP)를 밟게 된다. 그 뒤 유럽위원회는 과도한 적자를 검토하고 상황을 개선하기 위해 해당 국가에 권고한다. 2019년에 프랑스는 그중 일부가 노란 조끼 시위를 해결하기 위한 것이었던 새로운 지출 조치에 이어 그해 재정적자가 3.1%에 달할 것으로 전망하면서 재정적자와 관련된 SGP 규칙을 위반할 것으로 예상했다. 또한 프랑스는 2019년 부채가 GDP의 99%를 기록하면서 전체 부채가 GDP의 60%를 넘지 않아야 한다는 규칙을 지속적으로 위반해 왔다. 이러한 규칙 위반으로 인해 유럽위원회는 프랑스에 대한 보고서를 통해 2020년 예상 재정적자가 기준치인 3%보다 낮다는 점을 지적하며 정책 변경을 권고하지 않았다(European Commission, 2019). 그러나 초과 재정적자 절차는 다른 나라에서 심각한 경제적 제약을 초래했다. 특히 그리스, 이탈리아, 스페인에서는 2008년 금융위기 이후 공공지출을 줄이고 세입을 늘리기 위한 대규모 조치가 시행되어 경제가 어려운 국가에 긴축정책이 시행되었다. 3년 연속으로 협약을 위반할 시 GDP의 최대 0.5%에 달하는 징벌적 제재가 부과될 수 있기 때문에 이러한 조치는 회원국이 필요할 때 지출을 늘릴 수 있는 능력을 심각하게 제한할 수 있다. 제스퍼 드 종과 닐스 길버트(Jasper De Jong and Niels Gilbert, 2019)에 따르면, 실제로 이 협약은 회원국의 재정정책을 제한하기 위해 고안되었으며, 그렇게 함에 있어 엇갈린 성공을 거두었다.

이러한 국제적 수준, 즉 조약을 체결하고 효력에 들어간 민주주의 국가들 사이에 재정정책 제한은 노란 조끼와 국제적 사회계약의 맥락에서 중요한 의문을 제기한다. 1997년에 합의된 위에서 설명한 이 협약은 경제 제재의 위협 아래 회원국의 재정정책에 제한을 가한다(영국은 제재에 관한 선택적 면제조항[6]을 확보했고, 이후 유럽연합을 탈퇴했기 때문에 여기서 예외이다). 이러한 제재가 사용된 적은 없지만, 제재가 존재한다는 것 자체는 권고가 구속력을 가질 수 있음을 의미하며, 이는 일반적으로 적어도 일정 수준의 준수를 가져왔다. 이는 각국 정부의 손을 완전히 묶지는 못하지만, 그들의 행동 범위를 효과적으로 제한한다. 따라서 경제활동의 증진을 위한 정부지출의 증

---

6 [역주] 선택적 면제조항(opt-out clause)은 유럽연합의 맥락에서 특정 회원국이 유럽연합의 특정 정책이나 협정에서 면제될 수 있도록 허용하는 조항을 말한다. 이러한 조항은 유연성을 제공하고 회원국의 다양한 요구와 이익을 인정한다. 모든 회원국에 선택적 면제조항이 허용되지는 않는다. 또한 해당 조항이 있는 회원국도 분야나 정책에 따라 다르다. 선택적 면제조항은 일반적으로 가입 절차 또는 특정 조약 협상을 통해 합의되며, 회원국이 특정 정책 또는 영역에 대해 유럽연합에서 갖는 참여 수준과 영향력에 영향을 미칠 수 있다.

가는 다수 유럽 국가의 시민들에게 중요한 변화를 가져온 측면에서 이전에 합의된 조약의 준수에 따라 제한을 받을 수 있다. 사실상 조약 준수의 원칙을 고수함으로써 여기에는 불개입 원칙이 적용되지 않는다. 유럽의 조약들이 개정하기가 매우 어렵지 않았다면, 이는 그다지 의미 있는 발전이 아닐 것이다. 일단 합의되면, 조약을 개정하기 위해 모든 회원국의 찬성이 필요하다. 물론 유럽연합의 조약들에는 프랑스 지도자들이 수년 동안 노력해 온 경제적 정의를 해결할 수 있게 하는 정책 대안들이 여전히 들어있다. 어떠한 지출 증가든지 세입 증가로 보충할 수 있지만, 경제 침체기에는 이는 말처럼 쉽지 않다. 필요할 때 지갑 끈을 풀지 못하게 하는 규칙을 강화하기 위해 자신과 전임자들이 브뤼셀에서 내린 결정에 대해 역대 정치인들이 '브뤼셀'을 비난했기 때문에, 노란 조끼가 때때로 유럽 기관에 분노를 표명한 것은 놀라운 일이 아니다. 이는 유럽연합에만 국한된 것이 아니며, 책의 결론부에서 노란 조끼와 브렉시트 투표를 간략히 비교하겠지만, 여기서 중요한 것은 국제협약의 원칙이다. 이러한 협약은 국내법이나 헌법보다도 변경하기가 훨씬 더 어렵기 때문에, 체결된 지 수십 년이 지난 후에도 민주적 유효성에 대한 의문이 제기된다. 모든 민주적인 국제적 사회계약은 이러한 국제 조약의 문제와 국제 조약이 국가의 민주적 제도에 부과하는 그 제한을 다룰 필요가 있다.

롤스와 같은 국제적 정의론의 한계 중 하나는 국가 수준에서의 그의 정의론과 마찬가지로 절차주의에 있다. 정의로운 사회 질서의 설립은 설립된 제도의 정당성을 어느 정도 보장하는 것으로 보이는 특정 규칙이나 절차의 준수를 전제로 한다. 위의 예를 들자면, 유럽연합 회원국들이 재정정책에 관한 절차에 동의한다면, 최소한 그 절차가 개정될 때까지는 그것이 영구적으로 회원국들을 제약하는 것은 정당하다. 그러나 과도한 절차주의의 문제점 중 하나는 조약 체결 당시에는 예측할 수 없었던 상황이나 그러한 절차를 협상하는 강대국과 약소국 사이에 존재하는 힘의 역학 관계를 고려하지 못한다는 것이다. 예를 들어 그리스가 유럽연합 재정과 관련하여 독일과 같은 협상력을 갖기를 기대하는 것은 무리다. 하지만 이러한 빈약한 절차주의 모델에 대한 대안이 있다. 그중 하나는 더 두터운 국제적인 연대 모델이 될 수 있다. 프랑스에서 경제적 정의에 대한 국제적 논쟁과 관련해 노란 조끼가 사회적 행위자들 간의 연대를 강화할 것을 촉구한 것처럼, 국제적 수준의 연대 강화 모델은 롤스가 선호하는 법률주의적이고 경직된 모델과 달리 옹호를 받을 수 있다. 이는 필립 컨리프(2018)가 유럽연합과 관련하여 제기한 주장이다. 세계시민주의(cosmopolitanism)보다 국제주의 모델을 선호하는 컨리프는 국제기구와 구조의 창설 없이도 국가 간의 사회적 유대를 강화할 수 있다고 주장한다. 롤스의 『만민법』에 연대 의식이 없다는 점은 이러한 점에서 주목할 만하다. 행동 규칙을 제도로 규제하는 대신 국가 간의 연대로 뒷받침되는 모델을 실행이 가능한 대안으로 장려할 수 있다.

노란 조끼의 요구들 가운데 세 가지가 국제 연대에 대한 이러한 요구를 설명하는 데 도움이 될 수 있다. 14번째 요구사항은 다른 국가로의 취업 알선을 중단하라는 것으로 논평가들은 때때로 이를 사회적 덤핑(social dumping)[7]으로 부른다. 이 요구는 다른 유럽연합 국가로부터의 이주를 반대하는 것으로 해석될 수 있지만, 분명히 그런 의미로 표현된 것은 아니다. 이는 프랑스에서 일하는 사람들이 그들을 고용한 고용주 국가의 고용규칙이 아니라 프랑스의 고용규칙을 따라야 함을 요구하고 있을 뿐이다. 이 요구사항을 관대하게 해석하면, 다른 유럽연합 국가에 기반을 둔 고용주에 의해 권리가 제한될 수 있는 프랑스 내 외국인 노동자를 보호하자는 것이다. 덜 관대하게 해석하면, 프랑스 노동자와 고용주를 사회적 보호 비용이 저렴한 다른 유럽연합 지역과의 경쟁으로부터 보호하자는 것이다. 그러나 두 가지 해석 모두 연대의 조건은 명확하다. 한편으로 이는 프랑스 내 외국인 노동자에게 연대를 제공하며, 다른 한편으로는 불공정 경쟁으로 인식되는 것으로부터 프랑스 기업을 보호하는 것이다. 이민의 원인을 치료하고 망명 신청자가 좋은 대우를 받도록 하는 18번째와 19번째 요구사항은 모두 국제 연대를 위한 것이다. 이 요구들은, 유럽연합 외부에서 온 이민자와 망명 신청자를 포함한 외국인을 배제하는 것과 별개로, 다른 국가에서 도움이 필요한 사람들에 대한 연대를 강화할 것을 요구한다. 노란 조끼에게 있어 국제적 정의의 요구는 국가 수준에서 정치적 행동에 대한 요구와 함께 연대를 강화하라는 의미이다. 더 상세하게 다루는 것이 적절하겠지만, 그 요구들이 중요한 면에서 롤스의 절차적 접근법에서 벗어난다는 점만 언급하는 것으로 충분하다. 특히 과거 조약들을 준수하는 의무를 생략한 채

7 [역주] 국내 자본의 이탈을 방지하고 해외 자본의 국내 유치에 유리하도록 그것에 방해가 되는 비임금 비용(주로 사회적 지출 비용)을 국가들이 경쟁적으로 낮추게 되는 현상을 뜻한다.

노란 조끼는 국제적 정의의 조건을 개정해야 한다고 요구한다. 그러나 이들의 요구가 국경 폐쇄와 모든 이민의 종식이 아니라 연대를 강화하는 데 목적이 있음을 알지 않으면, 그들의 요구를 특히나 냉소적으로 해석하게 될 것이다.

결론

마크롱주의는 프랑스만의 독특한 현상이 아니다. 과거 대처주의와 레이건주의와 마찬가지로 마크롱주의는 세계화의 승자와 냉전 이후 세계의 경제 질서 사이에 합의를 반영한다. 노란 조끼 운동의 주축을 이루는 중하위 계급은 물론이고 노동계급도 포함하는 소중간계급은 긴축, 민영화, 사회 서비스에서 국가의 후퇴라는 제단에서 희생물이 되었다. 마크롱에 의해 추진되고 있는 자유주의-자유지상주의라는 특별한 브랜드는 롤스와 노직의 가장 나쁜 측면을 연상시키는데, 그것이 부의 소량의 재분배로 큰 불평등과 최상위층을 위한 자유방임적 경제 모델을 정당화하고 있기 때문이다. 새로운 사회계약이 절실히 필요하다. 그것은 경제적 문제에 적절한 비중을 부여하고, 이 장에서 논의한 정의와 연대의 필요성을 다루는 그런 계약이다. 결론에 해당하는 다음 장에서는 그러한 모델이 가능하다는 것을 보여줄 것이다. 새로운 사회계약은 3장부터 5장까지 논의한 자유, 민주주의, 경제적 정의의 필요성을 고려할 것이다.

6. 사회계약의 갱신

프랑스에서 기존 사회계약에 대한 노란 조끼와 그들 도전이 주는 가장 중요한 교훈은 아마도 그들의 존재(being)와 생성(becoming)에 있을 것이다. 이 운동은 1년이 지난 지금까지도 다소 줄어들기는 했지만 여전히 활발하게 진행되고 있다. 하지만 글로벌 팬데믹으로 인해 매주 집회가 중단될 것이라고 2018년 11월에 누가 예측할 수 있었는가? 이 시위대 중 일부가 그 기간 동안 매주 토요일마다 무더위와 혹한 속에서 평화적인 시위와 폭력의 상호작용 속에서, 대규모로든 소규모로든 집회에 참석할 것이라고 누가 예측할 수 있었는가? 운동의 존재 자체가 실패나 성공과 관계없이 하나의 성과이다. 사회 운동에 참여해 본 사람이라면 누구나 사회 운동이 자신의 기대와 타인과의 상호작용 그리고 운동을 둘러싼 사회적 맥락을 형성한다는 것을 알 것이다. 나는 영국 고등 교육 역사상 가장 큰 규모의 파업이었던 2018년의 대학 총파업[1]에 참여했는데, 이 파업은 4주 동안 전국의 캠퍼스에서 시위를 벌이며 절정에 달했다. 노란 조끼 운동보다 훨씬 작은 규모였음에도 불구하고 캠퍼스 내의 관계를 의미 있는 방식으로 변화시켰다. 파업에는 '이전(before)'과 '이후(after)'가 있으며, 따라서 파업이 하나의 사건(event)을 구성한다고 말하는 것이 타당하다. 노란 조끼 사건은 전혀 다른 중요성을 지닌다. 노란 조끼 위기에는 '이전'과 '이후'가 있으며, 그 이후는 아직 보이지 않지만, 시간은 어떻게 사회적 관계가 변화했는지, 그리고 그것이 더 나은 방향이 될지 더 나쁜 방향이 될지 말해줄 것이다. 비록 운동의 생성은 여전히 불확실하지만, 사회계약의 조건을 재고하고 변화를 위한 기회인 것은 분명하다. 사회계약은 상호 작용하는 방식과 제도가 정치 과정에서 기대할 수 있는 결과 유형을 형성하기 때문이다. 이러한 점을 우리는 결론에서 살펴볼 것이다. 따라서 현재까지 이 운동의 가장 큰 성과 중 하나는 이미 이루어졌다. 즉 노란 조끼 운동은 더 많은 참여민주주의를 포함하도록 정치적 결사의 조건, 다시 말해 사회계약의 갱신을 촉구했다.

노란 조끼는 첫 1년 반 동안의 활동 과정에서 프랑스 정부의 정책에 변화를 가져왔으며 사회의 불평등 문제를 전면에 제기했다. 그들은 모든 운

1 [역주] '2018년 대학 총파업'은 영국 대학노조 연합(University and College Union, UCU) 소속 57개 기관이 연금 삭감에 항의하기 위해 2018년 2월과 3월 사이에 진행한 파업이었다. 파업은 대학 교직원을 위한 연금 제도, 특히 대학 연금 제도(Universities Superannuation Scheme, USS) 변경에 대한 대응이었다. 변경안은 퇴직 시 특정 소득을 보장하는 확정봉급형 연금에서 투자 수익률에 따라 연금액이 달라지는 확정기여형 연금으로 전환하는 것을 골자로 하고 있었다. 대학노조 연합은 변경안이 퇴직금 감소와 고용 불안을 초래할 것이라고 우려했다. 강사, 연구원, 도서관 사서, 기술직원, 행정직원 등이 포함된 대학노조 연합은 65개 캠퍼스에서 파업을 진행했다.

전자를 대상으로 무차별적으로 부과하려던 환경세 도입 결정을 뒤집었다. 그들은 프랑스 사회에서 가장 낮은 임금을 받는 노동자들에 대한 임금 인상을 확보했다. 그들은 일반 대중에게 부유세 감세가 가져올 불평등에 대해 경고했으며, 아직 성공하지는 못했지만 부유세 복원을 요구했다. 그들은 국가가 암묵적 합의를 뒤흔드는 운동에 맞서 질서를 집행한다는 명목으로 억압하고 불구로 만들고 죽일 준비가 되어 있음을 보여주었다. 그들은 에마뉘엘 마크롱 프랑스 대통령의 자유주의-자유지상주의적 개혁들의 속도를 늦추었다. 그들은 여론에 활기를 불어넣었고 모든 사람들이 정부의 대응과 의제에 찬성하거나 반대하여 시위대의 곤경에 편승하거나 반대하도록 만들었다. 그들은 이 운동이 비록 단기간에 그치더라도 향후 몇 년 동안 직장에서, 친구들 사이에서, 가족들 사이에서, 카페에서 그리고 거리와 회전교차로에서 낯선 사람들과 함께 많은 논쟁과 토론을 초래할 수 있는 정치적 참여 의식을 만들어 냈다. 그들은 사회적 신체가 병들었으며 치료가 필요하다는 것을 보여주었다. 내가 여기서 제안하는 것은 운동의 약리학을 제공하는 것이다. 요컨대 노란 조끼 운동이 심각한 사회적 병폐를 드러내고 깊은 사고와 토론을 요구한다는 점에서, 그리고 노란 조끼 운동 그 자체가 증상을 드러내고 질병에 대한 해결책의 일부를 제공하는 점에서 그렇다. 나는 특유의 재치와 모호함에 대한 섬세한 감각을 지닌 디드로(Diderot)가 현재의 노란 조끼 위기에서 드러난 명백한 사회적 병에 관해 설명하고, 이를 사회계약의 문제로 표현하는 데 가장 적합한 인물임을 보여줄 것이다. 1796년 사후에 출간한 소설 『운명론자 자크(Jacques the Fatalist)』

에서 무릎 치유에 대한 디드로의 메타포는 국가의 권위적 인물, 특히 대통령이 요구하는 무릎 꿇기 모델과 기어가기 모델과 그것이 나타내는 사회계약에 대한 강력한 대안을 예시하고 있다.

자크와 그의 주인

'그들은 어떻게 만났는가? 모든 사람들처럼 어쩌다 우연히. 그들의 이름은 무엇인가? 그게 당신과 무슨 상관인가? 그들은 어디서 오고 있었는가? 가장 가까운 곳에서. 그들은 어디로 가고 있었는가? 사람들은 자기가 어디로 가는 곳을 안단 말인가?'(Diderot, 1796/1986: 21). 『운명론자 자크』의 이러한 첫 대사는 자크와 그의 주인의 이야기에서와 마찬가지로 2018년 11월 이후 프랑스의 회전교차로에서 활동 중인 노란 조끼에도 적용된다. 그들의 적들에 의해 자크리의 난, 즉 농민 반란으로 특징지워진 노란 조끼는 21세기의 자크이다. 디드로의 이야기에 나오는 자크와 마찬가지로, 그들은 거만하고 무례하고 때로는 폭력적이다. 하지만 이름이 없어 누구라도 될 수 있는 그들의 주인은 이러한 특징들 때문에 자크를 더욱 필요로 한다. 디드로가 혁명 이전의 프랑스를 정처 없이 여행하면서 천 번의 우회로를 거쳐 고통스럽게 전개하는 자크의 사랑 이야기 대신, 여기서는 위태로운 노란 조끼의 분노가 이야기된다. 하나의 감정이 다른 감정 — 사랑이 증오로, 부드러움이 사회적 갈등으로 — 과 교환되면서, 자크와 그의 주인의 방랑 이면에 있는 전체 여행 이야기는 더 나아가 미완성상태의 회전교차로(a roundabout avant la lettre)로 보인다. 마치 오늘날의 자동차 운전자가 중심부에 도달하지 못한 채 초라하게 장식된 회전교차로의 중앙 섬을 빙글빙글 도는 것처럼, 자크의 이야기는 그의 사랑 이야기 주변을 끝없이 헤매는 것처럼 보인다. 두 주인공은 프랑스 시골에서 뚜렷한 목표 없이 방황하며 여행 목적이나 목적지를 독자들에게 절대 밝히지 않는다. 자크와 그의 주인은 자크의 사랑에 관한 질문과 그들 존재의 정동적 차원을 다루면서 빙글빙글 도는 커다란 원에 갇혀 있다. 운동 초기에 노란 조끼가 회전교차로를 선택한 것은 앞으로 나아갈 뿐 어디로도 가지 않는 현대 도시 공간에서 드러나는 교통의 흐름을 보여주는 것이기도 했다. 다른 도시 개발과는 달리, 회전교차로는 그 자체로 목적지가 아니다. 회전교차로는 GPS에 입력할 주소 또는 오래 머무를 수 있는 장소로 기능하는 경우가 드물다. 외견상 어디로든 가지 않고 이 건축적 기괴함의 존재의 덧없음을 성찰하기 위해 삶이 결코 멈추지 않는 공공장소에서 그들이 분노를 표출하기로 선택한 점은 운동 전체로서의 시적 공식화이다. 하지만 노란 조끼 이야기의 정동적 차원은 그들의 사랑을 드러내는 것이 아니라 — 비록 사랑이 밝은 노란색 회전교차로에서 부재한 것은 아니지만 — 그들의 분노와 환멸을 공유하는 것이다. 모든 일이 하늘의 거대한 두루마리에 미리 정해져 있다고 믿는 운명론자(우리는 자크의 철학적 견해를 설명하기 위해 '결정론자'라는 용어를 사용한다) 자크는 문제를 간결하게 표현한다. '우리가 사랑에 빠졌을 때, 우리가 주인이 된 적이 있나요? 그리고 우리가 사랑할 때, 사랑하지 않은 것처럼 행동할 수 있는 주인인가요?'(Diderot, 1986: 36).[2] 노란 조끼는 그들 분노의 주인인가, 만약 주인이라면, 그들이 분노를 통제하거나 숨길 것으로 예상되는가? 감정은 우리를 지배하는 힘을 가지고 있으며, 디드로의 이야기에서 자크의 사랑을 이해하는 것이 중요한 것처럼, 여기서 중요한 것은 노란 조끼의 분노를 이해하는 것이다.

자크와 그의 주인의 첫 번째 불운은 불의를 바로잡기 위해 폭력을 사용하는 자크의 성향에 대해 많은 것들을 말해준다. 하루의 일정을 마친 두 주인공은 방금 도적들에게 강도를 당한 여관에 들렀는데, 여관 주인으로부터 훔친 물품을 먹고 마시는 도적들이 방 중 한 곳에 있었다. 자크와 그의 주인은 미안해하는 여관 주인에게 먹다 남은 몇 가지 음식을 대접받지만, 도적들은 자신들의 업적과 잔치를 과시하며 주인공들의 방으로 닭 뼈를 보내 조롱한다. 자크는 이러한 인격적 모욕에 화를 내며 주인의 총을 들고 도적들의 방에 난폭하게 들이닥쳐 총을 겨눠 그들의 옷을 모두 빼앗는다. 그런 다음 그는 도적들을 방에 가둔 후에 주인에게 돌아와 자신들의 침실 문에 바리케이드를 치고 도적들이 복수를 위해 문을 부술지도 모른다는 위험에도 동요하지 않고 잠이 든다. 그러는 동안 주인은 생명에 대한 공포와 두려움에 떨고 있었다. 결국 자크의 운명론적인 철학에 따라 그들이 복수를 할지 말지는 하늘의 거대한 두루마리에 씌어 있고, 그가 그것

2 [역주] 위 문장은 한글 번역본에 다음과 같이 서술되어 있다. '사랑을 하거나 사랑을 하지 않는 일이 어디 우리 마음대로 되는 일인가요? 그리고 우리가 사랑할 때, 사랑하지 않을 때처럼 마음대로 행동할 수 있나요?' 드니 디드로 지음, 김희영 옮김. 『운명론자 자크와 그의 주인』(서울: 민음사), p. 14.

을 바꾸기 위해 할 수 있는 일은 아무것도 없었다. 자크와 그의 주인은 자크가 도적들에게 교훈을 준 것에 만족하면서 다음 날 아침 무사히 탈출했다. 단지 개인적인 입장에서일 뿐이지만 정의가 실현되었다. 사실 자크의 이기심은 그의 마음의 친절로부터 타인을 돕는 것까지로는 확장되지 않았다. 즉 그는 여관 주인과 그의 가족을 돕기 위해 아무것도 하지 않았다. 대신 자크는 모욕에 무력으로 대응함으로써 체면과 명예를 지키고 자신의 가치와 존엄성을 강화했다. 자크는 인정받고자 하는 욕망으로 인한 위험에도 굴하지 않고, 존엄성이 동기 부여의 힘이 될 수 있음을 보여준다.

노란 조끼는 그들이 경멸스러운 것으로 인식하는 국가 당국에 맞서서 자신의 존엄성을 요구하고 주장하기도 한다. 공화국의 최고 선출직 공무원인 대통령이 그들을 잘못된 선택의 실패한 희생자로 보는 경멸에 맞서서, 그들은 권력자들이 보여준 공개적인 모욕과 경멸에 저항한다. 4장에서 논의한 것처럼, 권력은 상층부에 있는 사람들이 흔히 예상한 것보다 더 분산되어 있다. 프랑스 혁명 몇 년 전에 디드로가 쓴 책에서 볼 수 있듯이 아래로부터의 반란은 프랑스 공화주의적 전통의 특징이며 실제로 그 이전부터 존재해 왔다. 노란 조끼는 자크리의 난의 한 형태이지만, 그들의 적대자들이 생각하는 의미로서는 아니다. 그들은 디드로의 소설에서 예시된 의미에서 자크리의 난이다. 정치적으로 목소리를 내지 못했던 사람들, 노동조합이나 정당 등 사회적 세력의 보호를 받지 못했던 사람들 그리고 저항권을 행사한 사람들의 반란이다. 따라서 이 특별한 자크리의 난은 정치적 결사의 조건에 도전하는 사회계약의 갱신에 관한 이야기이다.

무릎의 메타포

디드로 자신은 사회계약 전통에 낯설지 않았다. 중요한 사회계약 이론가인 루소와 홀바흐(d'Holbach)의 개인적인 친구였던 그는 자신의 저술 경력 초기에 이 주제에 관한 글들을 기고했다. 특히 그는 보편적 지식의 중대한 프로젝트인 『백과전서(Encyclopédie)』 1권 「정치적 권위(autorité politique)」에 관한 논문에서 해당 주제를 다뤘다. 당시 그는 『백과전서』 편집자로 20년 넘게 있었다. 논문은 공화주의적 급진주의를 표방하면서 비타협적인 사회적 평등의 전망에 기반을 두고 있다. 그리고 논문은 지도자를 통제하고자 하는 인류의 힘에 대한 신념을 보여줌으로써 당시 권력을 쥐고 있던 정치적 권위의 분노를 자아냈다. 디드로는 전복적인 저술의 결과로 뱅센(Vincennes)의 감옥에서 몇 주를 보냈으며, 『백과전서』 1권에서 분명히 알 수 있듯이 비록 그가 위험을 감수하는 것을 막지는 못했지만, 그는 글을 쓰면서 훨씬 더 교묘해졌고, 종종 대화와 모순된 입장에서 자기 생각을 애매모호하게 했다. 따라서 약간의 문학적 우회는 디드로의 『운명론자 자크』에서 자크 사랑의 사회적 성격을 설명하는 데 도움이 될 것이다. 그 자체가 소설의 한 형태인 — 비록 디드로가 자신이 실제로 소설을 쓰는 것이 아니라 실제 사건에 관한 진실한 이야기를 하고 있다고 여러 번 지적했음에도 말이다 — 그 책은 디드로의 다른 문학작품들과 다르지 않게 숨겨진 전복을 다루는 걸작이다. 책에서, 디드로는 자크의 무릎 부상에 대해 이중으로 언어유희를 했는데, 이는 그의 사랑 이야기의 초기 자극제가 되는 동시에 소설 정점의 일부를 이룬다. 왜냐하면 사랑 이야기 자체가 자크의 연인인 드니즈(Denise)

의 무릎을 중심으로 전개되고 있기 때문이다(Breines, 2011: 122). 첫 번째 언어유희는 자크의 genou의 영어 번역인 무릎(the knee)이다. 프랑스어의 어조와 억양으로 말할 때, '무릎(the Knee)'은 디드로의 이름인 드니(Denis)가 되어 책의 저자와 텍스트에서의 무릎을 동일시한다. 동일한 프랑스어-영어 어조를 사용하는 복수형 '무릎들(the knees)'은 드니즈(Denise)가 되는데, 이는 그가 평생 가까이 지냈던 디드로의 여동생 이름이자 책에서 자크 연인의 이름이다. 드니(Denis)와 드니즈(Denise)는 둘 다 책에 여러 번 등장하는데, 특히 작가가 자크의 이야기에 끼어들어 자크가 소설을 쓰고 있지 않다고 말할 때 가장 많이 등장한다. 디드로가 스턴(Sterne)의 『트리스트램 섄디(Tristram Shandy)』[3]를 부분적으로 표절했으며, 『운명론자 자크』에서 스스로 거리낌 없이 인정했기 때문에, 영국 저자와의 언어유희는 우연이 아니라 그의 이야기에 영감을 준 이야기에 대한 암시이다. 무릎, 그리고 자크의 사랑 이야기 전체가 시작된 전투에서 총탄을 맞아 입은 부상은 책의 저자인 드니[디드로](Denis[Diderot]) 그 자신이다. 저자 드니는 무릎 부상으로 이야기를 시작하는데, 이 초기 총상으로부터 자크의 긴 회복은 그가 드니즈를 만나는 상황에 놓이게 할 것이다. 에로틱한 연극에서 사용된 한 쌍의 신체 부위로서 복수형인 무릎들은 두 연인 사이의 감각적인 유희에서 이야기의 정점이자 마지막 클라이맥스이다. 무릎이 무릎들이 될 수 있게 하는 것은 타인과의 상호작용이며, 이것이 디드로 책에서 사회적 측면의 일부를 형성하

3 [역주] 저자는 Tristam Shandy라고 표기했는데, 이는 오타인 것으로 생각된다. 원제는 Tristram Shandy이다.

는 쌍을 완성한다. 비록 책의 주요 요지가 사랑 이야기로 구성되어 있지만, '나(I)'가 '우리(Us)'(나는 우리가 된다, le je devient nous)로 변환하는 더 넓은 사회적 함의는 디드로의 이야기에 빠져 있지 않다. 사회계약(이 용어는 책에서 등장하지 않는다)이라는 관점에서 그리 잘 구성되어 있지 않지만, 자크의 무릎인 genou(단수형)를 사용한 이야기 시작과 드니즈의 무릎들인 genoux(복수형)를 사용한 이야기의 결말은 이야기를 완성하는 나와 타자와의 이야기이다. 마치 두 번째 무릎이 첫 번째 무릎을 완성하고 연인들이 서로를 발견하는 것처럼 말이다.

'나'와 '우리'에 대한 이 이야기는 디드로가 genou라는 단어에서 사용한 두 번째 언어유희인 말장난(calembour)에서 훨씬 더 분명하다. 프랑스어 무릎인 le genou는 문자 그대로 je-nous, 나-우리(I-US)로 발음된다.[4] 일인칭 단수형과 일인칭 복수형은 무릎에서 합쳐지며, 나와 우리는 말 그대로 genou, 무릎이다. 드니 디드로는 무릎뿐만 아니라 무릎 자체가 우리를 완성시키는 우리 자신과 타자들과의 혼합물이다. 디드로는 자신의 다른 글에서 자아의 복잡성에 대해 말한 것을 확인하기 위해 자신의 문학적 언어유희를 사용한다. 자아는 사회관계들과 독립하여 선험적으로 주어지는 것이 아니라, 오히려 이러한 관계들을 통해 구성된다. 이는 또한 디드로가 끊임없이 질문을 하고 자크의 사랑 이야기의 흐름을 방해하는 이야기 속의 독자를 이용한 것에서 입증된다. 비록 이러한 방해가 분명히 저자 디드로

4 [역주] le genou와 je-nous 모두 '즈누'로 발음된다.

가 자신의 이야기를 전하기 위해 사용한 목소리에 불과하지만, 독자의 개입은 저자 '나'가 이야기의 출발점인 것처럼 '우리'가 이야기와 그 수많은 두서없는 말들에 대해 책임지게 만든다. 그러므로 '나'와 '우리' 사이의 유희는 디드로의 글쓰기 전략의 필수적인 부분이며, 사회적인 것(the social)에 대한 그의 성찰의 일부를 형성한다. 이야기 자체는 이야기에 대한 독자의 개입과 이러한 개입을 차단하려는 작가의 시도, 그리고 책 속 등장인물들의 상호작용이 없었다면 펼쳐질 수 없었을 것이다. 그런데 디드로는 등장인물들의 이야기가 작가로서 만들어 낸 허구라기보다는 실제 있었던 일을 그대로 묘사하고 있다고 주장한다.

책 초반부터 자크가 말한 사랑 이야기의 시발점이기도 한 무릎 부상은 익명의 적과의 전투 과정에서 입게 된 것이다. 다시 말해 그것은 국가 폭력의 산물이다. 영토 방어와 주권적 권력의 행사를 위해 무릎이 부러졌다는 점에서 무릎 부상은 우리 모두를 구속하는 사회적, 정치적 계약의 직접적인 결과이다. 국가는 전투에 투입되는 군인들을 고용한다. 생명을 마음대로 처분할 수 있는 보병 중 한 명으로서 자크는 그러한 폭력의 희생자이다. 다른 죽은 사람들과 달리 자크는 살아남았지만, 그의 말에 따르면 모든 부상들 중 최악인 무릎 부상으로 고통받았다. 자크는 주인의 조롱 섞인 논평에 대해 무수한 뼈, 인대 그리고 다른 것들로 구성된 무릎이 신체에서 다칠 수 있는 가장 고통스러운 부분이라고 주장한다(Diderot, 1796/1986: 28). 은유적으로 말하자면, 나와 우리를 통합하는 사회계약은 그것이 깨졌을 때 복원하기 가장 어려운 것이다. 무릎 부상은 사회관계에서 우리 모두가 준수하는 암묵적 합의에서의 부상과 유사하다. 주인에 대한 하인의 역할, 사회적 위계와 권력관계에 대한 존중, 에로틱한 욕망의 자유로운 표현에 부과된 제약은 자크와 그의 주인의 모험에 대한 디드로의 설명 속에서 철저히 해체된다. 무릎이 부러지는 것과 마찬가지로 사회적인 것이 붕괴되는 것은 디드로 소설의 핵심이다. 왜냐하면 이야기에서 설정된 주인공의 사회적 역할은 사건의 전개됨에 따라 뒤집히고 도전받기 때문이다. 자크의 주인은 자크를 소크라테스, 특히 소크라테스의 사형 선고와 비교하며 그에게 많은 것을 알려준다. 소크라테스가 아테네 동료 시민의 사형 선고를 수락한 것은 사회계약의 의무를 가장 잘 보여주는 행위일 것이다. 4장에서 살펴본 것처럼 그것은 고대 사회계약의 이야기로 자주 언급된다. 주인은 자크에게 그가 소크라테스에 대해 들어본 적도 없고 철학적 텍스트를 읽은 적도 없음에도 불구하고 철학자로서 똑같이 죽을 것이라고 말한다. 자크는 자기 행동의 결과를 필요한 것으로 받아들이고 그 결과를 회피하지 않는다. 자기 소멸이든 심지어 죽음이든 간에 말이다. 디드로는 자크의 계약적 주장을 모르지 않았고 자신의 텍스트를 통해 자크가 실제로 이야기 내내 계약적 주장을 하고 있음을 암시한다. 소크라테스가 미완성 상태의 사회계약 이론가의 한 유형인 것처럼, 자크는 무지한 사회계약 이론가의 한 유형이다. 철학 교육을 받지 못한 그는 본능적으로 사회계약들의 기원을 알지 못한 채 철학적 주장을 한다.

자크의 이야기에서 사회계약의 복원은 사회적 역할의 역전을 통해 이루어진다. 자크가 말에서 떨어져 의식을 잃었을 때, 주인은 자크를 향한 자신의 역할을 뒤바꾸도록 강요받았다. 자크가 눈을 뜨자마자, 그는 주인이 자신을 돌보고 있는 것을 발견하고 그에게 무엇을 하고 있는지 묻는다. '주인 - 널 간호하는 거란다. 내가 아프거나 건강할 때면 네가 나의 하인이지만, 네가 고통스러워할 때 내가 너의 하인이란다. / 자크 - 주인님께서 인정 많은 분이라는 것 알게 되어서 무척 기쁩니다. 하지만 그다지 하인에 대한 주인의 자질은 아닌 것 같은데요'(Diderot, 1796/1986: 176). 사회적 역할과 기대의 전복은 이야기의 필수적인 부분이다. 이 특정 에피소드는 디드로가 쓴 이야기 중 가장 노골적인 에피소드이다. 하지만 전체 이야기는 자크가 그의 주인보다 더 똑똑하고 대담하며 자기주장이 강하다는 사실을 중심으로 전개된다. 자크는 여러 방면에서 그의 주인의 주인이며, 자신의 사회적 상관에게는 심각하게 결핍된 지적 교활함과 천재성을 지니고 있다. 디드로가 『백과전서』에 실린 「정치적 권위」에 관한 논문에서 우리에게 경고했듯이, 자크는 주인의 권위에 끊임없이 도전한다. 기대의 전복, 위계질서의 역전, 사회적 평화를 교란하는 사건들이 우리 모두가 자크의 무릎 이야기가 전개되기를 초조하게 기다리는 동안 가차 없는 속도로 발생한다. 노란 조끼 위기 동안 그런 이야기를 상상조차 할 수 있을까? 이 경우 '주인'이라고 할 만한 프랑스공화국 대통령이 자신의 나라에서 다친 사람들과 그의 동료 자크를 돌보는 장면을 마음속에 그릴 수 있을까? 우리는 사회적 역할과 기대의 역전을 상상할 수 있을까?

모험을 하는 동안, 자크와 그의 주인은 마담 드 라 포므레(Madame de la Pommeraye)와 아르시 후작(Marquis des Arcis)의 이야기를 듣게 된다. 두 주인공은 내연관계에 있었지만, 후작은 전 애인과 사랑에 빠졌다. 마담 드 라 포므레는 후작을 용서한 척하면서 그에게 복수하기 위해 정교한 계획을 세웠다. 마담의 수개월에 걸친 계략과 음해는 후작이 매춘부였던 젊은 여인과 결혼하는 것으로 마무리된다. 결혼식 밤이 지나고, 어린 신부는 후작의 무릎들[les genoux du marquis]에 머리를 대고 울면서 배신에 대한 자신의 역할을 고백했다(Diderot, 1986: 417). 나와 우리(무릎들, les genoux) 사이의 유희는 사회적 역할의 전도 순간에도 다시 등장한다. 그의 명성을 무너뜨리고 그를 망치는 대신, 결혼은 후작이 모든 사회적 기대를 전복하고 그의 새 아내와 행복하고 사랑스러운 삶을 살게 한다. 사회적 수치심은 아랑곳하지 않고, 이 긴 복수담은 후작이 놀랍게도 사회적 차이를 받아들임으로써 기쁨에 넘치는 가정생활과 행복으로 끝난다. 디드로에게 있어 무릎들은 특히 치유적인 차원을 가진다. 사회 질서는 일반적으로 매춘부의 정체가 폭로된 후 그녀의 꿈을 짓밟고 후작의 명성을 영원히 파탄낼 수도 있었다. 하지만 디드로는 이를 기회로 여긴다. 폭로는 우리 삶을 지배하는 편견과 사회적 예의범절의 권력을 전도하는 기회인 것이다. 만약 우리가 사회적 역할이 뒤바뀐 것을 받아들이는 데서 오는 수치심의 순간을 극복할 수 있다면, 구원과 행복한 결말의 여지가 있다.

무릎은 종교적 행위에서도 그러한 치유력이 있다. 무릎을 꿇고, 기도하고, 신에 대한 믿음을 고백하는 행위는 비슷한 카타르시스의 역할을 할 수 있다. 무신론자이거나 매우 비정통적인 신자인 디드로는 이 상황의 아이러니를 놓치지 않았을 것이다. 신의 의지에 대한 복종의 신호가 되기는커녕, 무릎은 그에게 쾌락과 에로틱한 욕망의 상징으로 사용된다. 디드로 시대 가톨릭교회의 금욕주의에 반대하여, 무릎 자체에 대한 자연 분방한 태도는 사회적 기대를 뒤집는다. 무신론적 또는 자연주의적 형태의 기도일 수도 있는 무릎의 에로틱한 잠재력은 기독교 예배에서 무릎을 꿇는 행위를 모사한다. 물론 이러한 모사는 디드로의 작품에서 매우 비정통적이며, 충격을 주거나 적어도 사회적 기대에 도전하기 위한 것이다. 이 시대 주권자 앞에서 무릎 꿇기의 자연스러운 연장인 기어가기 기술에서도 비슷한 역전을 볼 수 있다. 디드로의 평생 친구이자 협력자, 금융가 그리고『백과전서』의 기고가였던 홀바흐는 기어가기 기술에 대한 그의 사후 저서에서 주권자에 대한 궁중 매너를 패러디한다. 홀바흐는 신하(courtier)[5]만이 이성의 목소리를 잠재우고, 개인의 가치와 존엄성을 모두 내려놓고, 그들의 주인 앞에서 기어가는 기술을 완벽하게 구사할 수 있다고 주장한다. 신하들이 자신의 고귀한 뿌리와 자랑스러운 본성을 부정할 정도로 자신을 낮추는 것은 국가를 위해 수행하는 진정으로 독특한 희생이다(D'Holbach, 1790/1972). 주인의 모든 소원에 복종하는 것은 쉬운 일이 아니며, 그러한 비천한 활동을 가능하게 할 만큼 강력한 자제력을 기르려면 수년간의 훈련과 연습이 필요하다. 종교적 버라이어티의 무릎 꿇기와 마찬가지로, 기어가기는 스스로 사유하고 자신의 이성을 비판적으로 사용할 수 있는 능력을 복종시키고 항복하는 행위이다. 홀바흐의 유쾌한 짧은 글은 무릎 꿇기 행위의 이면, 즉

5 [역주] 신하는 '아첨꾼'이라는 의미도 있다.

당신의 무릎 꿇기는 해방이 아니라 사회 질서와 위계질서를 모사하는 행위의 일부라는 점을 확인시켜 준다. 다시 디드로의 무릎 사용으로 돌아와, 에로틱한 욕망의 원천으로서 무릎에 주목하는 것은 종교적 또는 세속적 권력에 복종하는 상징으로 바라보는 무릎에 대한 기대를 좌절시키는 것이 분명하다. 디드로에게 있어, 기도하거나 복종하는 것보다 우리가 무릎을 꿇고 할 수 있는 더 좋은 일이 있다.

노란 조끼 시위 동안의 사회적 병폐

무릎은 또한 노란 조끼 시위에서도 중요성을 얻었다. 2018년 12월 6일, 고등학생들(lycéens)이 당국에 항의하며 시위에 돌입했다. 현장에 도착한 경찰은 학생들을 일렬로 세워 무릎을 꿇리고 머리 뒤로 손을 얹게 한 후 189명을 체포함으로써 더 많은 대중의 분노를 샀다(Le Monde, 2018b). 여기서 무릎은 주권적 권위에 대한 복종의 상징이며, 이러한 극적인 이미지는 복종에 대한 요구와 반란의 결과를 상기시킨다. 2장에서 살펴본 것처럼, 폭력은 국가 존재의 본질적인 부분이며, 무릎 꿇기를 통한 궁극적 복종의 폭력은 무릎 꿇기의 기술을 패러디한 홀바흐의 작품에서 알 수 있듯이 국가의 중세적 기원과 자신의 군주에 대한 충성 행위를 상기시킨다. 위에서 주장했듯이, 국가는 해당 복종을 요구할 권리가 있지만, 자유의 영역을 유지하지 않고 이 권력을 사용한다면, 시민들을 하나로 묶는 사회적 구조 자체를 손상시킬 위험이 있다. 이 사건의 발생 이틀 후, 노란 조끼는 시위에 돌입했고 망트-라-졸리(Mantes-la-Jolie)에서 체포된 고등학생들과 연대하여 보안군 앞에서 무릎을 꿇었다. 그들은 여러 차례 무릎 꿇기 시위를 반복하면서 복종의 표시로서 무릎이 지닌 상징성의 권력을 보여주었다. 디드로가 무릎을 상이한 계급의 시민들 사이의 사회적 가교이자 사회적 병폐의 치유로 사용했던 것과 달리 — 가난한 하인 자크, 그의 주인, 그리고 후작과 그의 불명예스러운 아내 — 여기서 무릎은 억압과 폭력의 상징이고, 더 광범위한 사회적 병폐와 불평등의 징후이다. 여기서 무릎은 책의 시작 부분에서 자크가 입은 총상과 유사하며, 치유 과정은 사회적 나-우리, le genou, 즉 사회적 무릎에 가해진 손상에 따른 사회계약의 복원을 위해 반드시 뒤따라야 하는 과정이다.

노란 조끼 시위의 치안화는 참가자들에게 경찰과 헌병대의 기관들, 프레페(préfét)와 내무부 장관의 사람들로 구현된 주권자의 형상에 무릎을 꿇도록 요청하는 것과 유사하며, 대통령 자신인 에마뉘엘 마크롱의 형상에서 절정에 달했다. 왕조적 권위와의 유사성은 다양하게 나타났다. 마크롱의 '제왕적(Jupiterean)' 대통령직, 즉 베르사유 궁전과 엘리제 궁전에서 구체제의 역사적 부를 노골적으로 과시하는 것에서부터 마크롱이 시민들을 호칭할 때 친숙한 너(tu)를 사용하지만 시민들에게는 격식을 갖춘 당신(vous)을 쓰기를 요구하는 데 이르기까지, 그 요구는 대통령 개인과 직책에 구현된 존중, 권위 그리고 주권에 대한 요구였다. 마크롱에게만 특이한 것은 아니지만 — 사르코지는 여전히 직권상의 자격으로 대통령에 대한 관례에 따라 대통령으로 호칭할 것을 요구하며, 다른 방식으로 호칭되는 경우 대답을 거부한다 — 그럼에도 불구하고 현직 대통령 아래에서 특히 두드러지게 나타나고 있으며, 이는 마크롱과 국민 사이의 불쾌감과 단절로 이어지고 있다. 어쩌면 그의 젊음 — 마크롱은 39세의 젊은 나이에 대통령이 되었다 — 과 부족한 정치 경험이 상황을 더욱 악화시켰을 수도 있겠지만, 동료 시민들의 가장 기본적인 존엄성을 보장하지 않는 사람에 대한 존중을 요구하는 그 면모는 그가 맡은 직책의 근간을 뒤흔들고 있다. 제5공화국 대통령들 하에서 대통령직은, 적어도 사르코지 때까지는, 정부 업무의 일상적인 정치공작과는 다소 거리를 두었다. 하지만 2007년과 사르코지 취임 이후 일상생활에 훨씬 더 개입하고 존재감을 드러내는 새로운 유형의 대통령직이 등장했다. 이 새로운 대통령직은 1958년 드골이 확립한 대통령직과 충돌하는데, 드골은 국가 원수로서 보다 겸손하고 엄격하며 거리를 둔 역할, 즉 결론에서 논의하겠지만 보다 숭고한 형태의 대통령직을 원했다. 역사적으로 위기의 시기에만 공개적으로 개입했던 대통령직은 이제 일상적으로 존재하고 위기의 시기에 놀라울 정도로 침묵한다. 마크롱은 시베리아나 아마존의 산불부터 전직 프랑스 CEO의 죽음에 이르기까지 수많은 뉴스 기사를 신속하게 언급했지만, 노란 조끼 — 그가 개인적으로 개입하기 전에 운동이 저절로 소멸되기를 바란 것은 의심의 여지가 없다 — 에 대해 언급하는 데에는 23일이 걸렸다.

마크롱은 트위터에서 두각을 나타냈다. 그는 당선 후 첫해인 2017년 5월부터 2018년 5월까지 개인 계정에서 하루에 7건 이상의 트윗을 올렸는데(De Fournas, 2018), 이는 소셜 미디어 플랫폼을 사용하고 남용하는 것으로 잘 알려진 그의 미국 파트너인 도널드 트럼프보다 더 활발했다. 트럼프만큼 논란이 많지는 않지만, 그럼에도 마크롱은 차분하고 사려 깊은 대통령 직이라는 봉인을 깨고 24시간 뉴스채널의 주인공이 되었다. 그는 2018년 가장 많이 리트윗되는 프랑스인이 되었으며, 4,400만 건 이상의 트윗이 그를 언급하면서 또 다른 국가 기록을 경신했다. 그의 커뮤니케이션 전략은 효과적일 수 있다. 사람들은 분명히 그 전략에 동참하고 있다. 그러나 이는 동시에 그의 인기와 사람들이 그를 존중, 그리고 흠모하도록 하는 부분에서는 엄청난 역효과를 초래했다. 이러한 소셜 미디어 사용은 지난 10년 동안 프랑스 시청각 환경에서 부상한 24시간 뉴스 네트워크와 더불어[6] 누아리엘이 말한 '관심 교란(fait-diversion)'의 현상을 가능하게 했다(Noiriel, 2018: 721). 두 프랑스어 용어 — 일반적으로 뉴스 방송 말미에 지나치게 부풀린 기사로 추가되곤 했던 일화적인 뉴스의 일종인 '3면 기사(fait divers)'[7]와 일반적으로 난독화 또는 속임수의 방법으로 시선을 다른 곳으로 돌리는 것을 의미하는 동사 '교란시키다(faire diversion)' — 를 결합한 이 개념은 중요한 뉴스거리가 있든 없든 시청자를 혼란스럽게 하고 지속적으로 뉴스를 제공하는 채널을 계속 시청하게 만드는, 끊이지 않는 일화를 의미한다. '주의를 분산시키는 일화(distranecdote)'로 더 잘 번역될 수 있는 이러한 관심 교란의 목적은 (대규모 시청률을 통해 광고 수입을 늘리기 위해) 뉴스로 포함되지 않았을 일화적인 뉴스거리로 대중의 주의를 분산시키는 것이다. 노란 조끼 시위 동

6 프랑스에서 가장 큰 24시간 뉴스 네트워크인 BFM-TV는 2005년에 설립되었다.

7 [역주] fait divers는 3면 기사로 일반적으로 가십거리를 의미한다.

안 이러한 현상은 몇 장의 이미지를 종종 배경에 반복적으로 사용함으로써 점점 더 눈에 띄게 되었고, 전문가와 논평가는 시위대들을 그들이 이해하지 못하는 정치 질서에 폭력적으로 저항하는 구시대적 농민인 것처럼 고압적으로 묘사했다. BFMTV에서 몇 가지 폭력적인 장면에 초점을 두고 노란 조끼 시위를 보도한 것은 시위대의 분노를 샀다. 시위대가 보기에 그것은 몇몇 극단적인 폭력 사례보다 훨씬 많은 것을 포괄하는 이 운동에 대한 배신이었다. 회전교차로에서 일반적으로 벌어진 일, 즉 집단적 연대나 평화적 분노의 장면을 전달하는 뉴스 네트워크는 거의 없었다. 뉴스 매체는 몇 달이 지나고 나서야 시위 중 경찰의 폭력과 잔인함의 규모를 보도했다. 그러나 모든 뉴스 매체는 불에 탄 차량이나 시위대와 경찰 간의 충돌을 보여주며 시위 중 발생한 물질적 피해를 비난했다. 사건에 참여한 현장의 사람들에게, 이는 미디어의 편향성과 불공정한 적용을 보여주는 장면이었다. 왜냐하면 그들의 현실은 은막 어디에서도 보이지 않았기 때문이다. 시위대의 존엄성을 빼앗아 간 전통적인 방송 매체, 특히 BFMTV는 기성세력의 지배와 동의어가 되었고, 이에 대한 집단적 저항이 소셜 미디어, 특히 페이스북과 트위터에서 조직적으로 일어났다.

많은 사람들이 미디어의 편향성이라는 질병에 대한 해독제로서 새로운 미디어 기술을 활용하면서, 노란 조끼에 의해 뉴스의 대항-운동이 자발적으로 생성되었다. 페이스북 그룹은 2020년 현재 16만 명이 넘는 회원을 보유한 전국적인 그룹과 수십 개의 지역 그룹이 지역 활동을 조율하고 사진을 공유하며 운동과 미래에 관한 대화를 시작하는 등 운동이 조직되기 시작한 이래 몇 주 동안 급속도로 확대되었다. 페이스북 그룹은 회원이 수천 명에 불과한 비교적 소규모 그룹들이지만 매일같이 시위대의 활동을 증언하는 수백 개의 게시물을 올리는 등 매우 활발하게 활동하고 있다. 마찬가지로 트위터에서는 사건에 대한 뉴스가 지속적이고 즉각적으로 공유되면서 프랑스의 주요 언론매체가 묘사하는 것과 다른 현장 상황을 제공한다. 일부 신문은 이러한 현상을 포착했다. 예컨대, 좌파 성향의 「리베라시옹(Libération)」은 소셜 미디어에서 공유되는 정보의 품질을 평가하려는 체크뉴스(CheckNews) 서비스를 제공하고, 그곳의 데이터를 정기적으로 평가한다. 분명한 점은, 노란 조끼가 이러한 새로운 커뮤니케이션 기술을 사용하면서 대중매체에 대한 대중의 접근 한계를 우회할 혁신적이고 창의적인 방법을 찾았다는 것이다. 뉴스의 제작, 배포 그리고 공유 능력은 크게 대중화되고 민주화되었다. 이는 전후에 특징적으로 나타난 전국적 -주로 파리- 신문 집중화보다, 19세기의 대중 신문 확산을 연상시킨다. 하지만 그 결과 정보의 품질 관리와 검증에 대한 도전이 제기되고 있다. 전통적인 뉴스 매체에서 그들이 받은 정확한 표현의 부재를 치유하기 위한 부분적 치유책으로서, 노란 조끼에 의한 소셜 미디어의 사용은 수십 년 전만 해도 불가능했을 방식으로 그들에게 힘을 실어주었다.

존중 대 관용

정치 엘리트들이 '주의를 분산시키는 일화'(관심 교란) 현상에 기꺼이 참여하는 것은 24시간 뉴스 사이클의 구경거리(circus)에 참여하면서도 그들이 여전히 존중을 요구하는 점에서 역설을 낳았다. 연장자에 대한 존경, 특히 부모에 대한 존경은 전-근대사회의 핵심적인 요구이다. 이는 십계명 중 하나이며 오늘날에도 많은 사회에서 여전히 중요한 사회적 규범이다. 그러나 현대 정치는 이러한 전근대적 원칙이 아무리 가치가 있다고 하더라도 그것에 기반하지 않는다. 마키아벨리는 군주가 사랑받는 것보다 두려움을 받는 것이 더 낫고, 통치자가 존경심에서 오는 사랑과 개인적인 애착보다 권위를 갖는 것이 더 낫다는 것을 이해했을 때 정확히 맞는 말을 했다(Machiavelli, 1532/2008). 근대화 과정에서 존중은 관용(toleration)으로 바뀌었고, 중요한 변화가 일어났다. 우리는 강력한 개인적 유대를 고취하는 대신 모든 사람들이 타인의 삶을 위협하지 않는 한 개인적인 삶의 목표와 야망을 성취할 수 있는 틀을 정치 지도자로부터 기대한다. 스피노자의 관용 이론은 우리가 3장에서 살펴본 자유에 대한 그의 옹호를 바탕으로 이러한 관점의 전환을 상기시키는 중요한 역할을 한다. 스피노자는 통치지가 관용을 추구하는 것이 신중하고 현명한 선택이라고 본다. 왜냐하면 국가가 시민의 의견에 대해 억압적인 수단을 행사하면 반항적인 시민을 만들기 때문이다. 관용은 국가를 더 자유롭게 만들며, 이는 암스테르담 철학자에게 있어 국가의 진정한 목표이자 궁극적인 안정에 기여한다. 국가에 의해 사람들의 의견이 규제될 때, 그 결과는 종종 국가가 시민들의 마음과 정신에 원하는 변화를 이끌어내는 데 실패하는 경우가 많으며, 이러한 정신 통제의 대상이 된 사람들의 분노와 저항 상태로 진입하려는 욕구를 키우는 경우가 많았다. 정치적인 면에서 항상 실용주의자였던 스피노자는 근본적으로 통치자들에게 시민을 도덕적으로 고취시키려는 시도가 역효과를 내고 국가에 대한 반란을 일으킬 수 있으므로 시민을 그대로 두라고 경고하고 있다. 다른 사람의 의견을 관용하는 것이 훨씬 더 안전한 방법이지만, 이는 자신의 관점에서 볼 때 틀린 것으로 여겨지는 것을 받아들이는 것을 의미한다(Spinoza, 2007).

존중은 타인이 우리에게 더 많은 것을 요구하는 것이라면 반대로 관용은 타인보다도 우리 자신에게 더 많은 것을 요구한다. 모세가 십계명을 들고 시나이산(Mount Sinai)을 내려왔을 때 그는 석판에 따라 존중받아야 할 연장자 중 한 명이었다. 그러므로 존중에 대한 이러한 특별한 요구는 젊고 성급한 사람보다 늙고 현명한 사람을 선호하는 사회적 관계를 공고히 하고 있었다. 존중은 이런저런 종류의 소위 우월성에 근거하여 그 우월성을 칭송해야 할 타인에게 당신이 요구하는 어떤 것이다. 반면에 관용은 내면의 강인함과 힘의 표시다. 무언가를 관용하는 것은 분명 고대철학자들, 특히 로마의 철학자들에게 있어 함양할 가치가 있는 개인적 미덕으로 받아들여졌다. 예를 들어, 세네카(Seneca)는 고통에 대한 똘레랑스(tolerance)가 삶과 죽음의 차이를 만들 수 있기 때문에 이를 질병과의 투쟁에서 필수적인 미덕으로 보았다(Tønder, 2013: 84). 관용에 대한 근대적 개념은 종종 똘레랑스의 역할을 개인적 미덕으로 혼동하지만, 일반적으로 미덕이라기보다는 자격에 더 가까운 존중의 개념과 확연히 구분되는 것으로 기억할 가치가 있다. 프랑스공화국의 대통령은 그 직책으로 인해 존경을 받을 자격이 있다고 주장된다. 왜냐하면 대통령직은 특정 유형의 무릎 꿇기(genuflexion)를 요구하는 존귀한 기관을 대표하기 때문이다. 그러나 무릎을 굽히는 것은 관용에 대한 적절한 메타포가 아니다. 관용에 더 적절한 메타포는 고통의 관용과 연관된 것이다. 똘레랑스의 미덕을 가진 사람은 무릎이 부러진 고통을 견디고 치유 과정을 통해 살고자 노력할 수 있다. 관용은 타인으로 인한 고통과 상처를 극복하고 살아가면, 애초에 부상을 초래한 (사회적) 상황을 개선할 수 있는 방법을 찾는 것이다. 사회계약을 갱신하려면, 인내로서의 관용의 미덕이 필요하며, 사회적 협약을 치유하려고 시도할 때 무릎 꿇기를 요구하지 않아야 한다.

그러나 관용은 진리에 대한 타인의 주장을 수동적으로 받아들이는 것이 아니다. 샹탈 무페(Chantal Mouffe, 2005)는 민주적 사고란 타인을 적으로 받아들일지라도 투쟁적이어야 한다고 주장했다. 고대 그리스의 아곤(agon)[8] 관행, 즉 적들 간의 죽음을 각오한 투쟁이 아닌 적들 간의 경쟁에 기반한 이 경합적 정치(agonistic politics)[9]는 관용이라는 메달(medal)의 또 다른 측면이다. 적극적 미덕으로서의 관용은 각자의 주장을 공정하게 겨루는 과정에서 모든 편을 정당한 존재로 인정할 것을 요구한다. 간단히 말해, 5장에서 설명한 자유주의-자유지상주의적 정책의 수혜를 받는 노동자들 사이에서 우울증, 건강 악화, 심지어 때로는 자살로 이어지는 국가의 구조적 폭력이 시위의 거리 폭력보다 더 나쁘다는 일부 노란 조끼의 주장은 민주

8 [역주] 아곤(agon)은 놀이 속에서 경쟁하는 것과 같은 비적대적인 경쟁을 의미한다.

9 [역주] 원문에는 불가지론적(agnostic)으로 되어 있지만, 이는 오타다. 이를 경합적(agonistic)으로 수정해야 한다.

적 토론에 대한 여지를 남긴다. 하지만 3장에서 살펴본 바와 같이, 비전통적인 정치 참여에 대한 범죄화, 기본권과 자유에 대한 관료적 통제 강화로 인해 사회적 행동과 운동을 통해 공개적으로 시위를 하고 문제를 제기할 자유가 위협받고 있다. 이러한 조치는 본질적으로 경쟁의 장을 치우치게 했으며, 최상층에서 정책과 의사결정을 성공적으로 형성하는 더 많은 자금과 영향력을 가진 사회의 이해관계자와 일반 시민들이 경쟁할 수 없게 했다. 프랑스의 노동조합은 1980년대 이후 지속적으로 세력이 약화되어 왔으며, 2018년 철도 노동자 운동의 패배는 그 최저점이었다. 프랑스 노동자들 중 약 11%만이 노동조합에 가입해 있다[10]는 역사적으로 낮은 조합원 수(1940년대의 약 30%로 역사적 최고치를 기록했던 것과 비교해 보면)에 직면하여, 이러한 정치적 경쟁의 매개체들이 그들의 강인함 일부와 협상력의 상당 부분을 상실했다는 것은 의심의 여지가 없다. 게다가 공무원이 다른 노동자보다 노동조합에 가입할 가능성이 두 배나 높기 때문에, 공공서비스 이외 부문의 노동자들은 노동조합의 성공을 노동조합으로부터 혜택을 받는 소수를 위한 특권적 노동조건에 대한 조합주의적 변론에 불과하다고 생각할 가능성이 높다. 이것은 바로 2019~2020년 연금 파업 기간 동안 수많은 연금제도의 혜택을 받는 사람들을 특권층으로 묘사하고 모두에게 동등하게 적용되는 보편적 제도를 거부했던 프랑스 정부의 논리였다. 개혁의 실체는 모

10 이 수치는 문헌에서 자주 사용되는 8%보다 약간 높은 수치이다. 최근 연구에 따르면, 이 비율은 지속적으로 과소 평가된 것으로 나타났다. 왜냐하면 설문조사에 사용된 질문의 문구가 잘못되었고, 부정확한 추정이 있었기 때문이다(Pignoni, 2018).

두의 연금 혜택 축소를 의미했는데도 말이다. 권력과 지배의 기만에 가담하고 있는 노동조합의 (비)활동에 직면하여, 노란 조끼가 직접 행동으로 방향을 전환했고 현재 위기의 해결책을 협상하기 위한 위임과 대표의 형태들을 단호히 거부했던 것은 놀라운 일이 아니다.

새로운 정통성과의 투쟁

디드로와 18세기 급진적인 프랑스 철학자들이 관용을 옹호했을 때, 그들은 가톨릭교회와 그 교리에 정면으로 맞서고 있었다. 이 전투는 개신교를 포함한 모든 교회로 확대되었고, 스피노자는 상대적으로 느슨한 법과 높은 수준의 표현의 자유에도 불구하고 네덜란드에서 이미 그 이전 세기에 급진적인 관용 이론을 만들어야 했다. 그 시대의 정통성은 종교적 용어로 표현되었지만, 오늘날의 지배적인 억견(doxa)[11]은 경제적 용어로 표현된다. 5장에서 주장했듯이, 마크롱은 프랑스에서 자유주의-자유지상주의적 합의의 가장 중요한 지지자였으며, 이는 서구 세계는 물론 그 너머에서도 강력한 유사성을 가지고 있다. 불평등 증대를 정당화하는 재분배적 정의의 얇은 층으로 뒤덮인 시장 경제의 이상화는 자유주의-자유지상주의적 종교의 근간을 형성한다. 이 종교는 다른 종교의 전통적인 특성을 가지고 있다. 그것은 경전, 신학자, 성직자 그리고 보편적 진리에 대한 주장을 가지고 있다.

11 [역주] 플라톤과 아리스토텔레스는 이데아에 의한 지식인 참된 앎(episteme)에 대립시켜 단순한 감각에 의한 지식이나 일상적 의견을 가리켜 억견(doxa)이라고 했다. 즉 억견은 사실에 근거하지 않은 의견 또는 믿음을 의미한다.

유일하게 부재한 것은 신에 대한 개념이지만, 신성함이 그 개념에서 완전히 배제된 것은 아니다. 이 종교의 경전은 널리 이용되고 있다. 롤스와 노직만 예로 들어도 — 많은 다른 저자들이 이 자유주의-자유지상주의적 종교의 정전(正典)을 형성할 수 있지만 — 우리는 그들의 주장이 얼마나 널리 퍼져 있는지 알 수 있다. 구글 스콜라에 따르면 롤스의 『정의론』은 8만 2,000회 이상 인용되었고, 노직의 『무정부 상태, 국가, 유토피아』는 2만 1,000회 이상 인용되었다. (반면 디드로의 『운명론자 자크』는 84회 인용되었다) 문자 그대로 수천 권의 책과 논문들이 이러한 정전 문헌들을 논의하고 그 예언적 메시지에 대한 광범위한 해석을 제시하고 있다. 이러한 것들이 자유주의-자유지상주의적 종교의 신학을 형성한다. 비록 롤스와 노직 둘 다 신학적 주장을 피하고 있지만, 그들의 철학적 토대는 신학에 깊이 뿌리 내리고 있다. 롤스가 칸트의 세 가지 가정과 거리를 두려고 노력했음에도, 롤스의 칸트주의적 기반은 그의 세 가지 공리에 의존하고 있다. 칸트는 신의 존재, 영혼의 불멸성 그리고 자유 의지라는 세 가지 공리가 없다면 그의 철학 체계 전체가 무너질 것으로 생각했다. 마찬가지로 노직의 기반은 로크의 재산 이론을 통해 신이 인류에게 준 신성한 선물에 의존한다. 설명할 수 없는 신성한 근원에서 온 개인적인 선물이 아니라면, 신체 소유권에 대한 학설(doctrine)은 무엇에 관한 것인가? 만약 이것이 독자를 설득하기에 충분하지 않다면, 자유 시장의 경제적 억견은 애덤 스미스(Adam Smith)의 '보이지 않는 손'이라는 용어로 악명높게 표현된다. 우리는 우리의 경제 시스템을 설명하기 위해 이보다 더 신학적인 메타포를 생각할 수 없다.

마크롱은 이 자유주의-자유지상주의적 종교의 갈리아 교회(Gallican Church)[12] 대제사장으로 보인다. 그는 특히 부의 트리클-다운, 경제 지식에 직접적으로 접근할 수 있는 사람들이 수행하는 핵심적인 역할, 그리고 그러한 전망을 시행하기 위해 위엄 있는 권력을 사용할 필요성에 관한 주장을 완전히 내면화했다. 그의 신념을 공유하지 않는 사람들의 견해는 정당성이 없다. 왜냐하면 그들은 올바른 억견, 즉 자유-시장 자본주의의 정통성을 받아들이지 않았기 때문이다. 18세기의 이단자, 무신론자 그리고 비정통 신자들이 알려진 종교의 권위에 도전했듯이, 오늘날 자유주의-자유지상주의적 종교의 권위에 대한 도전이 필요하다. 18세기 급진적 사상가들의 목표는 종교를 완전히 없애는 것이 아니라 종교를 적절한 장소에 배치시키는 것이었다. 즉 권위와 사회적 통제가 아닌 믿음과 신념의 영역에 두는 것이었다. 그들은 관용을 요구함으로써 종교가 사회적, 정치적 삶을 지배하는 것에 반대했고, 그래서 관용에 대한 현대의 요구는 자유주의-자유지상주의적 합의에 마찬가지로 도전해야 하며, 그것을 적절한 영역으로 강등시켜야 한다. 즉 경제적 사실이 아닌 의견과 믿음의 영역으로 말이다. 자유주의-자유지상주의적 종교에 대한 비정통적 도전은 경제학이 기술적 해결책을 가진 기술력 영역이어야 한다는 신화를 배격하는 것이다. 오히려 경제학은 사회적, 정치적 해결책을 가진 사회적, 정치적 영역이어야 한다. 5장에서 살펴본 것처럼, 경제생활에서 민주주의가 수행해야 할 역할에 관한 다

12 [역주] 이는 중세부터 사용된 프랑스 가톨릭의 별칭이다. 여기서는 프랑스 국가를 의미한다.

원주의적 의견, 경제적 정의에 대한 요구, 그리고 경제생활에 대한 사회계약의 재고는 지배적인 억견에 대한 새로운 도전이다.

디드로는 계시된 종교적 주장을 무시하는 것으로 악명이 높았으며, 종종 무신론자로 여겨지기도 한다. 그의 비판은 종교적 사고의 절대주의적 주장에 대한 회의론과 변증법적 접근은 아니더라도 보다 대화적인 접근의 선호를 중심으로 전개되었다. 디드로가 표현의 한 형태로서 소설을 선호한 것은 그리 놀라운 일이 아니다. 그는 소설을 통해 등장인물 간의 대화 — 예를 들어 자크와 그의 주인 — 뿐만 아니라 책의 외부에 있는 등장인물 간의 대화 — 저자와 독자 — 에도 참여할 수 있었다. 그의 사상은 대화, 생각의 교환에 의존했는데, 참조할 정전이나 토론을 제한하는 정전 문헌이 있는 경우에는 이러한 작업이 어렵다. 대화는 참신함, 사람들 사이의 개인적, 사회적 연계를 재고하는 생각 그리고 운동에 대한 개방성을 의미한다. 새로운 사회계약은 사람들 사이의 대화가 될 것이며, 또 그래야만 한다. 노란 조끼와 같은 사회 운동을 기술적으로 해결하겠다는 생각은 기껏해야 유토피아적일 뿐이며, 최악의 경우에는 솔직하지 못한 것이다. 모든 사회적 위기는 무릎이 손상된 것과 마찬가지로 사회 전체에 가해진 고통스럽고 깊은 상처이며, 손상된 부분뿐만 아니라 사회적 신체의 모든 측면에 영향을 미친다. 디드로에게 대화는 시간, 고통에 대한 똘레랑스, 치유를 지시하는 의지와 함께 사회적 질병에 대처하는 방법이었다. 질병을 억누른다고 해서 사회적 신체를 치유할 수는 없다.

사회계약 갱신하기

나는 사회계약의 갱신이 필요하다는 주장을 해왔고, 그 새로운 사회계약에 대해서는 그 누구도, 특히 나 자신도 선험적으로(a priori) 결정할 수 없다고 의도적으로 모호하게 남겨두었다. 왜냐하면 새로운 사회계약의 구체적인 내용은 민주적 의사결정의 대상이 되어야 한다고 주장해 왔기 때문이다. 하지만 새로운 사회계약이 실제로 어떤 모습일지는 질문해 볼 수 있다. 첫째, 그것은 타인의 정치적, 철학적 의견이 정당하고 그들이 살고 있는 (자유) 국가에 의해 보호받을 가치가 있다는 것을 인정할 것을 요구해야 한다. 나는 앞서 3장에서 스피노자와 함께 국가가 시민에게 최대한의 자유를 보장하지 않는다면 국가의 역할을 다하지 못한다고 주장했다. 분명히 노란 조끼 시위 당시 프랑스 국가의 대응은 정확하게 반대 방향으로 나아갔다. 특히 자국 시민의 자유를 제약하는 것을 목표로 하면서 대중 집회와 시위를 통해 그들의 정치적 의견을 표현하는 것에 대해 관료적 통제를 강화했다. 관용의 첫 번째 단계는 표현의 자유에 대한 이러한 제약을 없애고, 현 정치 시스템에 대한 시민 불만과 불안을 가능한 한 많이 표현할 수 있게 하는 일일 것이다. 프랑스 국가는 자국 시민에 의해 포위되지 않았고, 불만을 거리로 가져가는 사람들에 대해 비상입법사태를 선포하는 것이 자동적으로 보장되는 것도 아니다. 관용이라는 미덕의 증가는 노란 조끼의 폭력을 겪는 사람에게 많은 인내와 자제를 요구할 것이다. 만약 매주 쇼핑하러 가는 토요일 아침에 교통 체증에 시달리거나 프랑스의 한 마을이나 도심에서 대중 시위로 인해 불편을 겪는다면, 이는 자유 국가에 살기 위해 지불해야 할 대가인 것 같다. 매주 시위가 벌어지는 나라에서 산다는 것은 즐겁지도 바람직하지도 않지만, 사회적 질병을 해결하고 사회계약인 '나-우리'라는 메타포적 무릎을 치유하기 위해 지불해야 할 대가라면 그만큼 지불할 가치가 있는 대가일 것이다.

둘째, 똘레랑스는 문제의 근원이 되는 사회적 질병을 해결하기 위한 장기적인 해결책을 마련할 것을 요구한다. 분명히 노란 조끼들은 논의할 가치가 있는 장기적인 해결책을 제안했다. 공통적인 요구 중 하나는 공화국 대통령의 사임이다. 실제로 일어날 가능성은 작아 보이지만, 마크롱의 지지율이 20% 이하로 하락하면서 프랑스 사회에 이러한 정서가 널리 퍼져 있는 것 같다. 여기서 문제가 되는 것은 대통령직의 상대적 무책임성이다. 국민소환제, 불신임 투표의 기회, 효과적인 의회 조사 그리고 야당에 대한 신뢰가 거의 없는 상황에서, 노란 조끼는 대의민주주의의 중요한 문제를 건드리고 있다. 뉴스가 즉각적으로 전달되고, 정치적 문제에 대한 논평이 끝없이 쏟아지며, 정치인의 일상적 개입이 그 어느 때보다 명백한 세상에서, 몇 년에 한 번씩 간헐적으로 논의되고 그 시점에 국가의 미래가 결정되는 민주주의를 어떻게 받아들일 수 있을까? 귀족적 선출 원칙에 기반을 둔 공화주의 모델과 달리 민주주의 증대에 대한 노란 조끼의 열망은 이 질문에 대한 그들의 대답이다. 이러한 민주주의 증대의 정확한 형태는 (민주적) 토론의 대상이지만 관용의 정신으로 만들어져야 한다. 민주적 결정이 내려지면, 정치 엘리트나 전문가들이 보기에 아무리 불충분할 것으로 보일지라도, 오래 지속되는 민주주의를 확립하기 위해 이를 관용하고 실행해야 한다. 다수의 의지를 관용하는 것은 시민과 정치 엘리트 간의 신뢰를 구축하는 데 중요한 부분이며, 모든 징후는 이러한 신뢰를 재건해야 한다는 것을 가리킨다. 민주적 의사결정에 대한 훼손은 장기적이고 심각한 결과를 초래하며, 이는 엘리트들이 다수의 의지를 받아들이고 이를 실행하기 위해 최선을 다하는 관용의 접근을 통해 치유될 수 있다.

결론

비록 노란 조끼는 사회 운동의 독특한 유형이지만, 과거와 유사점이 많으며 운동의 미래와 프랑스 사회에 미치는 영향과 그 이상을 예언하는 데 사용된다. 위에서 제안한 해석에 따르면, 노란 조끼는 적어도 프랑스 혁명 이후 권력을 가진 자와 권력을 행사하는 자를 하나로 묶어 온 사회계약에 대한 또 다른 도전으로 간주하는 것이 가장 좋다. 프랑스 혁명 시기에 나타난 사회계약의 가장 큰 실패 중 하나는 부르주아지와 나머지 평민(tiers état) — 노동계급 — 사이에 달성된 타협이었다. 1789년부터 1792년까지, 그리고 1795년부터 1799년까지 혁명을 대부분 주도한 부르주아지는 양 기간 사이에 혁명을 담당한 자코뱅의 급진적인 민주주의 이상을 반대했다. 자코뱅은 직접민주주의를 주장하면서 대의민주주의 모델에 반대했기 때문이다. 그 당시, 오늘날에도 여전히 가끔 그렇듯이, 대의 모델에 대한 정당화는 노동계급이 스스로를 통치하고 정치 생활의 복잡성을 이해하며 미래를 위한 올바른 결정을 내릴 수 없다는 것에 근거를 두고 있었다. 이러한 정당화의 일부를 계몽주의의 급진적인 철학자들, 특히 디드로와 그의 절친인 홀바흐가 제공했다.

디드로는 혁명 이전 프랑스에서 해방의 역할에 대해 깊이 고민했다(그는 1784년에 사망했다). 디드로는 홀바흐와 함께, 당시 생산수단인 토지를 대중이 소유함으로써 해방을 가져올 수 있다고 생각했다. 각 농민에게 가족을 먹여 살릴 충분한 토지를 보장하기 위해 토지 재분배 모델을 선호했던 그들의 경제 모델은 인구의 압도적 다수가 토지를 경작하면서 살았던 당시의 필요에 부합했다(D'Holbach, 1773/2001: 488). 현대적 용어로 바꾸어 보면, 그들이 주창한 원칙은 오늘날에도 여전히 상당한 관련성이 있다. 그들은 시민들에게 두 가지 기본원칙을 심어주고자 했다. 즉 지배로부터의 자유의 한 형태로 정의된 독립, 그리고 애국심이라고도 불리는 공동선 수호에 대한 개인적 관심이 바로 그것이다. 이 두 가지 원칙을 내면화한 사람만이 진정한 시민이 될 수 있으며, 생산적인 토지의 형태로 재산을 재분배하면 이 두 가지를 모두 충족할 수 있다고 주장했다. 독립은 교육과 자기 계발에 더 많은 시간을 할애할 수 있게 해줄 뿐만 아니라 타인의 지배로부터 시민을 보호할 수 있게 해줄 것이다. 독립적인 생계 수단이 없으면 항상 집주인 그리고/또는 고용주의 요구에 휘둘릴 수밖에 없고, 이성과 자유와 같은 계몽주의 원칙에 따라 결정을 내릴 수 없다고 그들은 생각했다. 그리고 대의민주주의의 도입은 이러한 이유로 정확하게 정당화되었다. 대다수 사람들은 일하느라 너무 바빠서 자신의 이익이 무엇인지 알지 못하지만, 결국에는 계몽을 통해 자신의 이익이 진정 무엇인지를 알 수 있다. 이러한 점에서, 계몽주의는 급진적이든 또는 온건적이든 실패했다. 유진 베버(Eugene Weber,

1976)의 표현에 따르면, 19세기 프랑스 국가는 특히 농민을 프랑스인으로 전환시킴으로써 공통의 정체성과 애국심의 형태로 모든 프랑스 인구를 성공적으로 포괄했지만, 물질적 복지에 대한 약속을 이행하지 못했다. 해방의 약속은 실현되지 않았고, 수 세기 동안 대의민주주의는 노동계급을 지주와 고용주의 굴레에서 해방시키지 못했다. 전후 시기에는 이러한 계몽주의적 약속이 다시 의제가 될 수 있다는 희망이 있었다면, 그 희망은 1980년대 이후 분쇄되었고 2008년 금융위기와 모든 스펙트럼의 정치인들의 긴축 지향적인 대응 이후 사장되었다(Noiriel, 2018).

위에서 언급했듯이, 주택 소유와 교육 수준이 그 어느 때보다 높았음에도 이러한 일들이 발생했다. 대다수 노동계급은 고등학교를 졸업하고 바칼로레아를 받았으며 프랑스 외곽지역에 지어진 수백만 채의 방갈로 중 한 채를 소유한 주택 소유자였다. 그러나 계몽주의의 약속인 경제적 독립을 확보할 수 있는 그들의 능력은 실현되지 않았고, 실제로 최근 몇 년 동안 상황이 역전되기조차 했을 것이다. 많은 사람들이 부모 세대보다 더 어려운 상황에 처해 있으며, 가족의 도움을 받지 못하는 사람들은 글로벌 경기 침체나 불황과 같은 거시 경제적 흐름의 기복에 극도로 노출되어 있다. 미래의 사회계약은 두 세기 전에 사회 발전의 필수 조건으로 제시되었던 이러한 요구를 해결해야 한다. 집주인, 고속도로 관리 회사, 보험 및 모기지 회사, 유틸리티와 같은 지대를 추구하는 경제적 행위자들에 대한 노란 조끼의 반란은 개선이 필요한 경제적 어려움의 증거이다. 프랑스 외곽 지역의 많은 사람들의 경우 자동차 연료비를 포함한 고정 비용의 비율이 가계 예산에서 차지하는 비중이 계속 높아지고 있다. 이러한 고정 비용을 충당하기 위해 식료품에 대한 지출이 희생되고 있는 상황은 1789년 프랑스가 세 번의 흉년을 겪은 후 처했던 상황과 크게 다르지 않다. 인민은 봉건 질서 말기에 부르주아지가 신흥 사회 계급으로 부상하던 18세기보다 훨씬 더 교육받았고, 명목상으로는 재산을 소유하고 있으며, 자신들의 이익을 방어하고 스스로를 조직할 수 있었다. 비록 노란 조끼가 전통적인 의미에서 정치적으로 스스로를 조직하는 데는 실패했지만, 나는 그들이 현재 프랑스 국가의 존재 자체에 가장 강력한 정치적 도전 중 하나를 제공하고 있음을 보여주었다. 정당을 거치지 않고 사회적, 경제적 정의를 직접 요구하는 것이 새로운 형태의 정치이다. 그것이 바로 이들이 요구하는 새로운 사회계약의 핵심이다.

결론

대통령직은 노란 조끼에 대한 국가 대응의 최전선에 있었다. 사르코지 이전의 제5공화국 대통령들과는 달리 마크롱은 행정부의 지도자로서 자신을 위해 개입과 상시적인 역할을 선택했다. 기존의 대통령직 스타일, 즉 1958년 드골이 만든 준군주제 대통령직은 7년 주기의 선거를 통한 대중의 통제와 일반적으로 총리가 관리하던 일상적인 국정 운영과는 일정한 거리를 둔다는 점에서 그 시대와 대통령직의 창시자에게 적합했다. 그러나 대통령직을 둘러싼 위엄을 잘 보여주는 것은 1958년 드골의 악명 높은 말인 "나는 여러분들을 이해했습니다(je vous ai compris)"[1]이다. 이는 프랑스

1 [역주] 드골은 1958년 6월 4일 알제리의 수도 알제(Alger)에서 수십만 명의 알제리인들이 모인 자리에서 "나는 여러분들을 이해했습니다"라는 말과 함께 연설을 시작했다. 이 연설은 일반적으로 알제리의 독립을 인정한 연설로 알려졌지만, 사실 이는 드골의 초창기 지지자였던 알제리 출신 프랑스인(Pied-Noir)들과 프랑스 극우파들을 위한 발언이었다. 즉 드골은 알제리를 사수하겠다는 의미로 말했던 것이다. 1958년 6월 6일 드골은 오랑(Oran)에서 "프랑스는 그 소명과 함께 여기에 왔습니다. 프랑스는 영원히 여기에 있을 것입니다"라고 선언했으며, 같은 날 모스타가넴(Mostaganem)에서 다수의 알제리인 앞에서 "프랑스령 알제리 만세(Vive l'Algérie française)!"라고 연설했다. 그러나 10월 3일 드골은 알제리 '고유의 정체성'에 대해 언급했으며, 이후 프랑스 대통령이 된 드골은 1959년 9월 16일 알제리인들의 민족자결권을 선언했다. 드골은 1961년 1월 8일 알제리 독립에 관한 국민투표를 실시하여 75.2%의 찬성표를 받음에 따라 알

가 알제리를 위해 찾으려 했던 정치적 타협의 핵심과 거리 둔 모호한 표현이자 해결책을 찾을 수 있다는 안심의 메시지였다. 드골은 대통령직을 지저분한 정치의 영역 너머에 두어 제5공화국에서 숭고한 기능을 수행하게 했다. 이 숭고한 기능은 이제 거의 사라졌다. 왜냐하면 세 명의 역대 대통령(사르코지, 올랑드 그리고 마크롱)은 개입하고 참여하는 대통령이 필요해지면서 이와 거리가 먼 특성을 제거하기 위해 각자의 역할을 수행했기 때문이다. 대통령이 프랑스 정치에서 일어나는 모든 일의 설계자가 되게 만듦으로써, 이 세 명의 대통령은 프랑스의 성공에 대한 모든 공로를 가져가는 동시에 실패에 대한 모든 비난도 감수해야 했다. 숭고한 직책에서 벗어난 이러한 변화는 현대 보수주의의 창시자로 여겨지는 에드먼드 버크(Edmund Burke)가 1790년에 쓴 『프랑스 혁명에 대한 고찰(Reflections on the Revolution in France)』(Burke, 1790/2001)과 숭고함과 아름다움에 대한 그의 미학 연구(Burke, 1757/1990)에서 이미 이론화되었다. 결론에서 나는 노란 조끼의 전체 과업이 이 미학적 이야기의 또 다른 면, 즉 일상 정치의 추함을 드러냈다는

제리 민족해방전선(FLN)과 협상을 시작했다.

샤를 드골은 열강으로서 프랑스의 위신을 지켜야 한다는 욕망으로 '위대한 프랑스'를 내세웠다. 당시 프랑스의 정치계와 사회 전반에서 '식민지의 유지는 식민제국 열강으로써 프랑스의 지위 유지에 필수적이며, 특히 그중에서도 알제리는 가장 중요한 식민지'라는 인식이 강력했다. 즉, 드골 개인의 성향을 보면 어떤 의미에서든 알제리의 독립에 극히 부정적인 입장을 보이는 것이 당연했고, 알제리의 독립을 막으려는 알제리에 있던 알제리 출신 프랑스인과 극우파의 입장을 단순히 '이해했다'를 넘어 상당히 공감하기까지 했을 가능성이 높다. 하지만 식민지 유지가 현실적으로 불가능하다고 판단되자 비교적 빠르게 손절하고 대신 핵 개발과 자주국방을 위한 비용 투자 등으로 국제적 지위를 유지한다는 새로운 노선을 선택한 것이다. 드골은 '이해했습니다'라는 애매한 표현을 통해 자신의 강력한 지지자들에게 등을 돌리지 않으면서도 동시에 장래의 정치적 행보를 제약할 구체적인 입장 표명 역시 피한 것이다.

것을 보여준다. 대조적으로, 한때 숭고했던 대통령직은 그 자체로 추하게 변질되었으며, 이는 프랑스 제5공화국 하에서 확립된 사회계약에 광범위한 영향을 미쳤다.

아름다움과 숭고함

버크 그 자신은 여러 면에서 사회계약 이론가들에 대해 비판적이었지만, '사회는 실로 계약이다. [···] 그것은 모든 과학의 파트너십이고, 모든 예술의 파트너십이며, 모든 미덕과 모든 완벽함의 파트너십이다. 어느 세대에서나 그러한 파트너십의 끝은 달성될 수 없기 때문에, 그것은 살아있는 사람들 간의 파트너십뿐만 아니라 살아있는 사람들, 죽은 사람들 그리고 태어날 사람들 간의 파트너십이 되기도 한다'(Burke, 2001: 261)라고도 말했다. 산 자, 죽은 자 그리고 아직 태어나지 않은 자의 이러한 계약은 아름다움에 대한 숭고함의 구현의 한 형태로서 버크의 폭넓은 정치적 미학에 놓일 수 있다.

코리 로빈(Corey Robin)은 그의 저서 『반동적 정신(The Reactionary Mind)』에서 버크의 성향을 설명한다. 로빈이 지적했듯이, 버크는 프랑스에서 구체제의 문제가 바로 아름다움이라는 이상에 대한 의존이 18세기 프랑스 사회를 계층화했다는 점에 있다고 주장했다. 구체제의 기사도적 이상에 반대하는 것은 아름다움의 속성보다 숭고함의 속성을 취했던 혁명 투쟁의 잔인한 폭력에 반대하는 것이었다. 버크에게 있어 숭고함은 극도의 고통, 위험 또는 공포에 노출되었을 때 우리가 느끼는 감각이다. 숭고함은 영혼을 짓밟을 수 있는 능력처럼 영혼을 대담하게 만든다. 또한 숭고함은 죽음을 초래할 수 있듯이 행동에 영감을 주기도 한다(Robin, 2017: 46). 이러한 숭고함이라는 개념에서 긴장은 결코 해결되지 않는다. 왜냐하면 숭고함의 완벽한 표현은 신에게만 존재하기 때문이다. 즉 미약한 인간이 도달할 수 없는 신성한 질서 안에서만 존재하기 때문이다. 하지만 우리는 여전히 숭고함을 경험할 수 있으며, 버크의 천재성은 숭고함이 인간관계에 강력한 영향력을 발휘한다는 것을 보여준 것이었다. 로빈이 말했듯이, '숭고함 앞에서 자아는 소멸되고, 점령당하고, 짓밟히고, 압도당한다. 숭고함 앞에서 자아는 고양되고, 강화되고, 증대된다'(Robin, 2017: 66).

그러한 영혼의 고양은 그 가능성의 조건을 생성하는 신비주의, 거리감 그리고 이해의 부재를 필요로 한다. 군주는 주권적 권력을 보유한 사람과 그 권력을 행사하는 직책에 대해 알 수 없는 아우라가 있을 때만 인민에게 숭고할 수 있다. 버크에게 있어, '왕과 지휘관의 제도에서 비롯되는 권력은 공포와 동일한 연관성을 갖는다'(Burke, 1990: 62). 지도자에 대한 숭고한 두려움은 필수적인 속성이고, 이 속성 없이는 인간의 열정이 오래 유지될 수 없다. 홉스는 버크보다 한 세기 반 전에 같은 말을 했다. 숭고한 대상에 대한 지나친 친밀감은 그 대상을 경외와 존경의 원천이 아니라 그저 즐기고 쾌락을 유발하는 단순한 '아름다운' 인공물로 만든다. 버크는 숭고함이 쉽게 상실될 수 있으며, 숭고함이 가장 잘 드러나는 것은 폭력의 가능성이 있을 때임을 제대로 이해하고 있었다. 폭력의 가능성은 사실상 폭력의 실제 행사보다 훨씬 더 효과적이다. 왜냐하면 너무 지나친 폭력은 행사하는 사람과 행사되는 사람 간의 친숙함을 만들어 내기 때문이다. 결국 이러한 친숙함은 폭력 뒤에 은폐된 신화를 없애고 폭력을 덜 숭고하게 만든다(Robin, 2017: 87). 따라서 폭력이 숭고하게 유지되려면, 군주가 대중에게 등장하듯이 간헐적이어야 한다. 드물고 짧게, 아주 교묘하고 상징적으로만 등장해야 한다. 폭력이 공포를 불러일으키지 않는다면, 이미 폭력은 그 힘을 상당 부분 상실한 것이므로 오래 지속되기를 기대할 수 없다.

버크에게 있어 사회의 타락은 아름다움의 압도적 존재에서 볼 수 있다. 버크에게 아름다움은 정욕에서 파생되고 사회적 특성들과 혼합되어 사랑을 만들어 낸다. 아름다움은 번성하기 위해 인간 사이의 친숙함, 근접성 그리고 반복적인 관계를 요구한다는 점에서 숭고함과 정반대이다. 하지만 아름다움은 버크에게 있어 약함의 원천이기도 하다. 우리의 감각에 전적으로 의존하는 아름다움은 숭고함이 향유하는 신성한 연계가 결여되어 있다. 시각, 촉각 또는 후각에 의해 창조된 아름다움은 버크에게 있어 작음, 부드러움, 섬세함 그리고 맑고 밝은 색채를 포함한 자연적 특성을 가진다(Burke, 1757/1990: 107). 따라서 아름다움은 숭고함과 달리 우리가 감각을 통해 경험하는 것이다. 이는 적어도 어느 정도는 명확한 분석적 분석(analytical analysis)[2]을 통해 이성적으로 분석되고 측정되고 이해될 수 있다. 버크의 설명에 따르면, 아름다움은 약자의 미덕인 반면, 숭고함은 강자에 의해 유지

2 [역주] 분석적 분석은 복잡한 정보, 데이터 또는 아이디어를 조사하여 그 기본 구조, 패턴, 관계 그리고 의미를 이해하는 과정을 의미한다. 이러한 유형의 분석에는 문제나 개념을 구성요소로 세분화하고 체계적으로 평가하는 작업이 포함된다.

된다. 그러나 아름다움의 또 다른 면은 버크에게 있어 훨씬 더 흥미를 끈다. 비록 그가 지나가는 말로 그것을 언급할 뿐이지만, 추함의 개념은 아름다움에 대한 중요한 평형추이다.

추함

아름다움과 정반대인 추함은 '숭고함의 개념과 충분히 일치한다'(Burke, 1757/1990: 109). 버크는 자기 생각을 더 이상 해명하지 않지만, 추함에 대한 그의 간략한 탐구의 결과는 여전히 가능한 것으로 남아 있다. 아름다움이 조화로운 형태의 성향에 있다면, 추함은 그 우연성에 있다. 아름다움이 사랑으로 이어진다면 추함은 증오로 이어진다. 아름다움이 우아함과 고상함의 원천이라면 추함은 불경과 무례함의 원천이다. 아름다움이 부드러움과 달콤함과 관련이 있다면 추함은 무뚝뚝하고 비통한 것이다. 아름다움이 편안할 때, 추함은 불안하고 고단하다. 비교를 한 단계 더 발전시키면, 우리는 어둠과 밝음에 대한 버크의 메시지를 전복시킬 수 있다. 숭고함은 어둠과 그 위험에서 번성하는 반면, 아름다움은 밝은 색채에서 번성한다. 그러나 추함은 밤의 형광등과 같다. 어둠을 완전히 깨뜨리지도, 아름다움을 창조하지도 못하며 어둠이 주는 두려움과 공포를 깨뜨리지 않고 빛을 반사한다. 추함은 아름다움의 일부 특징과 결합하긴 하지만 정반대 측면에서 그러하고, 숭고함의 특징과 결합하되 완전히 실현되지 않는다. 추함은 아름다움을 생성하지도, 숭고함의 영역으로 승화시키지도 못한다. 형광 띠가 달린 노란 조끼는 (근교-) 도시 환경의 궁극적인 추함이다. 조끼가 반사하는 빛은 아름답지도 숭고하지도 않으며 단지 기능적이고 눈에 띄기만 할 뿐이다. 목가적인 풍경 한가운데에 있는 유난히 추한 건물처럼, 사람들은 노란 조끼를 응시하고 그 존재에 주목할 수밖에 없다. 그 추함이 그 구원적 특징이다. 즉 추하다는 것은 우리가 무시할 수 없는 캔버스의 얼룩이 되어 시선을 끌고 존재를 느끼게 하기 위해 고안된 것이다. 2008년 프랑스 자동차에 노란 조끼를 의무화하는 새로운 법안을 정당화하기 위한 광고 캠페인에서, 정부는 디자이너 카를 라거펠트(Karl Lagerfeld)가 "노란색이고, 추하며, 어디에도 어울리지는 않지만, 당신의 생명을 구할 수 있습니다"라는 슬로건과 함께 이 옷을 입고 있는 모습을 선보였다(Guerrien, 2018).

노란 조끼는 추한 운동이었다. 이는 경멸적인 의미가 아니라 버크의 사상에서 파생된 개념적 의미에서이다. 이처럼 이 운동은 아일랜드 철학자가 숙고했던 아름다움과 추함의 이분법에 대한 새로운 도전이며 추함에 대한 철학적 탐구의 새로운 길을 열어준다. 프랑스 의원이자 아마추어 영화 제작자인 프랑수아 뤼팽(François Ruffin)은 그가 방문한 노란 조끼 회전교차로에 관한 다큐멘터리에서 시위대의 장소에 세워진 구조물이 아름다움의 명소라고 주장한다. 그 장소에 예술적 창의성이 산발적으로 표현된 것은 의심할 여지가 없지만, 회전교차로 점령자들이 세운 대피소들(cabanes)과 막사들은 미학적으로 만족스러운 장소들이라기보다는 저항과 점령의 장소들이었다. 여러 측면에서 그것들은 미술관이나 특별한 감성의 표현이라기보다는 세계 대도시의 판자촌에서 급하게 지어진 구조물과 닮았다. 시위대에게 날씨를 피할 수 있는 피난처를 제공함으로써 — 결국 시위는 늦가을에 시작되었고, 겨우내 여러 곳에서 계속 진행되었다 — 이 대피소들은 매우 실용적인 용도로 사용되었다. 종종 임시 자재로 단시간에 지어진 경우가 많았기 때문에, 대피소들은 매일 이곳을 지나는 통근자들의 눈에 거슬리는 것이 되었다. 그것들의 존재는 의도적인 가시성 확보 행위였다. 눈에 잘 띄는 조끼 자체와 마찬가지로, 대피소는 아름답게 보이기 위해 세워진 것이 아니라, 위에서 언급한 고려 사항 이외에도 시위대의 곤경에 대한 인식을 높이기 위해 세워진 것이다. 프랑스가 전 세계에 수출하는 비전과 정확히 맞지 않기 때문에, 그것은 눈에 띄지 않을 수 없게 되었다. 오트 쿠튀르(haute couture), 디자이너 그리고 향수로 유명한 프랑스는 추함과 대중적 표현의 대명사가 되었다. 파리의 부유한 대로부터 회전교차로의 도시 근교 공간에 이르기까지, 프랑스의 추한 면모는 모두가 볼 수 있게 되었다. 추함을 전면에 내세움으로써, 노란 조끼는 그들의 처지가 심각하고 주목할 만한 가치가 있으며, 깊은 불안감과 고통이 존재한다는 것을 모든 사람이 분명히 알 수 있도록 했다. 대피소의 추함은 운동의 요구에 대한 깊은 성찰의 장소이기도 했다. 버크가 추함에 대해 언급한 것처럼, 추함이 숭고함과 모순될 필요는 없다. 추함을 그런 방식으로 사용하고 일상생활의 미학을 전복하는 데에는 숭고한 무엇인가가 있었다. 따뜻함과 건조함과 같은 단순한 기능을 제공하는 대피소들은 도시 근교 구조물 중 가장 아름다운 조각품과 예술품으로 장식된 회전교차로에서 종종 볼 수 있는 미적 차원과는 정반대되는 것이었다.

물론 회전교차로는 그 자체로 추함의 장소이며, 그곳에서 아름다움의 광경은 규칙이 아니라 예외적으로만 볼 수 있다. 프랑스 최초의 회전교차로는 파리의 개선문 주변에 있는 레뚜알 광장(Place de l'Étoile)으로 상당한 아름다움을 자랑한다. 이곳에 1907년 외젠 에나르(Eugène Hénard)가 기념비를 중심으로 원을 그리며 단방향으로 주행하는 회전교차로를 처음 도입했으며, 이후 한 세기 동안 수백만 개의 회전교차로가 생겨났다(Confavreux, 2019: 5). 개선문이라는 장엄한 구조물은 최고의 숭고함과 아름다움을 결합한 것이다. 아우스터리츠(Austerlitz)[3] 이후 나폴레옹이 군사적 승리를 기념하기 위해 로마 아치 양식으로 의뢰한 개선문은 전사의 과거와 프랑스의 영광을 상징한다. 비록 개선문은 황제가 권력을 상실할 때까지 완공되지 못했지만, 1836년 부르봉 왕정복고 하에서 완성되었다. 2018년 12월 1일 노란 조끼 시위 이후 이 기념비에 그려진 그래피티(graffiti)를 공화국 자체에 대한 공격이라고 한탄하는 사람들의 의견과는 달리, 개선문은 공화주의의 상징이 아니라 파리 중심부에 있는 제국주의적이고 군주적인 기념비이다. 그 기념비는 1870년, 파리 시민들에게 공화국이 선포되었고 제2제정이 무너졌다는 사실을 상기시키기 위해 개선문에 명판을 추가했을 정도로

3 [역주] 아우스터리츠는 1805년 12월 2일에 발발한 아우스터리츠 전투(Battle of Austerlitz)를 의미한다. 1805년 초 영국, 오스트리아, 러시아는 대프랑스 동맹을 결성했고, 1805년 10월에는 트라팔가르 해전(Trafalgar Battle)에서 승리해 나폴레옹의 영국 상륙을 저지했다. 이에 나폴레옹은 대륙정책에 전념해 빈을 점령했다. 오스트리아 황제 프란츠 1세는 북으로 달아나 아우스터리츠 부근에서 러시아 황제 알렉산드르 1세와 합류해 8만 명이 넘는 동맹군을 조직하여 7만 명의 나폴레옹 군을 만났다. 나폴레옹은 아우스터리츠 전투에서 동맹군의 중앙을 돌파해 대승을 거두었다. 2만 명의 전사자를 낸 러시아는 폴란드로 물러나고, 오스트리아는 휴전을 요청해 대프랑스 동맹은 붕괴되었다. 결과적으로 아우스터리츠 전투는 프랑스를 유럽의 패권국 지위를 더욱 굳건하게 했다. 또한 프랑스 내에서도 나폴레옹의 입지를 더욱 확고하게 다져준 전투가 되었다.

공화주의와는 거리가 멀다. 기념비의 민주적 특징 중 하나인 무명용사의 무덤은 나중에 추가되었고 제1차 세계대전 이후에야 등장했다.[4] 당연히 무덤 자체는 시위대의 손길이 닿지 않았고, 시위대는 비난의 초점을 기념비 자체와 그 밑에 있는 박물관에 맞추었다. 무수한 많은 조각상들, 나폴레옹 휘하의 장군 명단 그리고 제국 군대가 벌인 서사적 전투의 기념물들은 경외와 공포를 불러일으키는 기념비이다. 파리 건축의 숭고한 특징인 개선문은 심지어 아치에 로마 신화의 장면을 묘사하여 신성을 표현하기도 한다. 벽에 그래피티를 추가함으로써 그런 숭고함의 상징을 추하게 만든 것은 개선문이 상징하고 있지 않은 공화국에 대한 공격이 아니라 그 아름다움에 대한 공격이었다. 추한 개선문은 질서에 대한 파괴자들의 승리, 복종에 대한 불만, 국가 폭력에 대한 저항의 승리로서 작동했다. 그러나 이러한 승리는 오래가지 못했다. 국가는 이러한 추함의 상징적인 표시가 용납될 수 없다고 신속하게 재천명했다. 그리고 그래피티는 다음 날 바로 사라졌다. 이 행위는 운동의 급진적인 혁명적 잠재력을 보여주기는커녕 질서를 강요하는 국가의 힘을 재확인시켜 주었다. 숭고함이 승리했고, 기념비의 고요한 아

4 [역주] 1806년 착공된 개선문은 1836년에 완성되었다. 하지만 나폴레옹은 개선문이 완공되기 이전에 죽었으며, 대신 그에 시신이 개선문을 통과하게 된다. 개선문은 1896년 프랑스의 역사적 기념물로 지정되었다. 49미터의 높이와 45미터의 넓이를 자랑하는 거대한 개선문의 네 면에는 프랑스 대혁명과 왕정복고 당시의 주요 인물들, 이탈리아와 이집트에서 승리를 거두고 귀환한 프랑스군을 상징하는 조각이 수놓아져 있다. 내부 벽면에는 프랑스 대혁명 이후 벌어진 여러 전투와 유명한 나폴레옹 전투에 참여했던 장군들의 이름이 새겨져 있다. 또한 개선문은 20세기의 전쟁에서 사라진 수많은 영웅, 무명용사들에게 헌정된 기념물이기도 하다. 1920년 프랑스 의회는 제1차 세계대전에서 국가를 위해 목숨을 바친 무명용사 중 한 명을 지정해 팡테옹(Panthéon)에서 기리고 개선문 밑에 안장하는 법을 통과시켰고, 1921년 개선문에는 '무명용사의 묘'가 생겨났다.

름다움은 오늘날에도 여전히 감탄할 만하다.

프랑스 전역의 회전교차로에 있는 대피소들도 비슷하게 덧없는 운명을 겪었다. 임시 구조물 대부분이 해체되고 불도저에 의해 파괴되면서 이들의 덧없는 생명도 곧 정상으로 되돌아왔다. 그러나 노란 조끼 시위대가 시위 장소를 떠난 후에도 회전교차로의 추함은 그대로 남아 있다. 프랑스 도시 근교가 얼마나 추해질 수 있는지, 도시 공간의 입구가 얼마나 회색빛으로 텅 비어 있는지, 그리고 그 한가운데 대피소를 짓고 있는 사람들이 사라지면 얼마나 생기가 없어 보이는지가 명백해졌다. 그곳의 추함은 아름다움의 극명한 부재를 의미하며, 21세기 경제생활과 그 조직의 성공을 둘러싼 공허함을 상기시킨다. 상업적 교환의 유동성에 필수적인 회전교차로는 경제활동이 만들어 낸 두려움을 상기시키는 추함으로 도시 외곽을 가득 채웠다. 현대 경제가 제 기능을 하려면 자동차와 회전교차로, 주차장과 슈퍼마켓, 산업 단지와 그곳에 거주하는 노동자들이 필요하다. 우리 중 일부 사람에게는 매주 또는 매달 값싼 소비의 경제적 중심지로 여행을 떠나는 것이지만, 그곳에서 일하거나 그것을 통해 통근하는 많은 사람들에게는 일상적인 현실이다. 베르메렌은 이러한 현상이 회전교차로 장소를 넘어 도시 건축에까지 영향을 미쳤다고 지적한다. 지난 수십 년 동안 프랑스 전역에 지어진 파빌리온(pavillons) — 작은 집들, 서로 동일하고 지루함이 지배하는 곳 — 은 오래된 마을과 도시 외곽에서 전국적으로 쉽게 볼 수 있다(Vermeren, 2019: 161). 이는 도심과 그 안에 있는 역사적인 건물들이 주변부로 이동하는 기업들에 쫓겨 버려지는 동안 일어났다. 신축 건물의 콘크리트 블록에 대한 선호에 따라 오래된 돌들은 버려졌다. 관광객과 방문객에게는 보이지 않는 곳, 즉 새로운 노동계급과 중하층 계급(소중간계급)이 살고 있는 곳으로 말이다. 콘크리트와 플라스틱을 유일한 동반자로 삼아 추함과 더불어 살아가는 노란 조끼들은 종종 추함을 포용했고, 그곳을 대중적 불안, 대안적 표현 그리고 아름다운 질서에 대한 저항의 장소로 바꾸었다. 그들은 그들이 입는 조끼부터 시위 장소에 이르기까지 추함을 정치화했고, 그에 따라 사회적 관계도 변화시켰다. 하지만 궁극적으로 숭고함이 추할 필요는 없으며, 추함은 숭고함의 감정을 불러일으킬 수 있다. 다가올 비참한 삶에 대한 두려움, 공동행동과 민주적 담론에 대한 희망, 그리고 지금까지 침묵 속에서 고통받았던 사람들의 연대가 추함을 그 자체보다 더 위대한 것으로 바꾸기 위해 결합되었다. 노란 조끼들은 추함을 아름다움으로 바꾸지는 않았지만, 추함도 숭고함에 참여할 수 있으며, 심지어 운동이 끝난 후에도 계속 생명력을 가질 수 있다는 것을 보여주었다.

베르메렌의 주장처럼, 프랑스가 철저하게 혁신적인 녹색 도시와 더 광범위한 토지 관리, 한때 토지를 가득 채웠던 거대한 숲의 귀환, 그리고 남은 우리를 위해 계획된 도시화를 결합한 리더가 되어 도시 건축의 갱신을 꿈꿀 수 있다. 또는 뤼팽과 페레(Perret)처럼, 시위 장소에 존재하는 아름다움을 보고 노란 조끼를 우리의 소속감을 되살리고 사회적 아름다움을 가져올 새로운 사회의 배아로 볼 수도 있다. 그 대신 나는 운동의 미래를 치유의 공간으로 개념화한다. 사회 운동의 약리학은 사회계약이 부활하기 위해서는 많은 일이 필요하다는 것을 시사한다. 운동이 가져온 추함은 달리 있을 수 있는 이상화된 아름다움과 싸울 필요가 없고, 오히려 영감과 숭고함의 원천으로 받아들여질 수 있다. 버크가 제안한 것처럼, 계약이 죽은 자, 산 자 그리고 아직 태어나지 않은 자 사이의 것이라면, 미래를 생각하고 그에 따라 행동하는 것은 모든 사회계약의 필수적인 부분이다. 여기서 추함은 아름다움보다 사회관계를 변화시키는 데 더 도움이 될 수 있다. 추함을 포용함으로써, 노란 조끼는 우리가 외면하기 쉬운 프랑스의 한 측면을 보여주었다. 노란 조끼는 시위를 위해 회전교차로라는 무시할 수 없는 장소를 선택하고 눈에 아주 잘 띄는 의상, 즉 가시성이 높은 조끼를 선택함으로써 추함을 모든 사람이 명확하게 알 수 있도록 했다.

노란 조끼와 비교하기

불평등의 증가, 사회적 정의에 대한 요구 그리고 민주적 갱신이라는 이 현상은 프랑스만의 현상도 아니다. 아드리안 파브스트(Adrian Pabst)가 지적했듯이, 브렉시트 투표, 도널드 트럼프 당선, 노란 조끼 운동의 세 국면을 하나로 묶는 연결고리는 지난 30년 동안 자유주의가 대다수 시민에게 복지를 제공하지 못했다는 사실이다. 이 세 가지 정치적 국면에서 단결한 노동계급과 중산층은 모두 정치 시스템의 실패에 대해 비슷한 결론에 도달했다(Pabst, 2019). 영국과 프랑스에서, 서로 다른 정치적 스펙트럼에 속했음에도 불구하고 캐머런(Cameron)과 올랑드의 사회적, 경제적 정책의 차이를 구분하기는 어려웠을 것이다. 두 사람 모두 2008년 금융위기에서 벗어나기 위해 긴축정책을 지속했고, 동성 결혼을 법으로 통과시켰다. 이 두 지도자의 경제학과 사회적 조치는 노란 조끼, 브렉시트 지지자, 트럼프 지지자들이 의문을 제기하고 있는 자유주의적 합의를 특징으로 한다.

좌파 성향의 리베라시옹 신문 편집장인 로랑 조프랭(Laurent Joffrin)은 노란 조끼를 극우 세력에 유리한 운동이라고 재빠르게 일축했다(Joffrin, 2018). 조프랭은 심지어 COVID-19 팬데믹이 발생하는 동안 온라인에서 발견된 음모론을 노란 조끼가 믿고 공유한다고 비난한다. 게다가 노란 조끼는 전염병 기간 동안 정부의 준비 부족을 공격하고 정부 당국이 팬데믹에 맞서 싸울 수 있는 보건 서비스의 능력을 고의로 축소했다는 것을 고발했다는 이유로 비난받았다. 조프랭은 2011년 팬데믹에 맞서기 위해 마스크 재고를 없앴을 때 공적 자금을 절약하려 했다는 이유로 사르코지 정권의 장관인 로즐린 바슐로(Roselyne Bachelot)를 옹호하기까지 한다. 국가를 준비되지 않은 상태로 방치한 엘리트들에 대한 노란 조끼의 회의론은 공화국 자체에 대한 근본적인 모욕으로, 정치적 영향력을 가진 사람들에 대한 증오로 바뀌었고, 좌파 편집자인 자신과 프랑스 국가가 글로벌 팬데믹에 맞서 싸울 수 있는 역량을 유지하기보다는 몇백만 유로를 절약하는 것을 선호하는 우파 정부 사이의 계급 차이를 좁히는 것으로 바뀌었다(Joffrin, 2020). 정치적 우파와 마찬가지로 정치적 좌파의 특징이기도 한 자유주의적 합의는 성장과 번영을 가져왔을 뿐만 아니라 불평등을 악화시키고 수백만 명을 더욱 불안정한 상황에 빠뜨렸다. 내가 아래에서 예를 든 네 가지 사례에서 — 브렉시트 투표, 트럼프 당선, 폴란드의 법과정의당(Law and Justice party)의 부상, 칠레의 2019~2020년 사회 운동 — 이러한 자유주의적 합의는 공격받고 있다. 각 사례는 노란 조끼와 유사점도 있고 차이점도 있다. 중요한 것은 프랑스의 맥락을 글로벌 현상에 비추어 살펴보는 것이다. 이는 최근 몇 년 동안 있던 정치적 변화에 대한 요구가 표출된 무수한 방식을 가시화하기 위함이다.

브렉시트와 트럼프

영국의 브렉시트 지지자들은 여러 가지 이유로 영국의 유럽연합 탈퇴에 투표했지만, 미디어의 초점은 주로 이민에 맞춰져 있었다. 많은 논평가들이 지적했듯이 반이민 브렉시트 투표가 분명히 있었지만, 이것만으로 결과가 설명될 수 있을지는 의문이다. 메리 칼도어(Mary Kaldor, 2019)는 맨스필드(Mansfield)와 펜들(Pendle)에서 개최된 브렉시트 관련 지역 포럼 참가자들이 우선순위로 나열한 '기술 훈련 부족, 인프라 부족, 투자 부족 그리고 전반적인 방치'에 대해 논의했다. 브뤼셀(Brussels)에서든 웨스트민스터(Westminster)에서든 이러한 전반적인 방치는 참가자들이 브렉시트에 대한 열망과 보다 지역적 수준으로 정치가 이양되어야 할 필요성의 핵심 요인으로 강조되었다(Parsons, 2018). 국가적 또는 국제적 수준에서 엘리트 정책에 맞서는 지역적, 민주적 통제력 강화라는 이러한 우선순위는 프랑스의 노란 조끼가 강조한 많은 우선순위와 유사하다. 실제로 브렉시트 투표와 노란 조끼의 공통점 중 하나는 런던이나 파리에서 결정을 내리고 범세계적 도시들 외곽의 주변부와 중심부를 무시하는 것처럼 보이는 브뤼셀에서의 더욱 동떨어진 결정들에 참여하는 국가 엘리트에 대한 신뢰가 부족하다는 것이다.

국가적 또는 국제적 수준에서 민주주의의 공동화(hollowing-out)는 주요 정당의 정책에 대한 환멸로 이어졌다. 영국과 프랑스의 모든 주요 정당이 유럽연합 회원자격을 찬성하기 때문에, 이들 지역에 대한 인식된 비용에도 불구하고 정치 로비에 접근할 수 없는 사람들, 즉 지방의회나 지방정부 외에는 정치에 영향을 미칠 수 없는 사람들에게 유럽연합 회원자격은 또 다른 부담으로 여겨지고 있다. 칼도어는 영국과 프랑스가 세계에서 가장 오래된 민주주의 국가 중 하나이며 구조적 민주주의를 위한 중요한 구조(structures)를 갖추고 있음에도 엘리트와 지역 주민 사이의 이러한 격차를 실질적 민주주의의 부족으로 설명한다. 그리고 확실히 두 나라 모두 지방선거와 전국 선거, 의미 있는 정치 토론, 경쟁적 정당 그리고 민주적 절차에 필요한 모든 것이 작동하고 있다. 그러나 전반적으로 브렉시트 지지자와 노란 조끼 모두, 선거의 승패와 관계없이 정치 엘리트들이 자신들의 선택을 거의 무시하는 것 같다는 느낌을 받고 있다. 절차적 민주주의가 실질적 차이로 이어지지 않는다면, 다시 말해 민주주의는 결국 완전히 공동화되는 것처럼 보인다.

유사점은 두 현상의 사회학으로 확장될 수 있다. 로버트 포드와 매튜 굿윈(Robert Ford and Matthew Goodwin, 2017)은 브렉시트의 경우 전통적인 노동계급에서 대중의 분노를 불러일으킨 중산층에 유리한 사회적 변화라고 주장한다. 1997~2010년 신노동당 정부가 자신의 전통적인 지지 기반에서 대도시의 보다 자유주의적인 성향의 엘리트로 초점을 이동했을 때, 신노동당 정부는 영국 정치의 균형을 변경해 극적인 결과를 초래했다. 인종, 젠

더 그리고 성별 문제에 매료된 자유주의적 중산층의 가치관으로의 전환은 사회적으로 더 보수적인 노동-계급 백인 유권자들을 소외시켰다. 노동당에 의해 버려지고, 아직 보수당에 의해 유혹되지 않은 이 거대한 소수는 유권자 5명 중 1명 정도를 차지하며, 브렉시트 성향의 영국독립당(UK Independence Party, UKIP)에 투표할 가능성이 점점 더 커지고 있었다. 포드와 굿윈은 자유주의 중산층과 다양성, 급격한 변화 그리고 유동성보다 질서, 안정 그리고 전통을 중시하는 노년층 백인 유권자들 사이의 분열이 심화되면서 국민투표에서 과반수를 확보할 수 있을 만큼 큰 변화가 일어났다고 설명한다. 노란 조끼가 다른 주변의 시위 집단 외부에서 정치적 동맹을 거의 찾지 못했던 프랑스의 경우와 달리, 영국의 노동계급은 국가의 정치 지형에서 권력의 균형을 바꾼 또 다른 대규모 불만 집단을 발견했던 것이다. 노동당에 등을 돌리고 불만을 품은 버림받은 유권자와 사회적으로 보수적인 노년층 유권자들의 결합은 브렉시트 투표를 설명하는 데 큰 도움이 될 수 있지만, 그것은 프랑스의 맥락과는 전혀 상관이 없다.

이는 브렉시트 투표와 노란 조끼 사이의 첫 번째 중요한 차이를 초래한다. 첫째, (브렉시트를 지지하는 사람들에게는) 우연한 사회적 세력의 결합이 영국에서 중요한 장기 지속되는 정치적 결과를 가져왔고, 영국이 유럽연합에서 탈퇴하는 결과를 가져왔다. 프랑스의 경우, 운동이 확보한 일부 경제적 양보들은 정부 정책의 장기적인 변화를 초래하지 않았다. 2019~2020년 연금 파업과 같은 노란 조끼와 비슷한 시기에 다른 운동들이 분출했음에도 불구하고, 그리고 일부 참가자들의 전략과 원하는 결과가 부분적으로 명백하게 겹쳤음에도 불구하고, 투쟁, 정치 동맹 또는 운동의 선거 결과의 수렴은 이루어지지 않았다. 이는 두 현상 사이의 두 번째 근본적인 차이를 초래한다. 브렉시트의 경우, 그 결과를 지지하는 조직적인 정당이 있었다. 영국독립당과 이후 2019년 선거에서 브렉시트당(Brexit Party)[5]은 변화에 영향을 미치기 위해 기존 정치 시스템의 메커니즘을 활용한 구조화된 정치 제도였다. 2019년 유럽 선거에 출마하려는 일부 노란 조끼의 일시적인 시도에도 불구하고, 노란 조끼 운동에는 이러한 대의 모델을 피하려는 강한 열망이 있었다. 이는 운동의 성공이라는 측면에서 보면 몰락일 수도 있지만, 운동이 달성하고자 했던 것에 대한 중요한 결과를 초래하기도 한다. 브렉시트의 경우와 달리, 노란 조끼의 최종 목표는 특정 정책의 변화가 아니었다. 그게 아무리 중요한 정책이라 할지라도 말이다. 그들의 목표는 프랑스 민주주의의 핵심 구조의 변화였다. 비록 일부 브렉시트 지지자들도 비슷한 결과를 원했을 수도 있지만(Bickerton and Jones, 2018), 대부분은 영국의 기존 정치 틀 내에서 통제권을 되찾는 것을 받아들였다.

브렉시트 캠페인과 후속 협상 과정에서 상향식 제휴 네트워크의 상대적 부재는 이 기간 동안 구축된 지역 연대가 영국에서 거의 없었다는 것을

---

5 [역주] 영국독립당은 1993년 창당된 유럽연합 탈퇴를 주장하는 우파 포퓰리즘 정당이다. 2014년 유럽의회 선거 결과 득표율 1위를 차지하면서 영국 내 유럽의회 진출 정당 가운데 가장 많은 의석수를 보유한 정당으로 부상했다. 한편 브렉시트당은 브렉시트 찬성 캠페인을 주도했던 나이젤 패라지(Nigel Farage) 전 영국독립당 대표 등이 주축이 되어 2019년 창당한 정당이다. 패라지 전 대표 등은 기존 영국독립당이 반이슬람 성향에 매몰되어 브렉시트 문제에 집중하지 않는다고 비판하면서 탈당했다. 브렉시트당도 영국의 유럽연합 탈퇴를 적극 지지했으며 영국의 자주권을 포기하는 어떤 국제기구 가입이나 조약체결에도 반대했다. 2021년 브렉시트당은 영국개혁당(Reform UK)으로 당명을 변경했다.

의미한다. 시민총회(Finders et al, 2015) 프로젝트와 같이, 시민들의 민주적 참여를 구축하기 위한 프로젝트들이 있기는 했지만, 그것들은 지역 차원에서 조직된 것이 아니라 해당 분야의 전문가와 학자들이 대부분 주도했다. 크레이그 파슨스(Craig Parsons, 2018)에 따르면, 브렉시트는 상향식보다는 하향식 정치 과정에 더 기반을 두고 있었다. 이는 브렉시트가 대중적 민족주의와 외국인 혐오에 의해 촉발될 것을 우려하는 사람들에게는 희소식일 수 있지만, 브렉시트 투표의 결과로 민주주의가 증진되기를 바랐던 사람들에게는 나쁜 소식이다. 국민투표 실시 이후 영국독립당과 브렉시트당이 소멸하면서 브렉시트로 인해 급증한 정치적 관심과 활동을 풀뿌리 수준에서 조직적으로 이어갈 수 있는 조직은 거의 없는 것으로 보이게 한다. 이는 노란 조끼에도 교훈적인 이야기가 될 수 있다. 영구적인 조직이 없다면, 활동가들의 지역 네트워크는 조직화 능력에 대한 믿음을 잃을 위험이 있으며, 운동에 참여했던 사람들의 시민권 박탈(disenfranchisement)을 초래할 수 있다. 운동의 제도화에 대한 공포는, 심지어 그 자체로도, 운동의 성공에 대한 궁극적인 제한 장치가 될 수 있다.

미국에서도 노란 조끼와 트럼프 투표 사이의 유사한 비교가 있었다. 미국의 언론은 배후지(hinterlands)의 경제적 불안정성이 2016년 대선 출마에서 트럼프의 주요 지지 원천임을 확인하면서 그 유사성을 재빠르게 강조했다(Tharoor, 2018). 영국과의 유사한 분석이 여기에 적용된다. 정치적 좌파에 환멸을 느낀 백인 노동-계급 유권자들은 정치적 좌파를 포기하고 다른 정치적 방안을 지지했다. 하지만 유사점은 여기까지이다. 도널드 트럼프는 노란 조끼와 거리가 멀고, 노란 조끼의 핵심 인물들인 프리실리아 루도스키(Priscillia Ludosky), 잉그리드 레바바쇠르(Ingrid Levavasseur) 그리고 제롬 로드리게스(Jérôme Rodrigues)와 같은 주요 인물들이 뉴욕 출신의 억만장자와 거의 공통점을 공유하지 않았다. 트럼프는 공화당 후보 지명을 얻고 대통령에 당선되어 뒷문을 통해 정계에 진출했던 반면, 노란 조끼는 정당의 포섭 전략(co-optation)을 거부했다. 프랑스 사회 운동이 만들어 낸 상향식 연대는 연방 차원의 트럼프 캠페인 및 지원과 비교할 수 없다. 에밀리 에킨스(Emily Ekins, 2017)는 트럼프 유권자를 '미국 보호주의자(20%), 충실한 보수주의자(31%), 반엘리트(19%), 자유시장주의자(25%) 그리고 무관심층(5%)'의 다섯 가지 유형으로 분류했다. 브렉시트 사회학과 마찬가지로, 미국에서 노란 조끼와 닮은 사람들, 즉 반엘리트와 무관심층이 트럼프 유권자의 4분의 1 미만을 차지하는 것은 분명하다. 영국의 경우 브렉시트 투표를 좌우한 것은 사회적으로 보수적인 노년층 유권자들이었고, 미국에서 트럼프 당선을 위한 선거 공학을 가능하게 한 것은 미국 보호주의자, 보수주의자 그리고 자유-시장 지지자들의 동맹이었다. 이는 브렉시트와 트럼프의 경우 모두 광범위한 정치 동맹이 각각의 투표 결과를 가능하게 한 반면, 프랑스에서는 노란 조끼가 더 큰 연합이 등장할 수 있는 정치적 계기를 포착하는 데 실패했음을 보여준다. 이 세 가지 사례 모두, 세계화의 혜택에서 소외된 노동계급과 하위 중산층 시민들 — 노란 조끼의 사회학적 기반을 형성하는 사람들 — 은 전체 시민의 약 5분의 1에서 4분의 1에 불과하다. 정치 기득권층과 엘리트에 대한 공통된 불만을 공유하고 있지만, 조직 방식이 매우 다르기 때문에 세 가지 사례에서 이 이상의 유사점은 거의 없다. 노란 조끼는 독특한 운동으로서 다시 한번 두드러진다.

폴란드와 칠레

각 운동의 차이와 유사성을 지적하기 위해서라도 국제적인 유사점을 살펴보는 것은 도움이 된다. 노란 조끼 운동과 관련하여 브렉시트와 트럼프에는 많은 관심이 집중된 반면, 다른 두 운동은 비슷한 양상을 보인 것에 비해 크게 주목받지 못했다. 폴란드의 법과정의당 집권과 2019~2020년 칠레의 사회 불안은 브렉시트와 트럼프보다 노란 조끼 운동을 더 잘 조명하는 두 가지 중요한 비교 대상이 될 수 있다.

폴란드에서 2015년 집권한 법과정의당(PiS)[6]은 대부분의 서구 민주주의 국가와 마찬가지로 프랑스에 영향을 준 정치 기득권에 대한 비슷한 불만을 활용했다. 폴란드의 경우, 집권 정치인, 국가 공무원 그리고 기업인들이 바르샤바에서 함께 식사하는 모습이 비밀리에 녹취되면서 국가에 대한 신뢰가 바닥에 떨어졌다(Easton, 2014). 고위 정치인들과 다른 관리들 사이의 결탁을 보여주는 이 녹취에는 런던이나 워싱턴에 있는 그들의 동맹국에 대해 매우 불경스러운 말이 자주 등장한다. 그들의 이러한 방종한 언행은 많

---

6 [역주] 폴란드의 법과정의당은 우파 민족주의를 표방하면서 2001년 창당했으며 2015년부터 현재까지 집권하고 있는 정당이다. 법과정의당은 강경한 반난민정책, 사법부 독립 훼손, 언론 통제 등으로 민주주의와 인권을 후퇴시키고, 더 나아가 성소수자 옹호 주장을 외세와 영합해 폴란드의 민족 정체성을 훼손하는 시도라고 주장하는 등 극우포퓰리즘적 성향을 보이고 있다.

은 폴란드인의 눈살을 찌푸리게 했다. '문어 스캔들(octopus scandal)'이라고도 불리는 이 사건은 만찬에서 주문한 이국적인 요리가 일반 시민들과 거리가 먼 지배 엘리트의 전형을 보여주었다. 종종 한 끼 식사에 월 최저임금에 해당하는 금액이 지출되곤 했다. 2015년 지배 엘리트에 대한 대중의 분노를 바탕으로 법과정의당은 야로스와프 카친스키(Jarosław Kaczyński)가 '폴란드판 복지국가'라고 부른 것을 건설하겠다고 제안했다. 당은 1990년대 이후 폴란드를 지배했던 전통적인 좌우 이분법을 넘어 보수적인 사회정책으로 사회 지출 프로그램을 추진했다. LGBT 평등과 낙태권에 대한 정책으로 국제 사회의 분노를 샀지만, 그럼에도 불구하고 당은 일반적인 폴란드 시민들의 경제생활에 중요한 기여를 해 왔다. 채프만(Chapman, 2019)에 따르면, 바르샤바(Warsaw), 브로츠와프(Wrocław) 그리고 그단스크(Gdańsk)의 주요 도시 외곽에 거주하는 시민들에게 활력을 불어넣으면서, 당은 '1989년 공산주의 붕괴 이후 경제적, 사회적 그리고 문화적 변화로 소외감을 느끼는 사람들'을 위한 플랫폼을 제공하는 데 성공했다. 이전 정부 아래에서 사라졌던 국가의 존엄성을 되찾자는 공감대가 법과정의당의 부상에 기여했다. 2016년부터 시작된 사회정책에는 '자녀 1인당 월 500즈워티(zwoty)(102파운드) 수당 지급 [...] 연금 수급자에게 1,100즈워티(225파운드) 일회성 보너스 지급, 26세 이하 근로자에 대한 소득세 폐지 그리고 2023년 말까지 최저 월급을 2,250즈워티(461파운드)에서 4,000즈워티(815.50파운드)로 78% 인상'이 포함되었다(Chapman, 2019). 정부는 또한 은퇴 연령을 남성 65세, 여성 60세로 이전과 같은 수준으로 낮췄다. 폴란드 정부에 연간 300~400억

즈워티(60억~80억 파운드)의 비용이 소요될 것으로 추정되는 이 사회적 조치는 세계화로 최악의 타격을 입은 사람들이 요구한 경제적 정의에 많은 부분 부응하고 있다. 법과정의당은 집권하기 위해 외국인 혐오를 이용하는 우파 정당으로 가장 자주 특징지어지지만, 위와 같은 정책을 주도함으로써 다른 경우라면 좌파에 투표했을 많은 시민의 표를 모으는 데도 성공했다. 통합좌파당(United Left party, ZL)[7]은 2015년 연합 정당이 의회에 진출할 수 있는 전국 득표율 8%를 달성하지 못했고, 결국 법과정의당의 집권과 동시에 의회에서 사라졌다. 2019년 선거 준비 기간에, 법과정의당은 특히 의료 분야에 400억 즈워티(80억 파운드)의 사회 지출을 추가로 약속했다(Moskwa, 2019). 법과정의당의 경제정책들은 노란 조끼의 많은 요구와 겹치지만, 사회적으로 보수적인 의제에서는 노란 조끼와 갈라선다. 법과정의당의 가족 중심적인 기독교적 의제가 노란 조끼의 관심을 끌고 있다는 징후는 거의 없다. 프랑스에서 이 의제에 관심을 가질 만한 다른 정치 세력이라면 있지만 말이다. 2017년 주요 우파 정당인 공화당(Les Républicains)의 후보였던 프랑수아 피용(François Fillon)은 세속주의의 겉모습 뒤에 얇게 가려졌지만 가톨릭 우파에게 분명히 호소하면서 사회적 보수주의와 가족 가치라는 비슷한

7 [역주] 통합좌파당은 폴란드의 선거 연합 정당이다. 통합좌파당은 2015년 7월 민주좌파동맹(Democratic Left Alliance), 당신의 운동(Your Movement), 폴란드 사회당(Polish Socialist Party), 노동통합당(Labour United) 그리고 녹색당(Greens)이 선거에 공동 출마하기 위해 결성했다. 2015년 9월 폴란드 노동당(Polish Labour Party)이 통합좌파당에 합류했다. 이는 2015년 대선에서 폴란드 중도 좌파가 부진한 성적을 거둔 데 따른 것이다. 그럼에도 통합좌파당은 2015년 10월 25일 선거에서 7.6%의 득표율을 얻어 의회 진출에 실패했다.

강령으로 출마했다(Tresca, 2017). 비록 가능성은 없지만 보수 우파와 노란 조끼 사이의 불경한 동맹은 폴란드의 법과정의당과 크게 다르지 않은 것으로 나타날 것이다. 그러나 그것은 노란 조끼가 주장하는 새로운 사회계약이 전통적인 좌파에게 유리하지 않을 수 있으며, 경제적 정의를 보장하기 위해 더 보수적인 세력과의 동맹이 항상 가능하다는 것을 보여준다. 법과정의당이 집권에 성공한 정당이기 때문에 비교 자체가 완벽하지는 않지만, 사회적으로 더 보수적인 입장을 가진 경제적으로 좌파적인 의제의 가능성을 보여준다.

2019~2020년 칠레에서 발생한 사회 운동[8]은 아마도 노란 조끼와 가장 잘 비교되는 국제적인 운동일 것이다. 2019년 10월 18일 산티아고 지하철 티켓 가격이 30페소(약 0.03파운드)[9] 인상된 것을 시작으로 전국적으로 광범위한 시위가 벌어졌다. 요금 인상에 항의하며 지하철 요금을 내지 않겠다

8 [역주] 2019~2020년 칠레에서 발생한 사회 운동은 2019년 10월부터 2020년 3월까지 지속되었다. 이러한 사회 운동을 지칭하는 스페인어 표현은 'Estallioido Social'로 우리말로는 '사회적 폭발'이다. 시위의 기폭제는 지하철 요금 30페소 인상이었다. 하지만 칠레 시민들이 지속적으로 거리로 나오도록 한 근본적인 동력은 피노체트 군부 체제에서 제정된 헌법에 기초한 사회경제적 불평등이다. 30년 전 피노체트(Pinochet) 정권 해체 과정을 거쳐 이루어진 칠레의 민주화는 철저히 엘리트 담합의 산물인 거래에 의한 협약으로 이루어진 위로부터의 이행이었다. 그 결과 칠레는 라틴아메리카에서 부유한 국가 중 하나이지만 소득 상위 1%가 전체 국가 부의 33%를 차지할 정도로 양극화가 심했다. 이는 국가의 역할을 제한하고 시장을 중시한 피노체트 헌법이 사회경제적 그리고 정치적 불평등을 양산했기 때문이다. 무력 진압을 고수하던 피녜라 대통령의 지지율이 6%까지 떨어졌고, 2019년 11월에 여야 합의로 피노체트 헌법 폐기와 신헌법 제정을 약속하자 비로소 시위는 잦아들었다. 2020년 10월 국민투표를 통해 의회와는 별도로 제헌회의를 설립했고, 이 기구가 신헌법을 작성하기로 했다. 2021년 5월 제헌회의 의원선거에서는 좌파 성향 무소속이 다수를 차지했다. 집권 우파연합은 26% 의석 확보에 그쳐 비토권도 확보하지 못했다. 그 이후 2021년 11월 21일 대통령·의회 선거에 이어 12월 19일 대통령 결선 투표가 치러져 좌파연합의 가브리엘 보리치(Gabriel Boric) 후보가 당선되었다.

9 [역주] 30페소는 원화로 환산하면 50원이다.

고 거리로 나선 10대 학생들의 행동으로 촉발된 이 시위는 칠레 대중의 폭넓은 지지를 받았다. 대부분의 평론가들은 비록 소폭이지만 티켓 가격의 인상이 최후의 일격이었다는 것에 동의한다. 경찰과의 충돌이 확산되고, 지하철역이 점거되고, 최대 20개의 역이 화재 피해를 입으면서 요금 인상에 대한 시위가 즉시 확대되었다(Somma et al, 2020). 시위가 산티아고 대도시에만 국한된 것이 아니라 전국으로 확산되어 최고조일 때 수백만 명의 칠레 국민을 동원했기 때문에 사회적 불안감이 훨씬 더 광범위하게 퍼져 있었다는 것은 분명하다. 국방부 산하 경찰인 카라비네로스(Carabineros)의 탄압은 잔인하고 치명적이었다. 36명이 사망한 것으로 추정되며, 첫 몇 주 동안에만 2만 8천 명이 체포되었고, 427명이 안구 손상을 입었다(McSherry, 2020). 프랑스 노란 조끼 시위보다 최소 10배 이상 많은 사상자가 발생했기 때문에, 국가 탄압의 수준을 과소평가할 수는 없다. 마크롱의 경우와 마찬가지로 칠레의 피녜라(Piñera) 대통령도 국가비상사태를 시작으로 최저임금 및 국가 연금 인상, 의료 지원 확대, 고소득자 세금 인상 그리고 정치인의 봉급과 임기 제한 등을 약속하는 긴급 조치를 발표했다(Sehnbruch and Donoso, 2020). 중요한 것은 마크롱의 대토론회보다 더 급진적으로, 칠레 대통령은 2020년 4월 — 이후 2020년 10월로 일정이 변경됨 — 에 여전히 유효한 피노체트(Pinochet) 시대의 1980년 헌법을 대체할 새로운 헌법을 제정하기 위한 국민투표를 시행한다고 발표했다는 사실이다.

산티아고의 알베르토 우르타도 대학교(Universidad Alberto Hurtado)의 일단의 대학생과 강사들은 사회 운동의 용어를 칠레의 사회계약에 대한 도전으로 정확하게 표현하면서(Borges et al, 2020), 시민들의 차별, 분리, 굴욕감 그리고 일반적으로 인구 대다수가 경제성장의 혜택으로부터 배제되었다는 감정에서 운동의 근원을 확인했다. 저자들은 수도 산티아고 외곽의 주변 지역이 주로 시위에 참여하는 등 영토에 기반한 불평등, 메스티소(mestizo)[10] 인구를 배제하는 인종에 기반한 불평등, 젠더 불평등을 지적하면서 국가의 행정권, 입법권 그리고 사법권을 포함한 공공기관뿐만 아니라 민간 행위자에 대한 신뢰가 궁극적으로 감소하고 있음에 주목한다. 칠레는 수도, 도로 그리고 교육을 포함하여 핵심 부문이 영리 기업으로 운영되고 있다. 저자들은 사회 운동 기간 중에 드러난 해결해야 할 일련의 필수적인 쟁점을 지적한다. 그들은 사회적 보호, 재분배, 소득 불평등, 개발 정책, 환경보호, 국가 기관에 대한 공적 감시, 국가 보안 기관의 구조 그리고 민주적 제도의 갱신을 시위의 근원을 해결하는 핵심 요소로 꼽는다. 칠레의 불평등 수준은 프랑스를 훨씬 능가하고 빈곤 수준은 육각형에서 볼 수 없는 수준이었기 때문에, 칠레의 상황은 훨씬 더 폭발적이고 훨씬 더 폭력적인 형태의 시위로 이어졌다. 이 운동의 사회학은 프랑스의 노란 조끼 또는 브렉시트와 트럼프 투표와는 상당히 다르다. 칠레의 인구는 대부분 메스티소, 혼혈 노동-계급으로 구성되었기 때문에, 동원되는 것은 백인 노동계급이 아니었다. 그러나 노란 조끼와 마찬가지로 정치 엘리트에 반대하는

10 [역주] 메스티소는 넓은 의미로는 서로 다른 형질적 특징, 출신지, 문화 등으로 구분되는 집단들의 섞임을 지칭하지만, 좁은 의미로는 에스파냐인과 원주민의 생물학적 섞임을 뜻한다. 따라서 메스티소에 대한 가장 일차원적인 해석은 유럽인과 원주민 사이에서 태어난 '혼혈인'이다.

일반 시민들의 동원은 프레이라나(Freirina), 푼타 아레나스(Punta Arenas), 아이센(Aysén), 카라마(Calama), 칠로에(Chiloé) 또는 빠스쿠아 라마(Pascua Lama)의 현장 상황을 반영하기보다는 워싱턴으로 더 많이 향하고 있다(Salazar, 2019). 칠레의 한 설문조사에서 정치 엘리트에 대한 불신이 많게는 95%에 달할 정도로 광범위하게 퍼져 있는 상황에서 피녜라가 제안한 정치적 해결책이 2019~2020년 봄 칠레 사회에 입힌 상처를 치유하기에 충분할지는 아직 두고 봐야 한다. 비록 내가 여기서 제시하는 이상의 더 많은 분석이 필요하겠지만, 두 사례의 차이에도 불구하고 2018~2020년 프랑스 노란 조끼와 2019~2020년 칠레의 운동 사이에 중요한 유사점을 찾을 수 있다는 것은 분명하다.

사회계약의 미래

미래를 위한 사회계약은 위에서 제기한 몇 가지 문제를 해결해야 할 것이다. 다행히도 사회적 치유를 위해 탐구할 수 있는 길들이 있다. 예를 들어, 갈등 연구에서는 진실과 화해위원회(truth and reconciliation commissions)[11]를 과거의 갈등을 넘어서는 한 가지 방법으로 보았다. 비록 이것이 사회 전체의 질병에 대한 만병통치약은 아니지만, 사회 운동에 대한 대응으로 국

11 [역주] 1995년 설립된 남아프리카 공화국의 진실과 화해위원회는 근대 역사의 어두운 과거와의 화해를 모색하고자 하는 여러 국가들의 모범사례로 손꼽힌다. 진실과 화해위원회는 아파르트헤이트(Apartheid) 시대에 저질러진 반인권적 행위에 대해 청문회를 통해 진실 규명을 위해 노력해 왔으며, 자진해 진실을 밝히는 조건으로 가해자에게 처벌 대신 사면 혜택을 주는 것이 핵심이다. 즉 가해자의 '진실 고백-용서-화해 과정'은 남아프리카 공화국 진실과 화해위원회가 추진한 '보복 없는 과거사 청산'의 전형이다.

가가 앞뒤 생각 없이 시민을 불구로 만들고 중상을 입히고 살해했다면 프랑스 사회가 법 집행력 및 사법 시스템과 화해하는 것은 상상하기 어렵다. 모든 결과가 형사적 처벌이나 구속일 필요는 없다. 하지만 경찰과 정치 질서가 자신의 행동에 책임지지 않는다면 폭력을 실제로 목격한 사람들에게 나쁜 인상을 남길 것이다. 군중 통제를 위해 전쟁 무기를 갖춘 경찰의 군사화에 대한 재고는 필요해 보인다. 그러나 이러한 무기를 실제로 사용해 본 사람들이 나서서 증언하지 않는다면 경찰의 군사화를 재고할 기회는 사라질 것이다. 이러한 사고방식이 프랑스 경찰제도 자체에 존재한다는 증거가 점점 더 많아지고 있다. 주간 노란 조끼 시위 45막에서 비번인 한 경찰 경감이 오토바이를 타고 지나가는 경찰관들을 모욕한 후 동료들에게 반란죄로 체포되었다(Le Figaro, 2019). 심지어 경찰을 통제하는 기관인 국립경찰총감사관(IGPN) 국장의 공식 담화에서도, 시위자에 대한 무력 사용이 최고위층에서 문제가 되고 있음을 알 수 있다(Merchet, 2019). 경찰력도 이러한 폭력 사태의 확대에 큰 영향을 받고 있다. 의심할 여지 없이 폭력을 즐기는 몇몇 경찰관들이 있지만 — 일부 노란 조끼와 블랙 블록처럼 — 다른 경찰관들은 자신이 목격한 일, 자신이 행한 일 그리고 자신이 동료 시민을 어떻게 대했는지에 대한 트라우마를 안고 살아가고 있다. 경찰관의 자살률이 사상 최고치를 기록하고 있는 가운데(2018년 35명에서 2019년 10월까지 54명으로 증가; Leboucq, 2019), 2019년 10월 2일에 개최된 대중 시위에서 입증되었듯이 경찰관에게 요구되는 업무가 심리적 영향을 미친다는 것은 자명하다. 누가 언제 무엇을 했는지에 대한 공개적이고 투명한 설명과 함께 공적인 화해 절차가 이루어지고 자수하는 사람에게는 기소 면책권을 부여한다면, 시위로 인한 사회적 질병을 해결하는 데 큰 도움이 될 것이다.

새로운 헌법 개정의 결과가 어느 한쪽의 요구를 정확히 충족시키지 못하더라도 헌법 개정은 제도적 불평등을 해결하는 데 큰 도움이 될 수 있다. 나는 이미 민주주의에 관한 4장에서 노란 조끼가 요구한 국민투표 이외에도 루소에게서 볼 수 있는 입법자의 창설을 21세기에 맞게 부활시킬 수 있다고 제안한 바 있다. 국가와 정치 구조에 특권을 가진 사람들뿐만 아니라 모든 시민이 의견을 제시할 수 있는 기회를 통해 국가의 헌법 질서를 한 세대에 한 번씩 재고하는 것은 계약적 사고의 귀중한 원천을 제공할 수 있다. 점진적인 변화, 기존 절차의 미세조정 그리고 낡은 대의민주주의 모델을 옹호할 시대는 지났다. 물론 대의민주주의가 당장 사라지지는 않겠지만, 선거 지지를 규합하는 정당에 대한 강조는 이제 정치적 참여 스펙트럼의 일부에 불과한 것처럼 보인다. 노란 조끼는 프랑스와 해외의 다른 시위와 마찬가지로 — 정치인에 대한 신뢰 부족과 함께 — 정치에 대한 대중의 열정이 존재한다는 것을 보여주었다. 커뮤니케이션 기술에서의 변화는 일상적인 커뮤니케이션 속도 및 상호작용과 정치 생활의 느림 및 대응력 부족 사이에 엄청난 격차를 만들었다. 민주주의에 대한 열정은 사라지지 않았지만, 직접민주주의와 대의민주주의 중 어느 것이 더 바람직한지에 대한 오래된 질문은 진지하게 재고해 볼 필요가 있다. 노란 조끼 운동과 같은 사회운동 또한 사회적 질병에 대한 인식을 높이는 역할을 한다. 일련의 헌법적 합의가 공공장소에서, 거리와 회전교차로에서, 도심과 소셜 미디어에서 목소리를 높이는 시민들을 완전히 대체할 것이라고는 생각할 수 없다. 대중 동원은 그 자체로 탄력적이고 결단력 있는 모습을 보여 왔으며, 노란 조끼의 경우 이미 프랑스 사회에 엄청난 영향을 미쳤다.

노란 조끼가 현재 위기에 대한 해결책을 찾기 위해 대의 경로를 거치는 것을 거부했지만, 정치적 행동의 이러한 요소가 완전히 사라질지는 의문이다. 현재 프랑스가 직면한 곤경에 대한 정치적 해결책을 찾기 위해서는 대의 또는 위임 모델을 갱신하는 방법을 찾는 것이 가장 중요할 것이다. 의심할 여지 없이 제5공화국에서 의회, 즉 국민의회의 권한이 끊임없이 약화되고, 또 한편으로는 2002년 정치적 재임 기간이 여당에게 의회 과반수를 보장하기 위해 근본적으로 변경되었을 때 의회 조사와 이 대의기구 구성원들이 행정부의 책임을 물을 수 있는 능력이 크게 약화되었다. 효율성과 편의성이라는 명분으로 이루어진 이러한 변화는 많은 시민들에게 국민의회 의원들의 역할이 불분명해질 정도로 대표의 역할을 약화시켰다. 수많은 노란 조끼가 질문했다. 만약 그들이 행정부가 내린 결정을 추인만 한다면, 그들에게 국민의 혈세로 봉급을 지급하는 것이 무슨 의미가 있는가? 행정부에 대한 책임 추궁과 같은 중요한 기능을 수행하는 대표의 능력을 더 이상 약화시키지 않는 대신, 대표의 권한을 재고하는 것은 그들의 기능에 대한 대중의 지지를 확보하는 데 큰 도움이 될 수 있다. 이러한 변화의 세부적인 내용은 여기서 검토하지 않을 것이다. 그러나 행정 권력에 도전하는 대표의 능력을 약화시키는 것 이외에 우리 사회에서 사회세력의 똘레랑스와 강인함을 강화할 수 있는 대안이 있다.

경제적 정의 측면에서도 위에서 제기한 문제에 대한 해결책이 있다. 공공부채로 인한 불평등 심화에 대한 대안으로 그레이버(2019: 186)는 모든 새로운 화폐를 금융 기관이 아닌 시민이 발행하여 특정 기업과 주주를 위한 것이 아닌 모두를 위한 부를 창출할 수 있다고 제안한다. 이러한 새로운 유형의 경제 기관 또는 이와 유사한 다른 모델은 노란 조끼가 국가와의 일상적인 상호작용에서 느끼는 정의의 결핍을 해결하기 위해 많은 일을 할 수 있다. 반면에 피케티는 모든 시민이 25세가 되는 생일에 소액의 자본 — 약 12만 유로로 추정 — 을 얻을 권한을 부여하는 유사한 재분배적 대안을 제안한다. 누진 상속세를 통해 재원을 조달하는 이 조치는 보편적 상속과 동등할 것이다. 따라서 오늘날 아무것도 상속받지 않는 사람들의 유산은 크게 늘어나는 반면, 20억 유로 이상을 상속받는 사람들은 최고 세율이 90%에 달하게 된다. 그들은 다른 사람들과 마찬가지로 25세에 여전히 12만 유로를 상속받지만, 부모의 재산은 대부분 세금이 부과되고 재분배될 수 있다(Piketty, 2019b: 1130). 이러한 조치들을 평가하는 것은 이 책의 범위를 넘어서는 것이지만, 나는 독자들이 이러한 조치들이 존재한다는 것, 그리고 시민들의 삶에서 프랑스 국가가 꾸준히 쇠퇴하는 것은 피할 수 없는 역사의 운동이 아니라는 것을 기억하길 바랄 뿐이다. 대안이 있다.

프랑스에서 제6공화국이 가능하며, 위와 같은 프랑스의 민주적 구조와 경제적 조직의 변화는 아마도 헌법 질서의 변화를 필요로 할 것이다. 또는 일부 노란 조끼가 말했듯이, 공화국이 당연한 과정을 거쳐 지금이야말로 최초의 프랑스 민주주의를 도입할 시기일 수도 있다. 광범위한 헌법 개정의 가능성은 한동안 일부 정치인들의 입에 오르내렸고, 노란 조끼는 프랑스 사회 전반에 활력을 불어넣을 수 있는 정치에 관해 광범위하게 재고할 수 있는 기회를 제공했다. 어느 쪽이든, 차기 입법자가 1958년 경우에 그랬듯이 가부장적 영향력을 가진 유일 인물이 될 것 같지는 않으며, 전체 또는 적어도 더 넓은 범위의 인민이 앞으로 다가올 헌법적 합의에서의 변화에 대해 발언권을 가질 수 있기를 희망한다. 사회계약에 가해진 현재의 상처가 치유되려면 단편적인 처방책보다는 광범위한 변화가 불가피해 보인다. 다른 대안은 심사숙고할 가치가 없기 때문에, 그렇게 되기를 바라는 것이 이 결론의 희망이다. 2022년 차기 대선에서 마크롱과 르펜이 다시 한번 결선 투표를 치른다면, 노란 조끼가 중도 후보에게 투표할지는 의문이다.

부록 2018년 11월 28일 온라인에 게시된 노란 조끼의 42가지 요구사항[1]

(1) 노숙자 제로: 긴급.

(2) 보다 누진적인 소득세(더 많은 과세 구간).

(3) SMIC[2] [최저 임금] 순 1,300유로 책정.

(4) 마을과 도심에서 소기업 장려. (소기업을 죽이는 대도시 주변의 대규모 상업 지대 건설 중단) 도심 내 무료 주차장 확대.

(5) (가계의 생태적·재정적 절약을 위한) 주택에 대한 주요 단열 계획.

(6) 대기업(맥도날드, 구글, 아마존, 까르푸 …)은 큰 비용을 지불하고 소기업(장인, 중소기업)은 적은 비용을 지불할 것.

(7) 모든 사람(장인과 자영업자 포함)에게 동일한 사회보장제도 제공. RSI[3][자영업자를 위한 사회보장제도, 이후 폐지] 종료.

(8) 연금 제도는 연대성을 유지해야 하며, 따라서 사회화되어야 함(포인트 기반 퇴직금 금지).

(9) 연료에 대한 세금 인상 중단.

---

1 Avant la rencontre à Matignon: Les Gilets jaunes listent leurs revendications', La Voix du Nord, 29 Novembre 2018 [https://www.lavoixdunord.fr/497801/ article/2018-11-29/les-gilets-jaunes-listent-leurs-revendications], 필자 번역.

2 [역주] SMIC는 salaire minimum interprofessionnel de croissance의 약어이다.

3 [역주] RSI는 Regime Social des Indépendants의 약어이다.

(10) 연금 1,200유로 이하 반대.

(11) 선출된 모든 대표자는 중위 봉급(median salary)을 받을 권리가 있음. 그들의 교통비를 모니터링하고, 만약 정당화할 수 있는 경우 환급받을 권리. 레스토랑 및 휴일 할인을 받을 권리.

(12) 모든 프랑스인의 임금, 연금 그리고 수당은 인플레이션에 연동되어야 함.

(13) 프랑스 산업 보호: 이전 금지. 우리 산업을 보호하는 것은 우리의 기술과 일자리를 보호하는 것.

(14) 해외 근무 파견 종료. 프랑스 영토에서 일하는 사람이 프랑스에서와 동일한 봉급과 권리의 혜택을 받지 못하는 것은 잘못된 것임. 프랑스 영토에서 일할 수 있는 권한이 있는 사람은 프랑스 시민과 동등한 지위를 가져야 하며, 그들의 고용주는 프랑스 고용주와 동일한 기여를 해야 함.

(15) 고용 안정을 위해: 대기업의 기간제 계약 횟수를 더욱 제한해야 함. 우리는 더 많은 영구 계약을 원함.

(16) CICE[4] [경쟁력과 고용에 대한 세금 공제] 종료. 이 돈은 (전기자동차와 달리 진정으로 생태적인) 수소 동력 자동차를 만드는 프랑스 산업을 시작하는 데 사용되어야 함.

(17) 긴축의 종식. 우리는 불법으로 선언된 부채 이자 상환을 중단하고, 빈곤층과 극빈층으로부터 돈을 빼앗지 않고 탈세를 통해 손실된 800억 유로를 추적하여 부채 자체를 상환하기 시작해야 함.

(18) 강제 이주의 원인을 처리할 것.

(19) 망명 신청자들이 잘 대우받을 수 있도록 함. 우리는 그들에게 주택, 안전, 식량, 미성년자를 위한 교육을 제공해야 함. 유엔과 협력하여 망명 신청 결과가 나올 때까지 전 세계 여러 나라에 접수 센터 개설.

(20) 망명 신청에 실패한 자는 본국으로 돌려보냄.

---

4 [역주] CICE는 Le Crédit d'impôt pour la compétitivité et l'emploi의 약어이다.

(21) 적절한 통합정책이 시행되어야 함. 프랑스에서 산다는 것은 프랑스인이 된다는 것을 의미함(프랑스어, 프랑스 역사 및 시민 교육 과정, 마지막에 자격증 취득).

(22) 최대 봉급 월 1만 5,000유로로 고정.

(23) 실직자를 위한 일자리 창출.

(24) 장애 수당 인상.

(25) (특히 학생과 불안정노동자를 위한) 임대료 상한제 및 저임대 주택 확대.

(26) 프랑스 소유의 재산(댐, 공항 등) 매각 금지.

(27) 사법, 경찰, 헌병대 그리고 군대에 상당한 자원 제공. 법과 질서를 지키는 병력에 대한 초과 근무 수당 지급 또는 보상.

(28) 고속도로 통행료로 벌어들인 모든 수입은 프랑스 내 고속도로와 도로의 유지보수 및 도로 안전에 사용.

(29) 민영화 이후 가스와 전기 요금이 인상되었으므로 이를 재국유화하여 가격을 대폭 인하할 것을 요구함.

(30) 소규모 가맹점, 우체국, 학교 그리고 산부인과 폐쇄 즉시 중단.

(31) 노인들에게 복지 제공. 노인을 대상으로 한 돈벌이 금지. 회색 부(Grey wealth)[5]는 끝났고, 회색 복지(grey well-being)의 시대가 시작된다.

(32) 유치원부터 교육 마지막 학년까지 학급당 최대 25명의 학생으로 제한.

(33) 정신의학에 대한 예산 대폭 증액.

(34) 국민투표 헌법 반영. 사람들이 법률안을 제안할 수 있는 독립적인 관리기관이 감독하는 접근 가능하고 효율적인 웹사이트 구축. 제안이 70만 명의 서명을 받으면, 이 법안은 국민의회에서 논의, 완성 그리고 개정되어야 하며, 국민의회는 (70만 명의

---

5 [역주] 프랑수아 네낭(François Nénin)과 소피 라파르(Sophie Lapart)는 2011년 출판된 『회색 금』(L'or gris)이라는 책을 통해 표백제로 닦은 욕창, 입소자의 개인 리듬을 고려하지 않고 새벽 4시에 실시되는 화장실 청소, 간이침대에서 자는 노인, 더러운 방, 엄청난 요양원 가격 등 양로원에서 자행되고 있는 노인 학대를 고발했다. 이러한 맥락에서 두 사람은 양로원이 노인을 대상으로 한 돈벌이 수단에 불과하다고 주장한다. 따라서 '회색 부'는 '회색 금'에서 유래한 노인을 대상으로 한 돈벌이를 의미한다.

서명을 받은 다음 날부터 1년 이내에) 이를 모든 프랑스 국민의 투표에 제출해야 하는 의무가 있음.

(35) 공화국 대통령의 임기를 7년으로 되돌림. (공화국 대통령 선출 후 2년 후에 국민의회 의원을 선출함으로써 대통령의 정책에 대해 긍정적 또는 부정적 신호를 대통령에게 보낼 수 있게 되어 국민의 목소리를 반영하는 데 도움이 되도록 함.)

(36) 60세에 은퇴하고, 육체노동을 수반하는 직업(예를 들어 건축업자 또는 정육업자 등)에 종사한 모든 사람은 55세에 은퇴할 권리가 있음.

(37) 6세 아동은 스스로 돌볼 수 없으므로 아동이 10세가 될 때까지 파젬플로이(PAJEMPLOI) 공공아동돌봄서비스 계속 제공.

(38) 철도를 통한 상품 운송 장려.

(39) 원천징수 세금 없음.

(40) 대통령 평생 수당 종료.

(41) 고객이 신용 카드를 사용할 때 소매업자에게 수수료를 부과하는 것 금지.

(42) 해상 연료유와 등유에 대한 세금.

참고문헌

Adenor, J.-L. (2017) 'Fin de l'état d'urgence. Les 4 mesures qui ne disparaissent pas', Ouest France, 31 October. Available from: https:// www.ouest-france.fr/terrorisme/fin-de-l-etat-d-urgence-les-4-mesures- qui-ne-disparaitront-pas-5349720

AFP (2019) 'Sur les Champs-Elysées, des ballons jaunes et des sifflets pour Macron', Le Point, 14 July. Available from: https://www.lepoint. fr/politique/sur-les-champs-elysees-des-ballons-jaunes-et-des-sifflets- pour-macron-14-07-2019-2324481_20.php

Agamben, G. (2005) State of Exception, Chicago: University of Chicago Press.

Alemania, L. (2019) 'Pour l'Insee, les gilets jaunes ne font (presque) pas de mal à l'économie', Libération, 19 March. Available from: https://www. liberation.fr/france/2019/03/19/pour-l-insee-les-gilets-jaunes-ne-font- presque-pas-de-mal-a-l-economie_1716123

Askenazy, P. (2018) 'The contradictions of Macronism', Dissent, Winter. Available from: https://www.dissentmagazine.org/article/emmanuel- macron-contradictions-neoliberalism

Autotrader (2018) 'Voitures brûlées à Paris: pas que des Porsche …', 3 December. Available from: https://www.autoplus.fr/actualite/ Voitures-brulees-Paris-Porsche-Casseurs-Gilets-jaunes-1533731.html Balibar, É. (2019) 'Le sens du fâce-à-fâce', in J. Confavreux (ed.) Le fond de l'air est jaune, Paris: Seuil.

Barry, B. (1989) Theories of Justice, London: Harvester-Wheatsheaf. BBC News (2019)

‘Swiss court orders historic referendum re-run’, 10 April. Available from: https://www.bbc.co.uk/news/world-europe- 47879777

Bentham, J. (2002) Rights, Representation, and Reform: Nonsense upon Stilts and Other Writings on the French Revolution, ed. P. Schofield, C. Pease-Watkin and C. Blamires, Oxford: Oxford University Press (The Collected Works of Jeremy Bentham), pp 317–401. (Original work published 1795.)

Berlin, I. (1969) Four Essays on Liberty, Oxford: Oxford Paperbacks.

Bickerton, C. and Jones, L. (2018) ‘The EU’s Democratic Deficit: Why Brexit is Essential for Restoring Popular Sovereignty’, The Full Brexit, 11 June. Available from: https://www.thefullbrexit.com/the-eu-s- democratic-deficit

Blairon, K. (2015) ‘La suppression d’un territoire: le département français et la province italienne en question’, Civitas Europa, 35(2).

Bloch, M. (2018) ‘A l’Elysée, Emmanuel Macron tente l’explication de texte sur les “premiers de cordée”’, Le Journal du Dimanche, 18 July. Available from: https://www.lejdd.fr/Politique/a-lelysee- emmanuel-macron-tente-lexplication-de-texte-sur-les-premiers-de- cordee-3713504

Blondiaux, L. (2019) ‘The French Experiment’, International Politics and Society, 23 April. Available from: https://www.ips-journal.eu/regions/ europe/article/show/the-french-experiment-3413/

Borges, H., Álvarez, R., González, L., Saavedra, E., Llanos, S., García, C., Otero, C., Piñera, P., Edwards, N., Sanfuentes, A., Cáceres, L., Sanderson, D., Palma, J., Soto, I., Tapia, J.A., Mondaca, D., Espinosa,

M. and Álvarez, J. (2020) ‘Comisión I. Estado. Pensando un nuevo pacto social’, Observatorio Económico, 26 February. Available from: https://fen. uahurtado.cl/2020/articulos/comision-i-estado-pensando-un-nuevo- pacto-social-para-chile/

Bouchez, Y., Chemin, A., Mestre, A., Besse Desmoulières, R., Bouanchaud, C. and Kaval, A. (2019) ‘A Paris, les syndicats débordés lors d’un défilé du 1er-Mai sous les gaz lacrymogènes’, Le Monde, 2 May. Available from: https://www.lemonde.fr/politique/article/2019/05/02/ a-paris-les-syndicats-debordes-lors-d-un-defiledu-1er-mai-sous-les- gaz-lacrymogenes_5457179_823448.html

Bouanchaud, C. (2019) 'Des militants écologistes évacués violemment par les CRS lors d'un rassemblement pour le climat à Paris', Le Monde, 29 June. Available from: https://www.lemonde.fr/planete/ article/2019/06/29/des-militants-pour-le-climat-evacues-violemment- par-les-crs-lors-d-un-rassemblement-a-paris_5483227_3244.html Breines, J. (2011) 'Jacques le fataliste et son maître: finding myself in the work of another', in J. Fowler (ed.) New Essays on Diderot, Cambridge: Cambridge University Press.

Bristow, G. (2019) 'Yellow fever: populist pangs in France', Soundings, 72: 65–78.

Burke, E. (1990) A philosophical Enquiry into the Origin of our Ideas of the Sublime and Beautiful, Adam Phillips (ed.), Oxford: Oxford University Press. (Original work published 1757.)

Burke, E. (2001) Reflections on the Revolution in France, Stanford: Stanford University Press. (Original work published 1790.)

Carr, E.H. (2016) The Twenty Years' Crisis, 1919–1939, London: Palgrave Macmillan. (Original work published 1939.)

Causit, C. (2020) 'Municipales 2020: comment le Rassemblement national a géré les villes conquises en 2014', FranceInfo, 11 February 2020. Available from: https://www.francetvinfo.fr/elections/municipales/ municipales-2020-comment-le-rassemblement-national-a-gere-les- villes-conquises-en-2014_3793865.html

Chapman, A. (2019) 'Poland's Law and Justice party has triumphed again by fusing left and right', New Statesman, 14 October. Available from: https://www.newstatesman.com/world/europe/2019/10/poland-s-law- and-justice-party-has-triumphed-again-fusing-left-and-right

Chauvel, L. (2019) 'Le ressenti ne ment pas', in J. Confavreux (ed.) Le fond de l'air est jaune, Paris: Seuil.

Chevillard, T. (2020) '"Gilets jaunes" à Paris: Le parquet dresse un bilan des enquêtes confiées à l'IGPN', 20 minutes, 21 January. Available from: https://www.20minutes.fr/faits_divers/2700191-20200121-gilets- jaunes-paris-parquet-dresse-bilan-enquetes-confiees-igpn

Christin, O. (2019) 'Pas de pouvoir sans consentement', in S. Bourmeau (ed.) "Gilets jaunes": Hypothèses sur un movement, Paris: Édition La Découverte.

Clavel, G. (2016) 'François Hollande et Manuel Valls au plus bas de leur popularité', Huffington Post, 5 October. Available from: https://www. huffingtonpost. fr/2016/06/02/popularite-francois-hollande-manuel- valls-record-baisse-yougov_n_10236942.html

Clavel, G. (2018) 'Popularité: Macron atteint son plus bas en pleine crise des gilets jaunes', Huffington Post, 6 December. Available from: https://www. huffingtonpost.fr/2018/12/05/popularite-macron-atteint-son-plus-bas- en-pleine-crise-des-gilets-jaunes-sondage-exclusif_a_23609357/

Colin, N. (2018) '"Un pognon de dingue": Macron a 30 ans de retard', L'Obs, 28 June. Available from: https://www.nouvelobs.com/ chroniques/20180626.OBS8771/un-pognon-de-dingue-macron-a-30- ans-de-retard.html

Confavreux, J. (2019) 'Avant-propos', in J. Confavreux (ed.) Le fond de l'air est jaune, Paris: Seuil.

Constant, B. (2010) De la liberté des anciens comparée à celle des modernes, Paris: Editions Mille et une Nuits. (Original work published 1819.) Coquaz, V. (2019) 'Qui sont les 11 morts du mouvement des gilets jaunes mentionnés par Emmanuel Macron?', Libération, 30 January. Available from: https://www.liberation.fr/checknews/2019/01/30/qui-sont-les- 11-morts-du-mouvement-des-gilets-jaunes-mentionnes-par-emmanuel- macron_1706158

Corey, J.S.A. (2011) Leviathan Wakes, London: Orbit Books.

Coutant, I. (2019) 'Les "petits-moyens" prennent la parole', in J. Confavreux (ed.) Le fond de l'air est jaune, Paris: Seuil.

Cunliffe, P. (2018) 'Phoney Cosmopolitanism versus Genuine Internationalism', The Full Brexit, 11 June. Available from: https://www. thefullbrexit.com/phoney-cosmopolitanism

D'Holbach, P.H.T. (1972) Essai sur l'art de ramper, à l'usage des Courtisans, in F. Grimm and D. Diderot (eds) Correspondance littéraire, Paris: Hachette. (Original work published 1790.)

D'Holbach, P.H.T. (2001) La Politique Naturelle, in J.-P. Jackson (ed.) Œuvres Philosophiques. Tome III, Paris: Alive. (Original work published 1773.).

De Fournas, M. (2018) 'Après un an de mandat, Emmanuel Macron sur Twitter ça donne quoi en chiffres?', 20 minutes, 4 May. Available from: https://www.20minutes.fr/high-tech/2266315-20180504-apres-an- mandat-emmanuel-macron-twitter-ca-donne-quoi-chiffres

De Jong, J. and Gilbert, N. (2019) 'The mixed success of the Stability and Growth Pact', Vox, 15 January. Available from: https://voxeu.org/ article/mixed-success-stability-and-growth-pact

Delaporte, L. (2019) 'Fréjus, la vitrine "bétonnée" du Rassemblement national', Mediapart, 14 September. Available from: https://www. mediapart.fr/journal/france/140919/frejus-la-vitrine-betonnee-du- rassemblement-national?onglet=full

Devellennes, C. (2013) 'A Fourth Musketeer of social contract theory', History of Political Thought, 34: 459–78.

Diderot, D. (1986) Jacques the Fatalist, London: Penguin. (Original work published 1796.)

Drillon, J. (2014) 'Ouvrières "illettrées": ce qu'Emmanuel Macron aurait dû dire', L'Obs, 18 September. Available from: https://www. nouvelobs.com/politique/20140918.OBS9620/ouvrieres-illettrees-ce- qu-emmanuel-macron-aurait-du-dire.html

Dufresne, D. (2019) 'Allô Place Beauveau?', Mediapart, 11 July. Available from: https://alloplacebeauvau.mediapart.fr/

Easton, A. (2014) 'Poland bugging: The table talk that shook Warsaw', BBC News, 25 June. Available from: https://www.bbc.co.uk/news/ world-europe-28001780

Ekins, E. (2017) The Five Types of Trump Voters. Who They Are and What They Believe, Democracy Fund Voter Study Group, June. Available from: https://www. voterstudygroup.org/publication/the-five-types- trump-voters

Ertzscheid, O. (2019) 'De l'algorithme des pauvres gens à l'internet des familles modestes', in J. Confavreux (ed.) Le fond de l'air est jaune, Paris: Seuil.

Euronews (2019) 'La statue de la liberté en gilet jaune', 2 March. Available from:

https://fr.euronews.com/2019/03/02/la-statue-de-la-liberte-en- gilet-jaune

European Commission (2019) 'Report from the Commission. France. Report prepared in accordance with Article 126(3) of the Treaty on the Functioning of the European Union', COM(2019) 529 final. Available from: https://ec.europa.eu/info/sites/info/files/economy-finance/ com2019529_fr_en.pdf

European Court of Human Rights (2019) Chebab vs. France, Application no. 542/13.

Flinders, M., Ghose, K., Jennings, W., Molloy, E., Prosser, B., Renwick, A., Smith, G. and Spada, P. (2015) Lessons from the 2015 Citizens' Assemblies on English Devolution, London: Democracy Matters.

Ford, R. and Goodwin, M. (2017) 'Britain After Brexit: A Nation Divided', Journal of Democracy, 28: 17–30.

Foucault, M. (1991) Discipline and Punish: The Birth of the Prison, London: Penguin.

Fourquet, J. and Morin, C. (2020) 'Aides-soignantes, caissiers, camionneurs … Les gilets jaunes sont devenus les "premiers de tranchée"', Le Figaro, 9 April. Available from: https://www.lefigaro.fr/ vox/societe/aides-soignants-caissiers-camionneurs-les-gilets-jaunes- sont-devenus-les-premiers-de-tranchee-20200409

Fukuyama, F. (1992) The End of History and the Last Man, New York: Free Press.

Garcin-Berson, W. (2018) 'Suppression de l'ISF: peut-on déjà dresser un premier bilan?', Le Figaro, 18 December. Available from: www.lefigaro.fr/conjoncture/2018/12/18/20002-20181218ARTFIG00087-suppression- de-l-isf-peut-on-deja-dresser-un-premier-bilan.php

Garner, H. (2016) 'Mise en perspective de l'évolution du système social français: genèse et tendances', Informations sociales, 193(2), 12–22.

Gaudin, J.-P. (2003) 'Une canicule politique', Cybergeo: European Journal of Geography, Politique, Culture, Représentations. Available from: https:// journals.openedition.org/cybergeo/5404

Graeber, D. (2015) The Utopia of Rules: On Technology, Stupidity, and the Secret Joys of Bureaucracy, Brooklyn: Melville House.

Graeber, D. (2019) 'Rendre la monnaie', in J. Confavreux (ed.) Le fond de l'air est jaune, Paris: Seuil.

Guay, J.-H. (2019) 'Espérance de vie à la naissance (année), France', Perspective monde. Available from: http://perspective.usherbrooke.ca/ bilan/tend/FRA/fr/SP.DYN.LE00.IN.html

Guerrien, F. (2018) 'Gilet jaune, jaune gilet ("c'est jaune, c'est moche, ça ne va avec rien mais …")', Mediapart, 2 December. Available from: https://blogs.mediapart.fr/fredguerrien/blog/021218/gilet-jaune- jaune-gilet-cest-jaune-cest-moche-ca-ne-va-avec-rien-mais

Guilbaud, D. (2019) '"Égoïstes, imbéciles, illuminés, poujadistes, vulgaires": les "gilets jaunes" vus depuis une certaine haute fonction publique', in S. Bourmeau (ed.) 'Gilets jaunes': Hypothèses sur un movement, Paris: Édition La Découverte.

Guilluy, C. (2019) Twilight of the Elites: Prosperity, the Periphery, and the Future of France, New Haven: Yale University Press. (Original work published in French 2016.)

Hayat, S. (2019a) 'L'économie morale et le pouvoir', in J. Confavreux (ed.) Le fond de l'air est jaune, Paris: Seuil.

Hayat, S. (2019b) 'The Gilets Jaunes and the democratic question', Viewpoint Magazine, 13 February. Available from: https://www. viewpointmag.com/2019/02/13/the-gilets-jaunes-and-the-democratic- question

Hobbes, T. (1996) Leviathan, Cambridge: Cambridge University Press. (Original work published 1651.)

Houeix, R. (2019) 'Élections européennes: où sont les Gilets jaunes?', France 24, 27 May. Available from: https://www.france24.com/ fr/20190527-elections-europeennes-gilets-jaunes-vote-abstention Huntington, S.P. (1996) The Clash of Civilizations and the Remaking of World Order, New York: Simon & Schuster.

James, A. (2012) Fairness in Practice: A Social Contract for a Global Economy, Oxford: Oxford University Press.

Jeanbart, B. (2005) 'Les opinions européennes face au traité constitutionnel', Politique Étrangère 2: 273-283.

Joffrin, L. (2018) 'Gilets Jaunes, effet brun', Libération, 13 December. Available from: https://www.liberation.fr/politiques/2018/12/13/ gilets-jaunes-effetbrun_1697665

Joffrin, L. (2020) 'Ils savaient?', Libération, 24 March. Available from: https://www.liberation.fr/politiques/2020/03/24/ils-savaient_1782884 Kaldor, M. (2019) 'Democracy and Brexit', Soundings 72.

Kirkman, R. (2010) The Walking Dead, Orange, CA: Image Comics.

L'Obs (2018) '"Gilets jaunes": on a décortiqué chacune des 42 revendications du movement', 30 November. Available from: https:// www.nouvelobs.com/politique/20181129.OBS6307/gilets-jaunes- on-a-decortique-chacune-des-42-revendications-du-mouvement.html

L'Obs (2019) '"Grand débat": un nouveau marathon pour Macron à Souillac', 18 January. Available from: https://www.nouvelobs.com/ politique/20190118.OBS8722/grand-debat-un-nouveau-marathon- pour-macron-a-souillac.html

Larsen, S. (2013) 'Notes on the Thought of Walter Benjamin: Critique of Violence', Critical Legal Thinking, 11 October. Available from: http:// criticallegalthinking.com/2013/10/11/notes-thought-walter-benjamin- critique-violence/

LCI (2019) 'Gilets jaunes: d'où vient le "Ahou! Ahou! Ahou!" chanté dans les manifestations?', 30 March. Available from: https://www.lci. fr/social/gilets-jaunes-d-ou-vient-le-cri-ahou-ahou-ahou-chante-dans- les-manifestations-300-film-2116987.html

Le Figaro (2014) 'Barrage de Sivens: les dernières heures de Rémi Fraisse', Le Figaro, 29 October. Available from: https://www.lefigaro.fr/actualite-france/2014/10/29/01016-20141029ARTFIG00406-barrage-de- sivens-les-dernieres-heures-de-remi-fraisse.php

Le Figaro (2019) '"Gilets Jaunes": un capitaine de police arrêté à Paris', 23 September. Available from: www.lefigaro.fr/gilets-jaunes-un- capitaine-de-police-arrete-a-paris-20190922

Le Gall, M. (2018) 'Smic: comment comprendre la hausse de 100€ annoncée par Emmanuel Macron', La Nouvelle République, 11 December. Available from: https://www.lanouvellerepublique.fr/a-la-une/smic- comment-comprendre-la-hausse-de-100-annoncee-par-emmanuel- macron

Le Monde (2018a) 'Le recours à l'état d'urgence, une option face aux débordements des "gilets jaunes"?', 3 December. Available from: https://www.lemonde.fr/les-decodeurs/article/2018/12/03/le-recours- a-l-etat-d-urgence-une-option-face-aux-debordements-des-gilets- jaunes_5392147_4355770.html

Le Monde (2018b) 'A Mantes-la-Jolie, des images choquantes de lycéens interpellés par la police', 6 December. Available from: https://www. lemonde.fr/police-justice/video/2018/12/06/images-choquantes-de- lyceens-interpelles-par-la-police-a-mantes-la-jolie_5393761_1653578. html

Lebaron, F., Gallemand, F. and Waldvogel, C. (2009) 'Le "modèle social français" (est à bout de souffle): genèse d'une doxa? 2005–2007', La revue de l'IRES, 61(2): 129–64.

Leboucq, F. (2019) 'Combien de policiers et de gendarmes se sont suicidés au cours des dernières années?', Libération, 21 October. Available from: https://www.liberation.fr/checknews/2019/10/21/combien-de- policiers-et-de-gendarmes-se-sont-suicides-au-cours-des-dernieres- annees_1757682

Loach, K. (dir) (2019) Sorry We Missed You.

Locke, J. (1988) Two Treatises of Government, Cambridge: Cambridge University Press. (Original work published 1689.)

Lukes, S. (2004) Power: A Radical View, London: Red Globe Press. Machiavelli, N. (2008) The Prince, Indianapolis: Hackett Publishing Company. (Original work published 1532.)

Macpherson, C.B. (1973) Democratic Theory: Essays in Retrieval, Oxford: Clarendon Press.

Macron, E. (2019) 'Letter from M. Emmanuel Macron, President of the Republic, to the French people', 13 January. Available from: https:// uk.ambafrance.org/Read-President-Macron-s-open-letter-to-the- French-people

Masse-Stamberger, B. (2018) '"Fin du monde" contre "fin du mois", la rhétorique méprisante de nos élites', Marianne, 29 November. Available from: https://www.marianne.net/debattons/billets/fin-du-monde- contre-fin-du-mois-la-rhetorique-meprisante-de-nos-elites

McSherry, J.P. (2020) 'Chile's struggle to democratize the state', nacla, 24 February. Available from: https://nacla.org/news/2020/02/24/chile- struggle-democratize-state-plebescite

Merchet, J.-D. (2019) 'Comment le ministère de l'Intérieur veut s'adapter à la "subversion violente"', L'Opinion, 29 Septembre. Available from: https://www.lopinion.fr/edition/politique/comment-ministere-l- interieur-veut-s-adapter-a-subversion-violente-198969

Mills, C.W. (1997) The Racial Contract, Ithaca: Cornell University Press. Moskwa, W. (2019) 'Polish Ruling Party Announces $10 Billion Election- Year Stimulus', Bloomberg, 23 February. Available from: https://www. bloomberg.com/news/articles/2019-02-23/polish-ruling-party- announces-10-billion-election-year-stimulus

Mouffe, C. (2005) On the Political, Abingdon: Routledge.

Nagesh, A. (2018) 'Killed by my debt', BBC, 29 May. Available from: https://www.bbc.co.uk/news/resources/idt-sh/How_debt_kills Noiriel, G. (2018) Une histoire populaire de la France: De la guerre de Cent Ans à nos jours, Marseille: Agone.

Noiriel, G. (2019) Les Gilets jaunes à la lumière de l'histoire, La Tour d'Aigues: Éditions de l'aube.

Nozick, R. (2001) Anarchy, State, and Utopia, Hoboken, NJ: Wiley- Blackwell. (Original work originally published 1974.)

Observatoire des inégalités (2013) 'Les inégalités face aux retraites', 5 September. Available from: https://www.inegalites.fr/Les-inegalites- face-aux-retraites

Observatoire Girondin des Libertés Publiques (2019) 'Rapport d'enquête sur le maintien de l'ordre à Bordeaux du 17 novembre 2018 au 16 février 2019. Une politique d'intimidation', 3 March. Available from: https://france3-regions.francetvinfo.fr/nouvelle-aquitaine/sites/ regions_france3/files/assets/documents/2019/04/29/rapport_sur_le_ maintien_de_lordre_du_17_novembre_au_16_fvrier_final-4211329.pdf Pabst, A. (2019) 'Brexit, Trump et les "gilets jaunes": révolte contre le libéralisme et politique du paradoxe', Revue Politique et Parlementaire, 121 (1090).

Parikh, S. (2019) 'Immigration: The Elephant in the Room Troubling Gilets Jaunes (Yellow Vests) in France', Maydon, 15 April. Available from: https://www.themaydan.com/2019/04/immigration-the-elephant-in- the-room-troubling-gilets-jaunes-yellow-vests-in-france/

Parsons, C. (2018) 'Brexit rooted more in elite politics than mass resentment', The Conversation, 13 December. Available from: https:// theconversation.com/brexit-rooted-more-in-elite-politics-than-mass- resentment-107133

Pateman, C. (1988) The Sexual Contract, Cambridge: Polity Press. Philippe, B. (2019) 'Gilets jaunes: le pourcentage de radars vandalisés a encore bondi en 2019', Capital, 1 March. Available from: https://www. capital.fr/economie-politique/gilets-jaunes-le-pourcentage-de-radars- vandalises-a-encore-bondi-en-2019-1329771

Pignoni, M.T. (2018) 'La syndicalisation en France. Des salariés deux fois plus syndiqués dans la fonction publique', Dares Analyses, 25. Available from: https://dares.travail-emploi.gouv.fr/IMG/pdf/2016-025.pdf Piketty, T. (2013) Le Capital au XXIe siècle, Paris: Seuil.

Piketty, T. (2019a) 'La couleur de la justice fiscale', in J. Confavreux (ed.) Le fond de l'air est jaune, Paris: Seuil.

Piketty, T. (2019b) Capital et idéologie, Paris: Seuil.

Plato (2003) The Last Days of Socrates, London: Penguin Classics. Pluyette, C. (2016) 'Le nombre d'assujettis à l'ISF a encore progressé en 2015', Le Figaro, 9 June. Available from: https://www.lefigaro.fr/ conjoncture/2016/06/09/20002-20160609ARTFIG00264-le-nombre- d-assujettis-a-l-isf-a-encore-progresse-en-2015.php

Rawls, J. (1971) A Theory of Justice, Cambridge, MA: Harvard University Press.

Rawls, J. (1993) 'The Law of Peoples', Critical Inquiry, 20(1): 36–68. Rey, A. and Féron, L. (1896) Histoire du corps des gardiens de la paix: Tome 1, Du Moyen Age à la Commune de 1871, Paris.

Rhodes, M. and Mény, Y. (eds) (1998) The Future of European Welfare: A New Social Contract?, New York: Palgrave.

Robin, C. (2017) The Reactionary Mind: Conservatism from Edmund Burke to

Donald Trump, 2nd edn, New York: Oxford University Press.

Rogers, S. (2013) 'How Britain changed under Margaret Thatcher. In 15 charts', The Guardian, 8 April. Available from: https://www. theguardian.com/politics/datablog/2013/apr/08/britain-changed- margaret-thatcher-charts

Rosanvallon, P. (2000) La Démocratie inachevée, Paris: Gallimard. Rosanvallon, P. (2019) 'Accroître le "pouvoir de vivre"', in J. Confavreux (ed.) Le fond de l'air est jaune, Paris: Seuil.

Rosanvallon, P. (2000) La Démocratie inachevée, Paris: Gallimard. Rousseau, D. (2019) 'Les "gilets jaunes": crise politique ou crise de régime?', in S. Bourmeau (ed.) "Gilets jaunes": Hypothèses sur un movement, Paris: Édition La Découverte.

Rousseau, J.-J. (2001) Du Contrat Social, Paris: Flammarion (original work published 1762).

Ruffin, F. and Perret, G. (dirs) (2019) J'veux du soleil, Jour2fête.

Salazar, G. (2019) 'El "reventón social" en Chile: una mirada histórica', Ciper, 27 October. Available from: https://ciperchile.cl/2019/10/27/ el-reventon-social-en-chile-una-mirada-historica/

Sehnbruch, K. and Donoso, S. (2020) 'Social protests in Chile: inequalities and other inconvenient truths about Latin America's poster child', Global Labour, 11(1).

Service Checknews (2019) 'Référendum ADP: 574 000 signatures, et le compteur continue de stagner', Libération, 28 July. Available from: https:// www.liberation.fr/checknews/2019/07/28/referendum-adp-574-000- signatures-et-le-compteur-continue-de-stagner_1742552

Service Public (2019) 'Organisation de manifestations, défilés ou rassemblements sur la voie publique', 10 October. Available from: https:// www.service-public.fr/associations/vosdroits/F21899

Siegelbaum, L. (nd) 'Stalin Constitution'. Available from: http:// soviethistory.msu.edu/1936-2/stalin-constitution/

Somma, N.M., Bargsted, M., Disi Pavlic, R. and Medel, R.M. (2020) 'No water in the oasis: the Chilean Spring of 2019–2020', Social Movement Studies. Available from: https://doi.org/10.1080/14742837.2020. 1727737

Sowerwine, C. (2009) France since 1870: Culture, Society and the Making of the Republic, 2nd edn, London: Palgrave Macmillan.

Spinoza, B. (1996) Ethics, London: Penguin Classics. (Original work published 1677.)

Spinoza, B. (2007) Theological-Political Treatise, Cambridge: Cambridge University Press. (Original work published 1670.)

Tang, F. (2017) 'China has enough state assets to deal with its debt mountain, official think tank says', South China Morning Post, 25 August. Available from: https://www.scmp.com/news/china/economy/article/2108344/ china-has-enough-state-assets-deal-its-debt-mountain-official

Tharoor, I. (2018) 'The cultural anxiety fueling France's protests, Brexit and Trump', The Washington Post, 10 December. Available from: https:// www.washingtonpost.com/world/2018/12/10/cultural-anxiety- fueling-frances-protests-brexit-trump/

Tønder, L. (2013) Tolerance: A Sensorial Orientation to Politics, Oxford: Oxford University Press.

Tresca, M. (2017) 'Le vote des catholiques: "François Fillon défend les valeurs familiales que je porte", dit Armelle', La Croix, 21 April. Available from: https://www.la-croix.com/Religion/Catholicisme/France/ Le-vote-catholiques-Francois-Fillon-defend-valeurs-familiales-porte- Armelle-2017-04-21-1200841339

Ventura, A. (2016) '"En Marche": "Emmanuel Macron n'a plus qu'à se faire broder ses initiales sur ses chemises", dit Alba Ventura', RTL, 8 April. Available from: https://www.rtl.fr/actu/politique/en-marche- emmanuel-macron-n-a-plus-qu-a-se-faire-broder-ses-initiales-sur-ses- chemises-dit-alba-ventura-7782733162

Vermeren, P. (2019) La France qui déclasse: Les Gilets jaunes, une jacquerie au XXIe siècle, Paris: Éditions Tallandier.

Vignaud, M. (2020) 'Coronavirus: la dette française explose, mais les taux d'intérêt baissent', Le Point, 17 April. Available from: https://www.lepoint.fr/economie/coronavirus-la-dette-publique-explose-pas-les-interets-17-04-2020-2371806_28.php

Wahnich, S. (2019) 'Sans-culottes et gilets jaunes', in J. Confavreux (ed.) Le fond de l'air est jaune, Paris: Seuil.

Weatherall, T. (2015) Jus Cogens: International Law and Social Contract, Cambridge: Cambridge University Press.

Weber, E. (1976) Peasants into Frenchmen: The Modernization of Rural France, 1870–1914, Stanford: Stanford University Press.

Weber, M. (2009) 'Politics as a vocation', in From Max Weber: Essays in Sociology, London: Routledge. (Original work published 1919.)

찾아보기

0~9

5성 운동 53
68혁명 21, 41
2017년 대통령 선거 38, 39, 65, 133
2019년 유럽의회 선거 88

A~Z

BFMTV 230
LBD 40 62, 108, 171

ㄱ

강력범죄수사대 171
강요된 자유 150
개선문 23, 60, 94, 255, 256
경합적 정치 234
공공선 118
공동 발의 국민투표 153
공허의 대각선 26, 27
공화국 경비대 46
관심 교란 229, 231
구체제 37, 41, 43, 227, 249
국가 대토론회 54, 129, 133, 157, 158, 161, 271
국민연합 35, 39, 142, 202
국민전선 38, 142, 202
굴복하지 않는 프랑스 35

ㄴ

나폴레옹 1세 255, 256
나폴레옹 3세 45, 110
냉전 22, 61, 71~73, 136, 177~179, 209
노동총연맹 48, 130
니콜라 사르코지 64, 75, 227, 228, 247, 248, 260

ㄷ

대처리즘 11
데이비드 그레이버 31, 96, 194, 277
데이비드 뒤프렌 63
데이비드 캐머런 259
데파르트망 143
도널드 트럼프 51, 53, 228, 259~261, 265~267, 272
도덕적 폭력 11, 92~ 99, 104
드니 디드로 51, 55, 213, 214, 216~227, 236, 239, 242, 243
디디에 랄망 125, 126

ㄹ

레푸케 60
로널드 레이건 73, 75
로랑 조프랭 260
로버트 노직 71, 177, 182~186,

189~191, 209, 237
로버트 커크먼 100
로버트 포드 262, 263
루소의 사회계약론 148
리바이어던 66, 99, 101, 103, 104, 110, 119, 145
리베라시옹 231, 260
리스본 조약 69, 155

ㅁ

마가릿 대처 73, 75, 134, 140
마띠뇽 협정 46
마르세예즈 44, 47, 59, 168
마린 르펜 35, 38, 40, 133, 142, 200, 201, 278
마요이탱의 반란 43
마크롱주의 11, 135, 136, 137, 138, 139, 177, 209
마키아벨리 106, 232
막스 베버 67, 95
만민법 202~204, 207
매튜 굿윈 262, 263
메리 칼도어 262
멸종 반란 48, 126
모두를 위한 시위 57
무릎의 메타포 218
무정부 상태, 국가, 유토피아 182, 237
미국독립선언 68, 69
미셸 푸코 163~165

ㅂ

발터 벤야민 108
방리유 24, 25, 33, 169~172, 174
백과전서 218, 223, 225
백년 전쟁 42, 66
뱅자맹 콩스탕 117, 118
법과정의당 260, 267~270
부동산세 29, 78
브라이언 배리 191, 192
브렉시트 51, 53, 156, 206, 259~267, 272
블랙 블록 61, 107, 132, 274
빌 클린턴 135, 136

ㅅ

사회보장 74, 178, 198, 279
사회적 하락 24~26
상속세 277
새뮤얼 하야트 36
샤를 드골 76, 109, 110, 154, 228, 247, 248
샤를리 에브도 106
샹탈 무페 234
세네카 233
소중간계급 34, 82, 170, 173, 209, 258
소크라테스 118, 148, 222
쉐도우런 84
스타 트렉 88
스티븐 룩스 161
스피노자 10, 11, 50, 55, 116, 120~124, 145, 148, 149, 232, 236, 240

시민 발의 국민투표 65, 152~154
신적인 권위 158

ㅇ
아드리안 파브스트 259
안정성장협약 204
알리앙스 루아얄 88
애덤 스미스 237
억견 75, 236~239
에드먼드 버크 51, 55, 248~254, 259
에마뉘엘 마크롱 24, 28~30, 32, 36, 38, 54~56, 62, 64, 75~78, 104, 112, 114, 128~130, 133~140, 152, 157, 159, 161, 177, 182, 185, 189, 190, 198~201, 209, 213, 227~229, 236, 238, 241, 247, 248, 271, 278
에밀리 에킨스 266
연대 부유세 28, 29, 77, 169, 185
염세(塩税) 42
영국 내전 67, 101
영국독립당 263, 264, 265
오퍼레이션 센티넬 105
왕좌의 게임 96
운명론자 자크 213, 214, 216, 218, 219, 237
워킹 데드 100
웨스트팔리아 조약 66
윌리엄 3세 175
유럽의회 선거 142
유럽인권재판소 115
유럽헌법 69, 156
유럽회의론 142
유진 베버 243
이마누엘 칸트 237
이사야 벌린 141
이자벨 코탕 34
익스펜스 27
인간과 시민의 권리에 대한 프랑스 선언 68, 69
입법자 156~161, 275, 278

ㅈ
자연법 102, 103, 110
자크리의 난 21, 41~43, 172, 174, 214, 217
자크 시라크 73, 75
장 자크 루소 51, 55, 68, 69, 79, 86, 148~152, 156~160, 218, 275
절차주의 206, 207
정의론 70, 180, 181, 190, 206, 237
정전 문헌 237, 239
제4공화국 73, 109, 110, 178
제5공화국 37, 49, 73, 109, 110, 128, 154, 155, 159, 228, 247, 248, 249, 276
제6공화국 277
제라드 드파르듀 78
제라르 누아리엘 167, 172, 173, 229
제러미 벤담 70, 163, 164
제롬 로저스 97
제5공화국 109, 110, 155, 159, 228, 247, 249

조르조 아감벤 128, 130
존 로크 68, 69, 104, 149, 175~177, 183, 237
존 롤스 51, 55, 59, 70~72, 79, 177, 179~186, 189~192, 202~204, 206, 207~209, 237
지네브 르두안 63, 171
지대 추구형 자본주의 194
직접민주주의 242, 275
진보의 환멸 27
집단적 자유 118

ㅊ
차등의 원칙 51, 79, 181, 190
찰스 밀스 81, 82, 86, 87
초과 재정적자 절차 204
최저임금 45, 78, 79, 183, 185, 189, 190, 196, 197, 268, 271

ㅋ
캐롤라이나주의 헌법 176
케럴 페이트 81
켄 로치 98
코리 로빈 249, 250
크로포드 맥퍼슨 71
크리스토프 길뤼 24, 142, 200, 201
크리스토프 데팅제 60
크리스토프 카스타너 129

ㅌ
토니 블레어 135, 136
토마스 모어 135
토마스 홉스 50, 55, 66, 86, 99, 101~106, 110~113, 116, 119, 121~123, 148~250
토마 피케티 28, 29, 31, 38, 39, 41, 136, 277
통치론 175
통합좌파당 269

ㅍ
파놉티콘 163, 164
파리 꼬뮨 21, 45
페트 드 라 뮈지크 127
프란시스 후쿠야마 22, 37
프랑수아 뤼팽 253, 258
프랑수아 미테랑 28, 31, 37, 109, 192
프랑수아 올랑드 29, 130, 248, 259
프랑수아 피용 39, 269
프랑스 공산당 46
프랑스국립행정학교 138
프랑스 혁명 21, 37, 38, 41, 42, 44, 65, 109, 217, 242, 248
플라톤 148, 236
피에르 로장발롱 33, 36, 64
피에르 베르메렌 25~27, 257, 258
필리프 아스케나지 135, 139
필립 컨리프 17, 207

ㅎ
행정관 63, 98
홀바흐 218, 225, 226, 242, 243

옮긴이들

김일곤

한국외국어대학교 정치학 박사, 한국외국어대학교 EU연구소 인문사회연구사업단 전임연구원

저·역서 및 논문 『유럽석탄철강공동체(ECSC) 설립조약』(번역·해제, 2022), 『주요국 사용자단체의 현황과 역할 비교분석』(공저, 2020), 「유럽의 전환 실험과 전략적 함의: 유럽 그린 딜(EGD)을 중심으로」(2023) 외

박상준

한국외국어대학교 정치학 박사, 한국외국어대학교 EU연구소 인문사회연구사업단 전임연구원

저·역서 및 논문 『유럽경제공동체(EEC) 설립조약, 유럽원자력공동체(Euratom) 설립조약』(공역·해제, 2023), 『사회적 유럽 선언』(번역, 2021), 「기후 위기와 유럽노동조합연맹의 인식: 사회생태적 계약을 중심으로」(2023) 외

이영주

한국외국어대학교 정치학 박사, 한국외국어대학교 EU연구소 인문사회연구사업단 전임연구원

저서 및 논문 「중앙은행디지털화폐(CBDC) 발행 논의의 전개와 디지털 유로화(Digital Euro): 유럽중앙은행(ECB)의 입장 및 디지털 유로화 발행의 의미를 중심으로」(2022), 「기후위기와 금융안정, 그리고 신(新)사회계약: 유럽중앙은행(ECB)의 입장을 중심으로」(2023) 외

이하얀

불가리아 소피아 대학교 정치학 박사, 한국외국어대학교 EU연구소 인문사회연구사업단 전임연구원

저서 및 논문 『러시아-우크라이나 전쟁과 중동부유럽 주요국의 지정학적 위기 대응 전략』(공저, 2022), 『체제전환의 성과와 유럽으로의 통합』(공저, 2022), 「광물자원 민족주의의 부상과 EU CRMA 출현에 따른 우리 기업의 대응 방안」(2023) 외

한국외국어대학교 EU연구소 신사회계약인문사회총서 01

노란 조끼 운동
불만의 시대와 새로운 사회계약

초판 1쇄 2024년 3월 21일
초판 2쇄 2025년 1월 31일

지은이 샤를 드벨렌
옮긴이 김일곤 · 박상준 · 이영주 · 이하얀
발행인 박연관
기획 신선호
편집장 장혜정
도서편집 박미현
디자인 최재영
인사행정 김지은
재무회계 강재린 · 박민영
출판행정 김가은
캐릭터 김세원
발행처 한국외국어대학교 지식출판콘텐츠원
02450 서울특별시 동대문구 이문로 107
전화 02)2173-2494~7
FAX 02)2173-3363
홈페이지 http://press.hufs.ac.kr
전자우편 press@hufs.ac.kr
출판등록 제6-6호(1969. 4. 30)
인쇄·제본 주)파일투프린트 02)2285-0620

ISBN 979-11-7199-235-5 [93330] **정가** 16,000원

* 잘못된 책은 교환하여 드립니다.

HUiNE 은 한국외국어대학교출판부의 어학도서, 사회과학도서, 지역학 도서 Sub Brand이다. 한국외대의 영문명인 HUFS, 현명한 국제전문가 양성(International+Intelligent)의 의미를 담고 있으며, 휴인(携引)의 뜻인 '이끌다, 끌고 나가다'라는 의미처럼 출판계를 이끄는 리더로서, 혁신의 이미지를 담고 있다.